rmation and
munications
SIEME
obil 1
Mercedes-Be
SCHÜCO
LOCTITE
WARSTEINER
West
BRIDGESTONE
BRIDGESTONE

Grand Prix 2000

live miterlebt

FORMEL 1

Weltmeisterschaft

10. Jahrgang

ZEITGEIST VERLAG

Impressum

ZEITGEIST VERLAG
Düsseldorfer Straße 60
40545 Düsseldorf
Tel. 0211-556255, Fax 0211-575167
e-mail: kontakt@zeitgeistverlag.de

Vertrieb
Motorbuch Verlag
Postfach 103743
70032 Stuttgart
Tel. 0711-210800
Fax 0711-2360415

Motor buch Verlag

Herausgegeben von
Willy Knupp
im Auftrag von RTL Television
© RTL Television
Merchandising/Licensing 2000
10. Jahrgang

Autoren
Christoph Schulte, Achim Schlang, Jörg Beckmann

Fotos
Lukas T. Gorys
(weitere Fotografen s. Seite 192)

Illustrationen
Fischer Kartografie (Karten)

Konzeption und verantwortlich für den Inhalt
Hubert Bücken

Projektleitung, Redaktion
Jörg Beckmann

Produktion
Uli Kuborn, Udo Ring

Lithos
publishing partner, Bochum

Druck
Mohn Media, Gütersloh
Printed in Germany
ISBN 3-613-30426-0

Redaktionsschluß Mitte März 2000. Alle statistischen Angaben entsprechen dem Stand vor dem Beginn der Weltmeisterschaft 2000.

DIE TEAMS

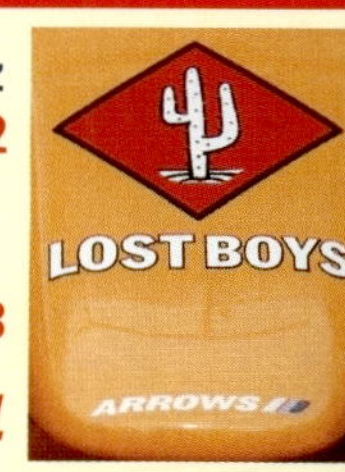

DIE STORIES

DIE SCHAUPLÄTZE

Defilee für den Sieger: Nach seinem Triumph in Melbourne steht die gesamte Ferrari-Mannschaft für Michael Schumacher Spalier. In gebührendem

Abstand folgen Rubens Barrichello und Ralf Schumacher. Ferraris bisher einzigen Sieg in Australien errang 1987 der Österreicher Gerhard Berger.

Liebe Formel 1-Fans,

Nick Heidfeld, F1-Fahrer bei Prost-Peugeot.

neulich gratulierte mir ein alter Bekannter, weil ich ja nun am Ziel sei. Das war ja wirklich nett gemeint, ist aber nicht korrekt. Ich bin nicht am Ziel, sondern am Start.

Aber der Formel-1-Vertrag war ein wichtiger Schritt. Einer von vielen. An den allerersten kann ich mich noch sehr gut erinnern. Ich war acht oder neun Jahre alt, und mein Motorsport-begeisterter Vater wollte mit seinen Söhnen unbedingt Kart fahren. Das sagt sich so leicht... Auf der Kartbahn in Niederkrüchten gab es nämlich so eine Messlatte, um die Kleinen auszusortieren. Schon damals zeichnete sich ab, dass ich mein Geld wohl niemals als Hochspringer verdienen werde – ich war zu klein und durfte nicht ans Lenkrad.

Bei einem unserer Ausflüge zum Nürburgring war es dann endlich so weit. Dort gab es keine diskriminierende Messlatte. Mit zwei Reifen im Rücken – irgendwie musste ich ja an die Pedale kommen – und einer Decke als Polster ging es los. Natürlich vergatterte mich mein Vater: Langsam sollte ich fahren, immer brav hinter ihm her. Eine Runde lang hielt ich diese Trödelei durch, dann schnappte ich ihn mir und auf ging's. Es war großartig, ich fühlte mich in meinem Element.

Wenig später kauften wir ein eigenes Kart. Der Rennbazillus hatte mich infiziert. Ein Zurück gab es

Nach zwei Jahren als Testfahrer bei McLaren-Mercedes debütiert Nick Heidfeld 2000 im Formel-1-Team von Alain Prost. Der Franzose hat mit „Quick

nicht. Meine Begeisterung für den Motorsport war damals schon so groß wie heute. Ich fuhr bei Wind und Wetter. Sogar Schnee auf der Piste schreckte mich nicht ab. Und Regen war mir sogar recht. Auf nassem Asphalt kann man wunderbar lernen. Außerdem blieben die anderen dann lieber in ihren eigenen warmen vier Wänden, und ich konnte mich deshalb so richtig austoben.

Anfangs war es natürlich nur ein Traum, vielleicht eines Tages den Sprung in die Formel 1 schaffen zu können. Schon 1988 hatte ich in Monte Carlo meinen ersten Grand Prix live verfolgt – ein riesiges Erlebnis. Es war allerdings nicht so, dass ich einzelne GP-Piloten wie Idole verehrte oder Rennfahrer-Poster an die Wände meines Zimmers klebte. Ganz allmählich wurde aus meinem Traum ein konkretes Ziel. Um es er-

ick“ ein viel versprechendes Talent unter Vertrag.

Nick Heidfelds Aufstieg
vom Kartsport in die Formel 1

Im Kart fing alles an. Mit seinem jüngeren Bruder Sven drehte Nick (r.) die ersten Runden.

In der Formel Ford eilte Nick ab 1994 von Erfolg zu Erfolg. 1996 stieg er in die Formel 3 auf.

Formel 3 1996: Im Prestigerennen in Macao gewann Heidfeld den ersten von zwei Läufen.

Nicht nur sportlich läuft es bei Nick Heidfeld. Zusammen mit seiner Freundin Patricia lebt er wie viele andere F1-Stars im Steuerparadies Monaco.

reichen zu können, musste ich in richtige Rennwagen umsteigen. Die Formel Ford war der nächste logische Schritt.

Nach ausgiebigen Testfahrten ging ich gut vorbereitet in meine erste Saison und es lief phantastisch für mich. Neun Starts brachten acht Siege. Vielleicht lag es auch daran, dass meine Gegner nicht besonders stark waren.

Dann kam der Sprung in die Formel 3. Damit erreichte ich ein ganz wichtiges Etappenziel. In der F3 geht es schon richtig professionell zu und mir war klar: Wenn du es schaffst, hier erfolgreich zu sein, dann kannst du eines Tages Profi werden. Ob im Cockpit von Tourenwagen, Sportwagen oder tatsächlich F1-Boliden – das stand noch in den Sternen.

Wie erwartet, lag die Latte dann auch schon deutlich höher. Ein Durchmarsch à la Formel Ford war nicht möglich. Aber im zweiten Anlauf wurde ich Champion. Hiermit hatte ich den „Meisterbrief" für meinen Beruf in der Tasche und konnte mich nach weiteren Aufgaben umsehen. Es folgten zwei erfolgreiche Jahre in der Formel 3000.

Ja, und jetzt bin ich Grand-Prix-Fahrer. Mir fiel ein Stein vom Herzen, als die Verträge unterzeichnet wurden. Um eines dieser 22 F1-Cockpits zu erwischen, muss wirklich alles stimmen. Jetzt stehe ich zur Abwechslung wieder einmal ganz unten. Aber uns Rennfahrern geht es ja wie den Bergsteigern – oben anzufangen, macht keinen Spaß.

Es wird hart. Ich habe jedoch viel Vertrauen zu Alain Prost und seinem Team. Für mich wird es ein Lehrjahr. Alle Erfolge der Vergangenheit zählen nicht. Aber ich bin optimistisch. Vom Chef kann ich natürlich sehr viel lernen. Viermal war er Formel-1-Weltmeister! Er kann mir zwar nicht sagen, wie ich fahren soll. Doch wenn Probleme auftreten, dann ist ein Mann mit dieser unglaublichen Routine von größtem

Wert. Und mit Jean Alesi verstehe ich mich auch prima.

Prost peilt Platz fünf in der Konstrukteurs-WM an. Vorn werden sich wohl die Fahrer von McLaren und Ferrari um den Titel streiten. Auf den Plätzen drei und vier erwarte ich unterm Strich Jordan und Jaguar. Dahinter wollen wir landen. Was ich selbst dazu beitragen kann, muss abgewartet werden. Ich möchte nichts versprechen, was Platzierungen und WM-Punkte betrifft. Wie schnell kann ich mich eingewöhnen? Wie gut ist der Prost-Peugeot AP03? Aber garantiert werde ich alles geben, denn ich will schließlich im nächsten Jahr wieder mit dabei sein. Mittelfristig möchte ich aufsteigen, um eines Tages eventuell am Steuer eines McLaren-Mercedes zu sitzen.

Ganz besonders freue ich mich auf meine Lieblingsstrecke Monte Carlo. Weitere Höhepunkte der Saison sind aus meiner Perspektive die WM-Läufe auf dem Nürburgring und in Hockenheim. Daneben bin ich auf die mir unbekannten Kurse gespannt, auch wenn ich dort zu Beginn Nachteile haben werde, weil ich nicht von der ersten Runde an weiß, wo es lang geht. In Indianapolis gilt das natürlich auch für die anderen – die amerikanische Rennstrecke kennen wir alle nur vom Papier.

Dass jetzt vier Deutsche in der Formel 1 fahren, ist großartig. Mein Verhältnis zu Michael, Ralf und Heinz-Harald ist sehr gut – ich hoffe, die drei beurteilen das ähnlich…

Ich wünsche den Leserinnen und Lesern von „Grand Prix 2000 – live miterlebt" eine unterhaltsame Lektüre und ein spannendes Formel-1-Jahr. Und wenn ich einen Wunsch äußern darf: Drückt uns allen die Daumen. Ich werde mich mit dem Gasfuß bedanken, und das tun meine 21 neuen Kollegen ganz bestimmt auch.

Ihr

Nick Heidfeld

Formel 3000: 1998 verpasste Nick den Titel knapp, 1999 wurde er souverän Europameister.

Formel 1: Nach 13.000 Testkilometern im McLaren saß Nick im Herbst 1999 erstmals im Prost.

Teamchef Alain Prost (M.) präsentiert seine beiden Piloten Jean Alesi (l.) und Nick Heidfeld.

Diese drei bereichern jedes Rennen: Kleiner Plausch am Rande des Australien-Grand-Prix zwischen Barrichellos Frau Sylvana, Diniz-Freundin Casia und Heidi, der Lebensgefährtin von Coulthard (von links).

REGLEMENT 2000

Für das Jahr 2000 wurde das Reglement nur wenig verändert. Die Genfer FIA-Regelhüter versuchten vor allem, vorhandene Lücken in den Gesetzestexten zu schließen. Dazu kommen Änderungen, die in erster Linie die Sicherheit der Fahrer betreffen.

Im Vordergrund steht der Arbeitsplatz der Piloten, das Cockpit. Der Prallschutz aus Schaumstoff muss bis zum oberen Ende des Cockpits reichen. Die herausnehmbare Sitzschale, im Vorjahr eingeführt, wurde weiter optimiert. Sie wird mit Bolzen fixiert. Nach wie vor gilt: Der Fahrer muss innerhalb von fünf Sekunden aus dem Auto aussteigen können. In weiteren fünf Sekunden muss er das Lenkrad wieder aufsetzen.

Auch die Festigkeit der Monocoques muss ab 2000 höheren Anforderungen gerecht werden. Dazu verschärfte die FIA die Crashtests, die alle Teams absolvieren müssen. Weil sich 1999 bei einigen schweren Unfällen die Räder trotz vorhandener Kabelbefestigung lösten, sind auch in diesem Bereich Verbesserungen vorgenommen worden.

Ein heikles Thema war in der Vergangenheit die Elektronik. Es ließ sich nie hundertprozentig nachweisen, ob verbotene Elektronik wie die Traktionskontrolle von einzelnen Teams verwendet wurde. Um in Zukunft Mogeleien zu verhindern, lässt die FIA die gesamte Software der Boliden von Spezialisten überprüfen. Nimmt ein Team Änderungen an der Elektrik vor, muss die FIA davon in Kenntnis gesetzt werden. Sämtliche programmierbaren Komponenten können jederzeit überprüft und versiegelt werden. Des weiteren muss jedes Auto mit einer Black Box ausgerüstet sein. Damit sollen Unfälle rekonstruiert werden.

In der Boxengasse gilt ab 2000 ein verschärftes Speedlimit. Während der Trainingssitzungen gilt Tempo 60, im Warm up und während des Rennens muss der Begrenzer bei 80 km/h eingeschaltet werden. In Monaco darf grundsätzlich nur 60 km/h gefahren werden. Verstöße werden wie bisher mit 250 Dollar geahndet – für jeden Stundenkilometer über dem Limit versteht sich.

Die Flaggen der Formel 1

Karierte Flagge
Rennende

Rot-gelb gestreifte Flagge
Rutschige Strecke.

Gelbe Flagge
Achtung, Gefahr! Langsam fahren, Überholverbot!

Schwarze Flagge
(plus Startnummer) Disqualifikation, Fahrer muss sofort die Box ansteuern.

Rote Flagge
Rennabbruch. Langsam fahren, nicht überholen.

Schwarze Flagge mit orangem Kreis
Probleme am Fahrzeug, sofort die Box ansteuern.

Grüne Flagge
Freie Fahrt.

Schwarz-weiße Flagge
Unsportliches Verhalten.

Blaue Flagge
Schnellerer Konkurrent will überholen.

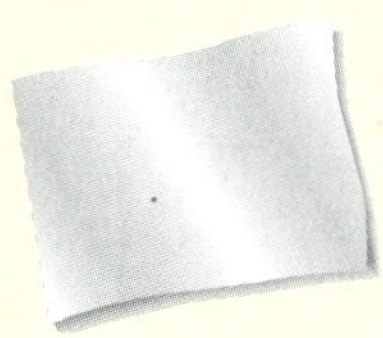

Weiße Flagge
Langsam fahrendes Fahrzeug auf der Strecke.

Die Ampelsignale in der Startaufstellung

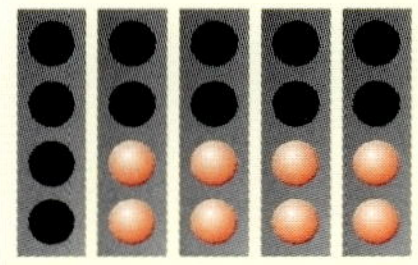

Noch fünf Minuten bis zur Einführungsrunde.

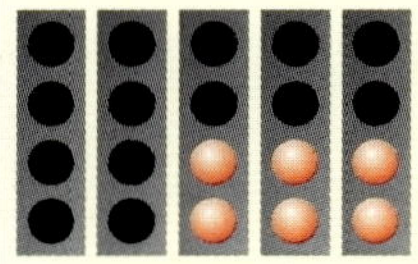

Drei Minuten bis zur Einführungsrunde. Bis auf die Teammitglieder verlassen alle die Startaufstellung.

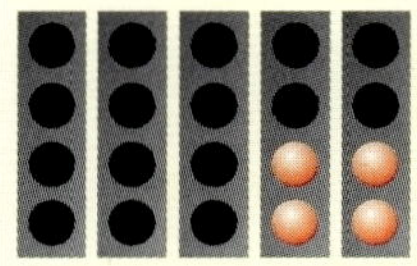

Eine Minute bis zur Einführungsrunde. Starten der Motoren. Team verläßt die Startaufstellung.

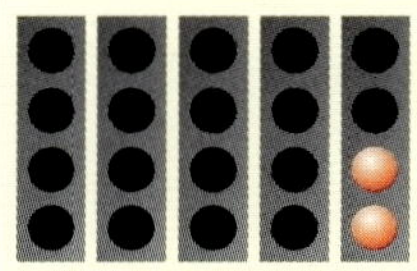

30 Sekunden bis zur Einführungsrunde.

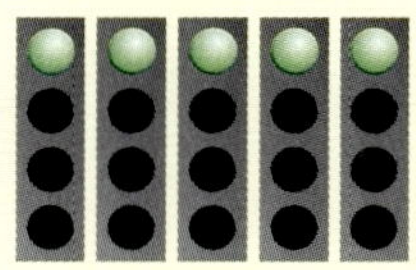

Start zur Einführungsrunde.

Countdown zum Rennen

Im Abstand von jeweils einer Sekunde gehen die roten Lampen an, bis alle leuchten. Dann dauert es noch ca. drei Sekunden, bis das Licht erlischt – der Start ist freigegeben!

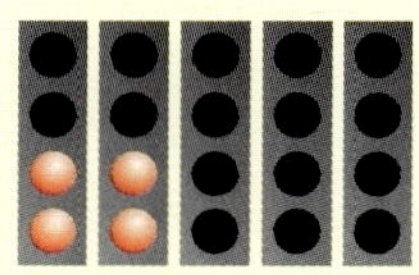

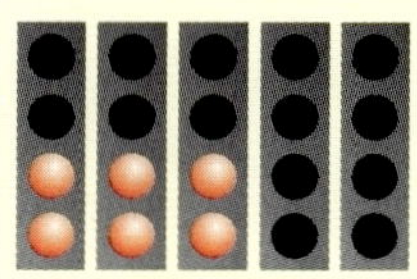

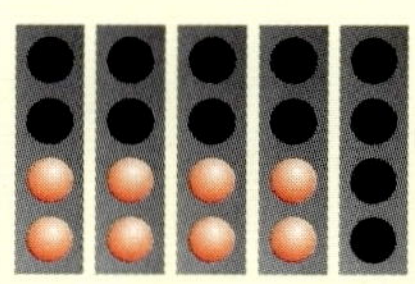

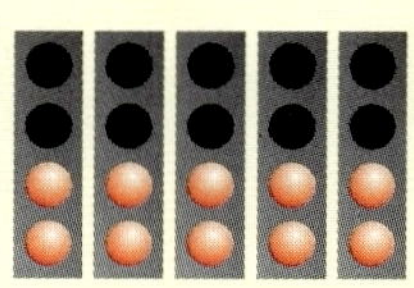

Alle Lampen leuchten – noch ca. drei Sekunden bis zum Start.

Start freigegeben!

Technik-Regeln:

Motor mit maximal drei Litern Hubraum und zwölf Zylindern, als Sprit muss herkömmliches Tankstellenbenzin verwendet werden. Das Autogewicht darf 600 kg inklusive Fahrer und Kameras nicht unterschreiten. Die Breite der Boliden ist auf 1.800 Millimeter begrenzt, die Höhe (ohne hinteren Überrollbügel) auf 950 Millimeter. Vorgeschrieben sind unter enderem: zwei Überrollbügel, zwei Feuerlöscher, zwei Stromkreisunterbrecher, Sechspunkt-Sicherheitsgurte. Nur Profilreifen sind erlaubt (32 pro Fahrer und Wochenende).

Sportliche Regeln:

Freies Training: Freitags zwei Mal 60 Minuten, Samstags zwei Mal 45 Minuten.
Qualifying: Samstags 60 Minuten, maximal zwölf Runden pro Fahrer.
Warm up: Sonntags 30 Minuten
Renndauer: 305 Kilometer plus eine Runde, maximal zwei Stunden
Punkte: Die Plätze eins bis sechs erhalten 10, 6, 4, 3, 2, 1 Punkte. Die Teams erhalten die Zähler beider Fahrer.

Die Größe und Befestigung der Holzplanke am Unterboden ist genau festgelegt.

Noch mehr Sicherheit: Der Prallschutz aus Schaumstoff ist erneut verstärkt worden.

Die Rückleuchte ist größer geworden. Funktioniert sie nicht, muss der Fahrer an die Box.

Die Formel-1-Fahrer des Jahres 2000 – 22 Piloten kämpfen um Punkte und Titel. Hintere Reihe von links: Pedro Paulo Diniz, Mika Salo (Sauber-Petronas), Jenson Button, Ralf Schumacher (Williams-BMW), Eddie Irvine, Johnny Herbert (Jaguar). Mittlere Reihe von links: Jos Verstappen, Pedro Martinez de la Rosa (Arrows-Supertec), Jacques Villeneuve, Ricardo Zonta (BAR-Honda), Heinz-Harald Frentzen, Jarno Trulli (Jordan-Mugen-Honda), Marc Gené, Gastón Mazzacane (Minardi-Fondmetal). Vordere Reihe von links: Giancarlo Fisichella, Alexander Wurz (Benetton-Playlife), David Coulthard, Mika Häkkinen (McLaren-Mercedes), Michael Schumacher, Rubens Barrichello (Ferrari), Jean Alesi, Nick Heidfeld (Prost-Peugeot).

Marlboro
Marlboro
AGFA
AGFA
Formula 1
ANTAS

MP4-15

Motor:	Mercedes-Benz FO110J, V10, ca. 850 PS
Motorelektronik:	TAG Electronic Systems
Kraftübertragung:	Siebenganggetriebe, halbautomatisch, längs eingebaut
Dämpfungssystem:	McLaren
Bremsen:	AP Racing
Räder/Reifen:	Enkei/Bridgestone Potenza
Schmierstoffe/Benzin:	Mobil

1 Mika Häkkinen

McLAREN-MERCEDES

Sponsoren

West (Zigaretten), Mobil (Öl, Schmierstoffe), Hugo Boss (Bekleidung), Schüco (Fenster, Türen), Schweppes (Softdrinks), TAG Heuer (Uhrenhersteller), Warsteiner (Brauerei)

Etat

ca. 450 Millionen Mark

Adresse

TAG McLaren Marketing Services
Kingswey Business Park
Forsyth Road
Woking
Surrey GU21 5SA
England
Tel. 0044-1483-711311
Fax 0044-1483-711312
Internet: www.mclaren.net

Alle Angaben entsprechen dem Stand vor Saisonbeginn 2000.

1

Mika Häkkinen

Nur unter Druck richtig gut

Mika Häkkinen könnte in der Saison 2000 ein bedeutendes Kapitel Motorsportgeschichte schreiben. Der Finne kann etwas erreichen, was weder der legendäre Ayrton Senna schaffte, noch der einsame Rekordhalter Alain Prost. Man muss schon in die Steinzeit der Königsklasse hinabsteigen, um vergleichbares zu finden: Juan Manuel Fangio war es, der als einziger erreichte, was nun Häkkinen gelingen könnte: dreimal in Folge Weltmeister zu werden.

Als der Finne 1999 – genau wie bei seinem ersten Titel – erst im Finallauf der Saison sein Championat sichern konnte, merkte ihm jeder die ungeheure Belastung der gerade beendeten Saison an. Und Häkkinen sagte selbst: „Zweimal hintereinander den Titel im allerletzten Rennen zu gewinnen, ist unglaublich nervenaufreibend. Ich kann das wirklich keinem empfehlen."

Häkkinen wirkte völlig ausgelaugt und sein Team hat insoweit auf ihn Rücksicht genommen, als sich der Finne den ganzen Winter über völlig zurückziehen durfte. Wenn Tests anstanden, mussten die entweder von David Coulthard oder dem eigens dafür eingestellten Olivier Panis absolviert werden.

Mika Häkkinen ist klar die Nummer eins im Team. Das liegt weniger an seinen zwei WM-Titeln, als vielmehr an dem simplen Umstand, dass er einfach der schnellere Mann ist. Letztendlich zählt nur das. Umso unverständlicher – und für Häkkinen geradezu erschütternd – war es, dass McLaren-Mercedes sich strikt weigerte, sich wenigstens in der zweiten Saisonhälfte ganz auf Häkkinen zu konzentrieren.

Allerdings ist, gemessen an den vergangenen zwei Jahren, sein Fahrerprofil auffallend uneinheitlich. In Imola, aber auch in Monza unterliefen ihm 1999 geradezu dumme Fahrfehler – beide Male flog er in Führung liegend ohne allzu großen Druck der Konkurrenten ab. Und besonders im letzten Drittel der Saison wirkte Mika Häkkinen wie am Boden zerstört. Dann jedoch ging es nach Suzuka, wo er wie in der 98er Saison auf dem Nürburgring in der Stunde der höchsten Anspannung geradezu geniale Rennen gefahren ist. Mika Häkkinen hält es für möglich, dass der Unfall von Michael Schumacher ihn aus seinen Rhythmus gerissen hat und er unter Druck besser als ohne Druck fährt.

Persönliches

Finne
Geboren am 28. September 1968 in Helsinki
Wohnort: Monte Carlo
Größe: 1,79 m
Gewicht: 70,5 kg
Verheiratet mit Erja
Hobbies: Skifahren, Schwimmen, Tennis, Jetski
Einkommen 2000 (geschätzt): 20 Millionen Mark

Karriere vor der Formel 1

1974 - 86	Kart
1987	Formel Ford 1600, 1. Rang
1988	Opel Lotus Euroserie, 1. Rang
1989 - 90	Britische Formel 3

Formel-1-Chronik

Jahr	Team	Siege	Punkte	Rang
1991	Lotus-Judd	–	2	15
1992	Lotus-Ford	–	11	8
1993	McLaren-Ford	–	4	15
1994	McLaren-Peugeot	–	26	4
1995	McLaren-Mercedes	–	17	7
1996	McLaren-Mercedes	–	31	5
1997	McLaren-Mercedes	1	27	5
1998	McLaren-Mercedes	8	100	1
1999	McLaren-Mercedes	5	76	1

Formel-1-Bilanz

Starts	Poles	Siege	Punkte	WM-Titel
128	21	14	294	2

David Coulthard

2

Persönliches

Brite
Geboren am 27. März 1971
in Twynholm/Schottland
Wohnort: Monte Carlo
Größe: 1,82 m
Gewicht: 75,5 kg
Ledig, Freundin Heidi Wichlinski
Hobbies: Golf, Laufen, Schwimmen, Freunde treffen
Einkommen 2000 (geschätzt): 5,5 Millionen Mark

Karriere vor der Formel 1

1982 - 88 Kart
1989 Britische Formel Ford 1600
1990 Britische Opel-Lotus-Serie
1991 Britsche Formel 3
1992 - 93 Formel 3000

Formel-1-Chronik

Jahr	Team	Siege	Punkte	Rang
1994	Williams-Renault	–	14	8
1995	Williams-Renault	1	49	3
1996	McLaren-Mercedes	–	18	7
1997	McLaren-Mercedes	2	36	3
1998	McLaren-Mercedes	1	56	3
1999	McLaren-Mercedes	2	48	4

Formel-1-Bilanz

Starts	Poles	Siege	Punkte	WM-Titel
90	8	6	221	–

Weg mit der guten Kinderstube

„Ich muss unbedingt selbstsüchtiger werden. Ich hatte bisher zu viel Zeit für zu viele Leute übrig. Ich bin einfach so erzogen worden. Das einzige, auf was ich mich dieses Jahr konzentrieren werde, wird die Weltmeisterschaft sein. Ich kämpfe gegen die Besten der Welt und die sind hungrig, fit und zielstrebig. Und das bedeutet für mich, dass ich mein soziales Leben ändern muss. Heidi wird mich in keiner Weise davon ablenken."

David Coulthard will das amerikanische Model mit der urtypischen Ausstrahlung einer Barbie-Puppe dieses Jahr ehelichen. Gut möglich, dass dies der einzige Anlass zu Feierlichkeiten sein wird. Denn so rüde kann David zu seiner Umwelt gar nicht werden, als dass er dadurch zum Weltmeister wird. Im Vergleich zu Häkkinen war, ist und bleibt der durchaus sympathische Schotte die Nummer zwei.

Das große Manko des kantigen Schotten ist seine Unbeständigkeit. Mal rempelt er sich – wie in Österreich oder Belgien 1999 – rigoros den Weg an die Spitze frei, mal zaudert er beim Überrunden von Hinterbänklern. So geschehen vergangenes Jahr in Imola, als es darum ging, die Lücke auf den Führenden Michael Schumacher zu schließen.

Es wird immer wieder darauf hingewiesen – am stärksten von DC und seinem Manager Martin Brundle –, dass David 1999 wesentlich mehr technische Probleme als Häkkinen hatte. Trotzdem: David wurde von seinem Teamkollegen im Qualifying mit 13:3 deutlich geschlagen.

Coulthard hat weder in seiner Williams-Zeit, noch in den mittlerweile vier Jahren bei McLaren richtig überzeugen können. Wenn er dieses Jahr nicht zumindest mit Häkkinen gleichzieht, wird das sein Abschied aus der Top-Liga sein. Manager Martin Brundle weiß das und fängt schon mal prophylaktisch an, seine Rolle als Fernsehkommentator und Kolumnist in Fachzeitungen zu nutzen, indem er alle Fahrer schlecht macht, die Coulthard bei anstehenden Vertragsverhandlungen im Wege stehen könnten.

Doch das wird auf die Dauer nichts ändern. Testfahrer Olivier Panis wird im Team durch schnelle Zeiten beim Testen Druck machen. Und Nick Heidfeld wird bei Prost schnell beweisen, dass eine Coulthard-Ablösung überfällig ist.

VON ALLEN GEJAGT, VON VIELEN KOPIERT

2 David Coulthard

Es war eine Ansage, die die Konkurrenz erzittern ließ: „Wir werden schneller, stärker und zuverlässiger sein", erklärte McLaren-Chef Ron Dennis mit kaum zu unterdrückendem Stolz in seinem ansonsten so englisch-kühlen Mienenspiel.

Das ungeheure an solchen Standardfloskeln ist, dass man Ron Dennis jedes Wort glauben muss. Und zwar in einem umfassenderen Sinne, als es sich die meisten träumen lassen. Während die deutsche Konkurrenz BMW noch Klimmzüge macht, um den Teamnamen „BMW-Williams-BMW" durchzusetzen, wurden bei McLaren Nägel mit ganz anderen Köpfen gemacht.

Zu Beginn des Jahres 2000 hat DaimlerChrysler – wie vergangene Saison in Silverstone angekündigt – 40 Prozent der TAG-McLaren-Gruppe übernommen. Gruppe ist der richtige Ausdruck, denn neben dem bekannten Formel-1-Team McLaren International gehören auch noch die Firmen McLaren Cars (Straßenautos), TAG Electronics, TAG-McLaren-Marketing Services und McLaren Composites (Herstellung von hochwertigen Verbundstoffen) zum Unternehmensverbund.

40 Prozent sind genau der richtige Anteil – genug, um nicht nur als kleiner Wurmfortsatz behandelt zu werden und nicht zu viel, als dass der Riese Mercedes den kleinen Partner McLaren überrollen könnte.

Denn es ist ja gerade das Ziel der Stuttgarter gewesen, Formel 1 aushäusig, mit einem kleinen, agilen Partner zu betreiben – fern ab von Betriebsräten, Gewerkschaften und 37-Stunden-Wochen. Hätte Mercedes einen größeren Anteil erworben, würde darunter die einmalige Unternehmenskultur von McLaren leiden.

Und es reicht ja auch so: Zusammen werden die beiden Partner einen Straßen-Sportwagen auf die Beine stellen – den 300 SLR. Das Projekt ist auf zehn Jahre angesetzt. Klar, dass in diesem Zeitraum das gemeinsame Formel-1-Engagement nicht beendet werden wird. Schließlich ist die Werbung auf der Rennstrecke schon der halbe Absatz für den 500.000 Mark teuren SLR.

Im Jahre 2003 wird dieser Wagen erstmals zu kaufen sein. Im selben Jahr wird Ron Dennis sein neues Headquarter eröffnen. Das „Paragon" genannte Gebäude wird vom Star-Architekten Sir Norman Foster kreiert – darunter tut es einer wie Ron Dennis einfach nicht. Foster schuf unter anderem den neuen Flughafen von Hongkong und er baute den Deutschen Reichstag in Berlin um.

320 Mann hören mittlerweile auf das Kommando von Dennis. Die Partner Mobil und West haben sich für weitere fünf Jahre an das Formel-1-Engagement gebunden. Ron Dennis hat sich in einer einzigartigen Weise auf die Aufgaben der Zukunft eingestellt: „Firmen wie Jaguar, Honda, Toyota oder BMW werden nicht mitspielen, um Zweiter zu werden. Sie wollen alle gewinnen. Wir haben uns daher entsprechend gerüstet – finanziell und mit allen Ressourcen." Diesen Satz wird man in Maranello mit großem Interesse lesen – schon allein deswegen, weil in Dennis Auflistung der Konkurrenten die Namen Fiat oder gar Ferrari nicht mit einer

Silbe erwähnt werden. Wenn es um britische Arroganz geht, ist Ron Dennis trotz der Mercedes-Beteiligung nach wie vor zu 100 Prozent Herr der Lage.

Chancen

McLarens einziger Nachteil ist, dass sie keinen Michael Schumacher haben. Und von Jahr zu Jahr wird dieser Nachteil fragwürdiger. Alles deutet daraufhin, dass McLaren wieder das beste Gesamtpaket im Formel-1-Feld hat. Siege sind sicher, der Titel ist möglich bis wahrscheinlich, wenn drei Fehler ausgemerzt werden. Erstens muss McLaren im Vergleich zu Ferrari in der Rennstrategie besser werden, zweitens muss die Zuverlässigkeit größer werden und drittens muss die Teamleitung endlich bereit sein, David Coulthard als das einzusetzen, was er von den Zeiten und Erfolgen her schon lange ist: als klare Nummer zwei.

Teamchef

Ron Dennis

Das englische Fachblatt „Autosport" beschreibt Ron Dennis als einen Mann, „der sich einen Regentropfen auf der Fensterscheibe ansieht und prompt eine 800-Wörter-Dissertation über Meteorologie ablaicht." „Ronspeak" ist ein geflügelter Begriff in der Formel-1-Szene. Doch bei aller arroganten Unverbindlichkeit: Ron Dennis, der einst als Mechaniker im Brabham-Team begann, ist ein Visionär und der richtige Mann, wenn es um die Ecclestone-Nachfolge geht. Wie sagt der Ex-Mechaniker Dennis doch so schön: „Ich könnte nie in Bernies Schuhe steigen. Die sind mir zu klein."

Technischer Direktor

Adrian Newey

Zwei Millionen Pfund sind auch ohne den starken Stand der britischen Währung ein enormes Geld. Selbst für Formel-1-Verhältnisse und allemal dann, wenn sie nicht an einen Fahrer bezahlt werden. Doch der geniale Adrian Newey ist jeden verdammten Penny davon wert. Man sollte einfach mal Frank Williams fragen, ob er heute nicht doch bereit wäre, dem ehemaligen Angestellten diesen Lohn zu zahlen. Gut möglich, dass sich Frank immer noch stur stellen würde – aber BMW-Direktor Berger würde die Knete im Handstand und nackt überreichen, wenn er damit Newey zurückholen könnte.

Motorsportdirektor

Norbert Haug

Vergangenes Jahr steckte ihm Mercedes-Vorstand Jürgen Hubbert einen Briefumschlag mit einem Hunderttausend-Mark-Scheck zu – als Anerkennung für den ersten WM-Titel 1998. Titel Nummer zwei wurde mit einem Direktoren-Titel für den ehemaligen Journalisten belohnt. Dieses Jahr wird es für Norbert Haug um einiges schwieriger werden, Lorbeeren einzusammeln. Denn jetzt muss der Motorsportdirektor die neue Mercedes-Beteiligung in ein tatsächliches Machtverhältnis umsetzen. Die Zeiten als bloßer Motorenlieferant sind für Mercedes endgültig vorbei.

Motorkonstrukteur

Mario Illien

Ausgerechnet am Tag der offiziellen Präsentation des McLaren-Mercedes MP 4-15 fehlte mit Mario Illien eine der Hauptsäulen des gesamten Unternehmens. Allerdings – wie es sich für einen Schweizer gehört – entschuldigt. Der zweifache Vater bekam nämlich von der Universität von Northampton die Ehrendoktorwürde verliehen. Illiens Firma Ilmor, an der Mercedes beteiligt ist, baut seit Jahren den besten Motor der Formel 1. Und weil das so ist, ist Illien mit Leib und Seele Geheimnisträger: „Es gibt bei McLaren-Mercedes vielleicht gerade mal drei Leute, die wissen, wie stark unser Motor wirklich ist."

Formel-1-Bilanz

West McLaren Mercedes

Gefahrene Grand Prix:	492
Pole-Positions:	103
Grand-Prix-Siege:	123
Gesamt-Punkte:	2.336,5

Titel (10): 1974 (Fittipaldi), 76 (Hunt), 84 (Lauda), 85, 86, 89 (Prost), 88, 90, 91 (Senna), 98, 99 (Häkkinen)

Konstr.-WM (8): 1974, 84, 85, 88, 89, 90, 91, 98

Jahr	Motor	Platz	Punkte
1966	Serenissima/Ford	8	3
1967	BRM	10	3
1968	BRM/Ford	2	51
1969	Ford	4	38 (40)
1970	Ford	4	35
1971	Ford	6	10
1972	Ford	3	47 (49)
1973	Ford	3	58
1974	Ford	1	73 (75)
1975	Ford	3	53
1976	Ford	2	74 (75)
1977	Ford	3	60
1978	Ford	8	15
1979	Ford	7	15
1980	Ford	7	11
1981	Ford	6	28
1982	Ford	2	69
1983	Ford/TAG-Porsche Turbo	5	34
1984	TAG-Porsche Turbo	1	143,5
1985	TAG-Porsche Turbo	1	90
1986	TAG-Porsche Turbo	2	96
1987	TAG-Porsche Turbo	2	76
1988	Honda Turbo	1	199
1989	Honda	1	141
1990	Honda	1	121
1991	Honda	1	139
1992	Honda	2	99
1993	Ford	2	84
1994	Peugeot	4	42
1995	Mercedes	4	30
1996	Mercedes	4	49
1997	Mercedes	4	63
1998	Mercedes	1	156
1999	Mercedes	2	124

Pech für Weltmeister Häkkinen: In Melbourne streikt die Technik, null Punkte sind das Resultat.

Der Mercedes-Benz-Motor

Kompakter, leichter, der Massenmittelpunkt erneut tiefer gelegt und noch fahrbarer – das waren die Vorgaben der Mercedes-Techniker an den 2000er Motor. Heraus kam dabei der FO110J, der eine völlige Neuentwicklung ist. Am 2. November 1999 erstmals auf dem Prüfstand gelaufen, feierte das Triebwerk Anfang Dezember sein Debüt in Jerez. Dabei registrierten Augen- und vor allem Ohrenzeugen ein völlig neues, nahezu turbinenartiges Motorengeräusch.

Statt irgendwelcher Wunderdrehzahlen jenseits der 18.000 Umdrehungen dürfte für diesen Sound allerdings ein zentraler Auspuff verantwortlich sein, der gegen den Trend nicht nach oben, sondern nach unten in den mittigen Diffusor-Tunnel geleitet wird.

Illiens Alter-Ego-Konstrukteur Adrian Newey betont, dass schon wegen der Reifen die Fahrbarkeit des Motors wichtiger als schiere Power sein wird. Die geringe Haftung aufgrund der Rillen erfordert eine möglichst gleichmäßige Kraftentfaltung in allen Drehzahlbereichen. Genau in diesem Punkt ist der FO110J das Maß aller Dinge.

FO110J

Zylinderzahl/Anordnung	V10
Zylinderwinkel	72°
Ventile pro Zylinder	4
Hubraum	2.990 ccm
Leistung	ca. 850 PS
Drehzahl/Min.	keine Werksangaben
Motorlänge	keine Werksangaben
Motorbreite	keine Werksangaben
Motorhöhe	keine Werksangaben
Gewicht	ca. 95 kg

Der fünfte Deutsche in der Formel 1 fährt auch Mercedes. Bernd Mayländer pilotiert 2000 das neue Safety Car, das in Melbourne zum Einsatz kam.

SPEZIALGEMISCH
ZUR TITELVERTEIDIGUNG
West freut sich auf einen heißen Saisonauftakt in Australien.
AMERICAN BLEND
West
Lights
DIE EG-GESUNDHEITSMINISTER:
RAUCHEN GEFÄHRDET
DIE GESUNDHEIT
TEST IT.

Sponsoren

Marlboro (Zigaretten), TIM (Telefongesellschaft), FedEx (Paketdienst), FIAT (Autokonzern), tictac (Süßigkeiten), Tommy Hilfiger (Bekleidung)

Etat

ca. 480 Millionen Mark

Adresse

Scuderia Ferrari
Gestione Sportiva
Via A. Ascari 55/57
I – 41053 Maranello (MO)
Tel. 0039-0536-949450
Fax 0039-0536-949436
Internet: www.ferrari.it

3 *Michael Schumacher*

F1-2000

Motor:	3000 Ferrari 049, V10, ca. 850 PS
Motorelektronik:	Magneti Marelli
Kraftübertragung:	Siebenganggetriebe, halbautomatisch, längs eingebaut
Fahrzeugmaße (L/B/H):	4.397/1.795/959 mm
Radstand:	3.010 mm
Spur (v/h):	1.490/1.405 mm
Dämpfungssystem:	Sachs
Bremsen:	Brembo
Räder/Reifen:	BBS/Bridgestone Potenza
Schmierstoffe/Benzin:	Shell

3

Michael Schumacher

Verhexte Beziehung

Zum fünften Mal nun versucht Michael Schumacher, endlich auf Ferrari Weltmeister zu werden. Dabei ist kaum noch möglich, das zu erreichen, wofür er einstmals von dem Mythos-Team verpflichtet wurde. Damals, Mitte 1995, dachte man, man würde mit Michael Schumacher den schlussendlichen Heilsbringer unter Vertrag nehmen. Ein Mann, mit dem kurzfristige Erfolge programmiert sind. Schumacher selbst war davon überzeugt, nach einem Investitionsjahr, also spätestens 1997, mit dem Titelgewinn rechnen zu können.

Irgendwie kam es dann aber ganz anders. 1997 machte Schumacher im letzten Rennen im Kampf um den Titel den größten Fehler seiner Karriere, als er versuchte, Titelkonkurrent Jacques Villeneuve von der Strecke zu rempeln, dabei aber selbst strandete. Ein Jahr später, wiederum im Finalrennen, würgte Schumacher noch vor dem Start seinen Ferrari ab und musste deswegen aus der letzten Reihe den Kampf um den Titel aufnehmen. In der gerade vergangenen Saison 1999 sollte es noch schlimmer kommen. Aus einem Ferrari, der so gut war, dass selbst ein Eddie Irvine damit beinahe Weltmeister geworden wäre, konnte Schumacher einmal mehr keinen Vorteil herausholen. Ganz im Gegenteil: In Silverstone verunglückte der zweifache Familienvater so schwer, dass ein Beinbruch ihn für sechs Rennen außer Gefecht setzte.

Es scheint wie verhext, aber mit Schumacher und Ferrari will es nicht so richtig klappen. Dabei ist unbestritten, dass der Doppelweltmeister der beste seiner Zunft ist. Und es ist ebenfalls unbestritten, dass der High-Tech-Level von Ferrari ausschließlich dem Umstand zu verdanken ist, dass Schumacher dort fährt. Denn ohne diesen Erfolgsgaranten hätten sich Techniker wie Rory Byrne, Ross Brawn und Elektronik-Spezialist Tad Czapski nie und nimmer bereit erklärt, von Benetton zu Ferrari zu wechseln.

Michaels Leistungen für Ferrari sind also unbestritten, seine Siege – wie die Regenrennen in Barcelona 1996 oder Spa 1997 – sind Legende und Legende bildend. Und trotzdem: In die ganz große Ferrari-Historie wird er erst dann eingehen, wenn er leistet, wofür er seit 1996 der bestbezahlte Fahrer aller Zeiten ist. Mit anderen Worten: wenn er endlich auf Ferrari Weltmeister wird.

Persönliches

Deutscher
Geboren am 3. Januar 1969 in Hürth
Wohnort: Vufflens/Schweiz
Größe/Gewicht: 1,74 m/75 kg
Verheiratet mit Corinna, Tochter Gina Maria, Sohn Mick
Erlernter Beruf: Kfz-Mechaniker
Hobbies: Kart fahren, Tauchen, Laufen, Rad fahren
Einkommen 2000 (geschätzt): 60 Millionen Mark

Karriere vor der Formel 1

1984 - 87	Kart
1988	F-König, Dt. Meister; F-Ford
1989	Formel 3 DM, 3. Rang
1990	Formel 3 Dt. Meister; Sportwagen-WM/Sauber-Mercedes, 1 Sieg, 5. Rang
1991	Sportwagen-WM/Sauber

Formel-1-Chronik

Jahr	Team	Siege	Punkte	Rang
1991	Jordan-Hart	–	–	–
	Benetton-Ford	–	4	12
1992	Benetton-Ford	1	53	3
1993	Benetton-Ford	1	52	4
1994	Benetton-Ford	8	92	1
1995	Benetton-Renault	9	102	1
1996	Ferrari	3	59	3
1997	Ferrari	5	78	–*
1998	Ferrari	6	86	2
1999	Ferrari	2	44	5

* WM-Plazierung wurde nachträglich aberkannt

Formel-1-Bilanz

Starts	Poles	Siege	Punkte	WM-Titel
128	23	35	570	2

4

Rubens Barrichello

Persönliches

Brasilianer
Geboren am 23. Mai 1972 in São Paulo
Wohnort: São Paulo
Größe: 1,72 m
Gewicht: 77 kg
Verheiratet mit Sylvana
Hobbies: Jetski, Laufen
Einkommen 2000 (geschätzt): 11 Millionen Mark

Karriere vor der Formel 1

1981 - 88	Kart
1989	Brasilianische Formel Ford, 4. Rang
1990	Opel Lotus Euroserie, 1. Rang
1991	Britische Formel 3, 1. Rang
1992	Formel-3000-EM, 3. Rang

Formel-1-Chronik

Jahr	Team	Siege	Punkte	Rang
1993	Jordan-Hart	–	2	17
1994	Jordan-Hart	–	19	6
1995	Jordan-Peugeot	–	11	11
1996	Jordan-Peugeot	–	14	8
1997	Stewart-Ford	–	6	13
1998	Stewart-Ford	–	4	12
1999	Stewart-Ford	–	21	7

Formel-1-Bilanz

Starts	Poles	Siege	Punkte	WM-Titel
113	2	–	77	–

Ein Schritt ins Ungewisse

Was hat Rubens Barrichello bloß zu diesem Schritt bewogen? Warum tut er sich den Wechsel zu Ferrari an die Seite von Michael Schumacher an? Gut, man könnte Rubinho beim Wort nehmen und seine Zuversicht teilen: „Ich bin sicher, ich werde in diesem Jahr meinen ersten Sieg erringen, und dann werden noch viele folgen." Das könnte tatsächlich klappen, weil der Brasilianer zu den schnellsten seiner Zunft zählt.

Man könnte aber auch die Erfahrungen der letzten neun Jahre in die Waagschale werfen und dann sieht es doch eher ziemlich düster für den Brasilianer aus. Dann wird er nämlich in einer Reihe mit Nelson Piquet, Martin Brundle, Riccardo Patrese, Jos Verstappen, Johnny Herbert und Eddie Irvine zu nennen sein. All diese Fahrer haben eines gemeinsam: Sie fuhren mit Michael Schumacher in einem Team und wurden danach allesamt aus dem Körbchen mit den ganz dicken Eiern herausgenommen. Danach war nur noch Handelsklasse 2b angesagt.

Apropos, bei Rubens geht es schon los, bevor das erste Rennen gefahren wurde. Unmittelbar nach der Unterzeichnung seines Zweijahresvertrags betonte Rubens, dass er nicht als Nummer zwei eingekauft wurde, sondern voll und ganz gleichberechtigt sei. Wenig später reichte er dann eine denkwürdige Bezeichnung nach: „Ich bin bei Ferrari nicht die Nummer zwei, sondern 1b." Das ist, als würde der Begriff „ein bisschen schwanger" jetzt ganz offiziell hoffähig werden. Kollege Schumacher bringt seinen ganz eigenen Ansatz in die Diskussion. „Es gibt keine Bevorzugung. Nummer eins wird sein, wer auf die Dauer der schnellste Pilot ist."

Letztendlich sollte man die Frage aus einer ganz anderen Richtung angehen. Michael Schumacher ist und bleibt die unangefochtene Nummer eins. Vom Vertrag her, von der Bezahlung her und weil er eindeutig schneller sein wird als Barrichello. Bevor sich der harmoniebedürftige Brasilianer mit dem riesigen Ferrari-Team auch nur annähernd vertraut gemacht hat, hat Schumi den von Jean Todt fast liebevoll „jungen Veteranen" genannten Brasilianer schon längst in die Tonne gestampft. Spätestens ab Mitte der Saison wird Barrichello mit Wehmut daran denken, dass das Jaguar-Team ihn unbedingt behalten wollte. Als unumschränkte Nummer eins.

ZEICHEN STEHEN AUF SIEG

Ferrari war das letzte der Spitzenteams, das sein neues Auto vorstellte – ein Umstand, der Ferrari-Star Michael Schumacher nicht unbedingt frohlocken ließ: „Wenn sich das neue Auto auf Anhieb als gesund und wettbewerbsfähig erweist, dann ist die Zeit, die uns noch bis zum Saisonbeginn bleibt, mehr als ausreichend. Wenn der F1-2000 unerwartet ein größeres Problem haben sollte, dann wird es eng."

Doch kaum hatte Schumi die ersten schnellen und aussagekräftigen Runden mit dem „Neuen" gedreht, hellte sich seine Miene deutlich auf: „Ich kann zum erstenmal seit vielen Jahren sagen, dass wir auf Anhieb ein gutes Auto zu haben scheinen." Um das ganze zu unterfüttern, knallte Schumacher in Mugello eine Runde auf den Asphalt, die satte 1,7 Sekunden unter dem bisherigen Rundenrekord lag.

Also starten Ferrari und Michael Schumacher jetzt den fünften Anlauf auf den Weltmeistertitel. Vergangene Saison hat es immerhin mit dem ersten Platz in der Konstrukteurs-Weltmeisterschaft geklappt, doch das ist für die Tifosi nur von zweitrangiger Bedeutung. Diesmal muss erstmals seit Jody Scheckters WM-Gewinn 1979 auch der Titel in der Fahrer-WM her. Koste es, was es wolle. Insider wollen wissen, dass der Fiat-Konzern nochmal finanziell draufgesattelt hat. Von einem Jahresbudget von 480 Millionen Mark ist jetzt die Rede.

Wo soviel Geld bleibt, könnte man mal den Teamchef von Sauber fragen. Der hatte in der vergangenen Saison so viele Probleme mit dem Getriebe, dass ihm Kollege Todt als Ergänzung zum sowieso schon angemieteten Ferrari-Motor gleich noch das Getriebe angeboten hat. Das war verlockend, doch dann winkte Peter Sauber ab: „Dieses Getriebe war für uns viel zu teuer. Da wurden Metalle und Kohlefaser-Stoffe verwendet, die wir uns einfach nicht leisten können." Um das abzurunden: Für Sauber war die anschließende Neukonstruktion eines eigenen Getriebes billiger als die Übernahme eines bestehenden, alten von Ferrari.

Doch was ist Geld, wenn es um den höheren Ruhm Italiens geht? Wie sehr Formel 1

4 Rubens Barrichello

Präsident

Luca di Montezemolo

Der adelige Römer hat alle Attribute für eine Soap-Opera. Immer überdreht, immer theatralisch, immer populistisch. Deswegen legt sich der Ferrari-Präsident jetzt auch mit Schumachers Manager Willi Weber an. Zwischen beiden herrscht Krieg. Montezemolo hat Schumi ein Management zum Nulltarif angeboten. Und will sich somit rächen, weil er hinter Schumachers Arbeitsverweigerung zum Ende der vergangenen Saison Webers Handschrift erkannt haben will. Der Zweikampf beider wird ein Fest.

Teamchef

Jean Todt

Der Franzose, zu seinen aktiven Zeiten Rallye-Copilot und später bei Peugeot deren erfolgreichster Motorsport-Chef, hat vergangene Saison die Grenzen seiner Taktik erkennen müssen. Noch nie hat es in der Geschichte des roten Rennstalls einen Renndirektor gegeben, der sich so bedingungslos einem einzigen Rennfahrer ausgeliefert hätte. Todt ist ein 150prozentiger Schumacher-Mann. Siege anderer Ferrari-Piloten empfindet er nahezu als Zumutung. Nach Schumachers Beinbruch hatte Irvine nie eine richtige Chance.

Technischer Direktor

Ross Brawn

„Der F1-2000 ist der größte Entwicklungssprung der vergangenen Jahre." Ross Brawn als Technischer Direktor hat in den vergangenen Jahren mindestens ebenso viele Rennen gewonnen wie sein Liebling Michael Schumacher. Der Rosenzüchter Brawn hat in aller Ruhe den chaotischen Wildwuchs Ferrari zurecht geschnitten. Darüber hinaus weiß der karpfengesichtige Brillenträger immer wieder mit genialen Rennstrategien zu überraschen. Er ist neben Schumacher der größte Aktivposten des Teams.

made by Ferrari auch eine Sache nationaler Ehre ist, konnte man hinter den Kulissen an Montezemolos rüder Attacke auf Schumis ehemaligen Pressesprecher Heiner Buchinger erkennen.

Die italienischen Medien konnten es ebenso wenig wie Montezemolo leiden, dass wichtige Ferrari-News immer öfter und exklusiv in deutschen Zeitungen erschienen. Kühl zog Montezemolo Buchinger (der gar nichts dafür konnte) aus dem Verkehr. Montezemolo ließ verlauten: „Ferrari muss wieder mit einer Stimme reden." Was der Adelige dann in unnachahmlicher Ferrari-Art umzusetzen wusste. Buchinger wurde durch eine Pressesprecherin ersetzt, die neben Ferrari-Sprecher Claudio Berro ihren Job zu machen hat. Und damit auch wirklich kein (deutsches) Wort Michael Schumachers ungehört an den sämtlicher Fremdsprachen unkundigen italienischen Journalisten vorbei zieht, wird eigens noch ein dritter Pressesprecher eingestellt. Ein Österreicher, der dank seiner Herkunft italienisch und deutsch aufgewachsen ist. Wie gesagt: „Ferrari muss wieder mit einer Stimme reden." Auf die Operettenauftritte dieses Trios darf man sich jetzt schon freuen.

Chancen

„Wir haben die Aerodynamik verbessert, wir haben die Gewichtsverteilung verbessert, die Aufhängungen sind ein Fortschritt und das Triebwerk hat einen tieferen Massenmittelpunkt. Das Auto wurde vollständig in unserem neuen Windkanal entwickelt." Jean Todt ist überzeugt, dass der F1-2000 ein Sieger ist. Die Mischung Schumacher/Barrichello ist sicher ausgewogener als die Ehe Schumacher/Irvine, in der sich die wenigen Gemeinsamkeiten endgültig aufgebraucht hatten.

Betrachtet man das Ergebnis von Melbourne, dann macht Ferrari da weiter, wo das Team 1999 aufgehört hat. Die Boliden bestachen erneut durch ihre Zuverlässigkeit. Zudem ist der Abstand auf Branchenprimus McLaren minimal. Wenn man dann noch die Macht der Statistik im Auge behält, die für einen Fahrer drei WM-Titel in Folge höchst unwahrscheinlich erscheinen lässt, dann dürfte, dann müsste es endlich Schumis Jahr werden.

Nach dem Ferrari-Doppelsieg von Michael Schumacher und Rubens Barrichello zum Saisonauftakt ist die Stimmung ausgelassen, zumal Titelrivale McLaren kein Auto ins Ziel bringen konnte.

Formel-1-Bilanz

Gefahrene Grand Prix: 619
Pole-Positions: 127
Grand-Prix-Siege: 125
Gesamt-Punkte: 2.357,5
Titel (9): 1952, 53 (Ascari), 56 (Fangio), 58 (Hawthorn), 61 (Hill), 64 (Surtees), 75, 77 (Lauda), 79 (Scheckter)
Konstr.-WM (9): 1961, 64, 75, 76, 77, 79, 82, 83, 99

Jahr	Motor	Platz	Punkte
1958	Ferrari	2	40 (57)
1959	Ferrari	2	32 (38)
1960	Ferrari	3	26 (27)
1961	Ferrari	1	40 (52)
1962	Ferrari	5	18 (19)
1963	Ferrari	4	26
1964	Ferrari	1	45 (49)
1965	Ferrari	4	26 (27)
1966	Ferrari	2	31 (32)
1967	Ferrari	4	20
1968	Ferrari	4	32
1969	Ferrari	5	7
1970	Ferrari	2	52 (55)
1971	Ferrari	3	33
1972	Ferrari	4	33
1973	Ferrari	6	12
1974	Ferrari	2	65
1975	Ferrari	1	72,5
1976	Ferrari	1	83
1977	Ferrari	1	95 (97)
1978	Ferrari	2	58
1979	Ferrari	1	113
1980	Ferrari	10	8
1981	Ferrari	5	34
1982	Ferrari	1	74
1983	Ferrari Turbo	1	89
1984	Ferrari Turbo	2	57,5
1985	Ferrari Turbo	2	82
1986	Ferrari Turbo	4	37
1987	Ferrari Turbo	4	53
1988	Ferrari Turbo	2	65
1989	Ferrari	3	59
1990	Ferrari	2	110
1991	Ferrari	3	55,5
1992	Ferrari	4	21
1993	Ferrari	4	28
1994	Ferrari	3	71
1995	Ferrari	3	73
1996	Ferrari	2	70
1997	Ferrari	2	102
1998	Ferrari	2	133
1999	Ferrari	1	128

Der Ferrari-Motor

Die langjährige Konstanz im Motoren-Reglement lässt allzu große Entwicklungssprünge hinsichtlich der Motorenleistung von Jahr zu Jahr schwieriger werden. Umso wichtiger wird die Feinarbeit im Umfeld der Triebwerke. Ganz vorne steht da bei den Motorenbauern die Optimierung des elektronischen Motorenmangements und die Datenerfassung beziehungsweise Umsetzung. Ferrari muss auf diesen beiden Gebieten, die fast immer mit einem optimierten Verbrauch einhergehen, durch das Einsetzen der neunten Entwicklungsstufe der Marelli Elektronic einen weiteren Schritt gemacht haben.
Gute 20 PS dürfte man darüberhinaus den Winter über gefunden haben, was die Medien dazu bringt, ebenso wie bei der Mercedes-Konkurrenz nun eine Leistung von rund 850 PS annehmen zu können. Natürlich wurde der Motor erneut leichter und sein Schwerpunkt weiter abgesenkt. Nur eines – und das scheint ihnen gelungen zu sein – wollten die Ferrari-Techniker nicht ändern: die sprichwörtliche Belastbarkeit des zuverlässigsten Motors der Formel 1.

049

Zylinderzahl/Anordnung	V10
Zylinderwinkel	k. A.
Ventile pro Zylinder	4
Hubraum	2.997 ccm
Leistung	ca. 850 PS
Drehzahl/Min.	keine Werksangaben
Motorlänge	
Motorbreite	
Motorhöhe	
Gewicht	unter 100 kg

5 Heinz-Harald Frentzen

EJ10

Motor:	Mugen-Honda MF-301 HE, V10, ca. 810 PS
Motorelektronik:	Honda PGM-1G
Kraftübertragung:	Sechsganggetriebe, längs eingebaut
Fahrzeugmaße (L/B/H):	4.550/1.800/950 mm
Radstand:	3.050 mm
Spur (v/h):	1.500/1.418 mm
Dämpfungssystem:	Penske
Bremsen:	Brembo
Räder/Reifen:	OZ/Bridgestone Potenza
Schmierstoffe/Benzin:	keine Angaben

MasterCard
Deutsche Post

5

Heinz-Harald Frentzen

Einer der Besten

„Jarno Trulli wird schneller sein. Auf jeden Fall im Qualifying, und höchstwahrscheinlich auch im Rennen." Das sagt Trullis Ex-Kollege Olivier Panis.

Nun gut, der Mann muss das sagen, schließlich hat der Franzose im vergangenen gemeinsamen Jahr bei Prost doch gerade mal ein ausgeglichenes 8:8 bei den Abschlusstrainings gegen Trulli hingekriegt. Und so funktioniert eben die Rennfahrerpsyche: Wer so schnell ist wie ich, muss schneller als der Rest der Welt sein.

Heinz-Harald Frentzen hat schon größere Probleme bewältigt: Vor Beginn der 99er Saison lief er Gefahr, als Auslaufmodell in der Königsklasse gehandelt zu werden. Zwei Jahre bei Williams reichten, um aus einem der größten Hoffnungsträger der Formel 1 einen Gescheiterten werden zu lassen. Der Wechsel zum kleinen Jordan-Team war mehr als ein klarer Rückschritt. Er war der Abschied vom Dasein eines Spitzenfahrers.

Dachte man. Und wieder schreibt das Leben die schönsten Geschichten. „Wenn Eddie bei der Team-Präsentation 1999 in der Londoner Carnegie Hall von mir verlangt hätte, ich solle raus auf die Bühne gehen und den vielen Leuten erzählen, dass wir dieses Jahr nicht nur den dritten Rang in der Konstrukteurs-WM gewinnen, sondern dass wir auch noch zwei Siege rausfahren werden, da hätte ich in aller Freundschaft erwidert: ‚Eddie, geh du doch auf die Bühne, den Scheiß musst du schon selbst verkaufen...'"

Frentzen gehörte bis zum vorletzten Rennen zu den Mitstreitern um den Titel. Und wichtiger noch: Nach Abschluss der Saison wurde er von der englischen „Motoring News", von der französischen „Auto Hebdo" und der schweizerischen „Motorsport aktuell" zum Fahrer des Jahres gewählt. Titel können glücklich gewonnen oder unglücklich verloren werden. Solche Auszeichnungen nicht.

Trotzdem, das ist Schnee von gestern. Denn Panis hat ja recht: Nach dem mental schon längst im Ruhestand rumrutschenden Damon Hill hat Frentzen nun einen jungen, hungrigen, hochtalentierten Teamkollegen. Kaum hat sich Frentzens Karriere also stabilisiert, schon steht er wieder vor einer ultraharten Herausforderung. Doch HH wäre nicht HH, würde er diese Herausforderung nicht annehmen...

Persönliches

Deutscher
Geboren am 18. Mai 1967 in Mönchengladbach
Wohnort: Monte Carlo
Größe: 1,78 m
Gewicht: 66,5 kg
Verheiratet mit Tanja
Erlernter Beruf: Kaufmann
Hobbies: Mountainbike fahren, Freunde treffen
Einkommen 2000 (geschätzt): 7 Millionen Mark

Karriere vor der Formel 1

1980 - 85	Kart
1985 - 87	Formel Ford 2000
1988	Dt. Formel Opel Lotus, 1. Rang
1989	Deutsche Formel 3, 2. Rang
1990	Sportwagen-WM/Sauber-Mercedes; Formel-3000-EM
1991	Formel-3000-EM
1992 - 93	Japanische Formel 3000

Formel-1-Chronik

Jahr	Team	Siege	Punkte	Rang
1994	Sauber-Mercedes	–	7	13
1995	Sauber-Ford	–	15	9
1996	Sauber-Ford	–	7	12
1997	Williams-Renault	1	42	2
1998	Williams-Mécachrome	–	17	7
1999	Jordan-Mugen-Honda	2	54	3

Formel-1-Bilanz

Starts	Poles	Siege	Punkte	WM-Titel
97	2	3	142	–

JORDAN-MUGEN-HONDA

6

Jarno Trulli

Persönliches

Italiener
Geboren am 13. Juli 1974 in Pescara
Wohnort: Francavilla/Italien
Größe: 1,73 m
Gewicht: 60 kg
Ledig
Hobbies: Musik, Kart, Fitnesstraining
Einkommen 2000 (geschätzt): 6,5 Millionen Mark

Karriere vor der Formel 1

1983 - 95 Kart
1995 - 96 Deutsche Formel 3, 4. Rang (95), 1. Rang (96)

Formel-1-Chronik

Jahr	Team	Siege	Punkte	Rang
1997	Minardi-Hart	–	–	
	Prost-Mugen-Honda	–	3	15
1998	Prost-Peugeot	–	1	15
1999	Prost-Peugeot	–	7	11

Formel-1-Bilanz

Starts	Poles	Siege	Punkte	WM-Titel
46	–	–	11	–

Die Messlatte heißt Frentzen

Nach drei Jahren in der Formel 1 – alle mehr oder weniger unter der Überschrift: Lernjahre – gilt es nun für den stillen und scheuen Italiener. Erstmals in seiner F1-Karriere bekommt Trulli Material, mit dem er sich regelmäßig in die Spitzengruppe reinfahren kann. Reinfahren muss, wenn man sich die Jordan-Ergebnisse aus dem Vorjahr anschaut.

Es ist dies der Scheidepunkt einer Karriere. Trulli kam als Übertalent in die Königsklasse. Der Aufstieg aus dem Kart-Sport – wo Trulli auf ewig einer der ganz Großen bleiben wird – erfolgte über eineinhalb kurze Jahre in der Formel 3 hinweg. Doch wie so oft – Williams-Newcomer Jenson Button sollte jetzt genau hinhören – tun sich solche Schnellstarter erst einmal schwer, wenn sie im Haifischbecken Formel 1 ihren Laichplatz finden wollen.

Dabei hat sich Trulli in Anbetracht seines Aufstiegs sogar noch ganz wacker gehalten. Im ersten Jahr seiner Karriere schaffte er es immerhin, einen Grand Prix anzuführen. Und auch sonst machte er eine gute Figur. Wenn mit insgesamt elf Punkten nicht allzu große Ergebnisse dabei heraussprangen, lag es zumeist an dem mehr als bescheidenen Material, mit dem sich Trulli bei Minardi und Prost rumschlagen musste. Doch das ist nun vorbei. Will sich Jarno Trulli in der kleinen Gruppe der Spitzenfahrer etablieren, muss er jetzt, wie es die Engländer so schön sagen „delivern", also „liefern".

Seine Messlatte wird Heinz-Harald Frentzen heißen. Er ist der ideale Teamkollege, wenn es um Fragen der Profilierung geht. Frentzen ist anerkannt schnell, im Rennen mit Übersicht und unfallarm. Wer den Mönchengladbacher bügelt, muss was können.

In Anbetracht dieser Konstellation ist es absolut überraschend, wie gut die beiden miteinander auskommen. Schön, wenn es so bliebe. Denn dann kann sich der Motorsportfan auf einen fairen Wettkampf auf allerhöchstem Niveau freuen. Und noch etwas wird der Fan dann überprüfen können: ob das Jordan-Team wirklich das etwas andere Team ist. Wenn ein Fahrer dominiert, ist es leicht, dem eine gute Stimmung zu liefern. Sind aber beide Fahrer sehr gut und schenken sich nichts, ist es schon wesentlich schwieriger, für eine lockere Teamatmosphäre zu sorgen.

NUR NICHT ABHEBEN, MR. JORDAN!

Es ist wie im normalen Geschäftsleben: Kunden zu gewinnen ist schon schwierig genug. Aber Kunden langfristig zu halten, ist die wahre Kunst. So auch in der Formel 1: Ein Rennen zu gewinnen ist toll. Diese Leistung im Nachfolgejahr zu wiederholen, macht aus einem „lucky strike" erst eine richtige Leistung. Umso mehr, wenn das in Form von zwei Siegen geschieht.

So gesehen kann das Jordan-Team in seinem zehnten Jahr auf eine Spitzenbilanz zurückschauen. 1998 der erste Sieg – unter Damon Hill und Ralf Schumacher sogar als Doppelsieg – und dann in der folgenden Saison zwei Siege. Und selbst diese beiden Triumphe hatten aufsteigende Tendenz zu verzeichnen. War Frentzens erster Platz in Magny-Cours noch das Ergebnis eines völlig chaotischen Regenrennens, in dem es immer wieder zu Überraschungssiegern kommen kann, so war Frentzens Sieg in Monza ein nahezu allein herausgefahrener Erfolg. Eine Pole auf dem Nürburgring unterstreicht, wie berechtigt Jordan den dritten Rang im Schlussklassement einnehmen darf. Dies umso mehr, wenn man bedenkt, dass von den 61 Jordan-Punkten knappe 90 Prozent von Frentzen allein herausgefahren wurden. Es hätte für Jordan durchaus noch besser aussehen können, wenn Damon Hill sein Abschiedsjahr ein klein wenig würdevoller gestaltet hätte.

Durch den Aufstieg von Rang vier auf Rang drei unter den Konstrukteuren kommt auf Eddie Jordan ein warmer finanzieller Regen nieder – rund 20 Millionen Mark mehr bedeutet das aus Ecclestones Kriegskassen. Doch damit nicht genug: In einer Nacht- und Nebel-Aktion sicherte sich der quirlige Ire den Deal mit der Deutschen Post. Die gelben Briefträger wollten ursprünglich zu Williams, dann zu Jaguar – beide Male war das Post-Gelb nicht genehm. Da ließ sich Jordan nicht zweimal bitten. Seine Autos – eh im dezenten Briefkasten-Look – pries er erfolgreich als ideale Werbeträger fürs deutsche Posthorn an. Macht nochmal 20 Millionen. Jordan gehört trotz des unverhofften Cash-Flows immer noch zu den eher moderat finanzierten Teams. Das allerdings gelernt hat, mit kargen Mitteln Großes zu leisten. Der kostenbewusste Ire lässt vieles aushäusig bei englischen Kleinspezialisten bauen – ganz im Zeichen der Lean-Production. Dass dabei die Qualität nicht auf der Strecke bleibt, betont Frentzen: „Jordan ist ein Team, das alles hat, dabei gepaart mit einer maximalen Flexibilität und Effizienz. Wann immer wir wo was testeten, Jordan hatte stets alles zur Stelle. Das Auto lief immer und wenn nicht, dauerte es nie lange, bis es der Fall war. Als Fahrer erkennt man ganz schnell diese ungeheure Dynamik im Team, die sich in einem ganz simplen Ergebnis manifestiert: Auto steht da, reinsetzen, starten, Gas geben."

Chancen

Das Jordan-Team hat in der vergangenen Saison einen sensationellen Job gemacht. So sensationell, dass dafür mindestens ein guter vierter Platz in der Konstrukteurs-WM hätte rausspringen können. Was ein Konsolidieren des Vorjahresergebnisses auf hohem Niveau bedeutet hätte. Dass es letztendlich sogar ein dritter Rang wurde, lag nicht nur an der herausragenden Teamleistung, sondern auch daran, dass sowohl die Spitzenteams McLaren und Ferrari auf der einen Seite und Teams wie Williams und Benetton auf der anderen Seite entweder brutal versagten oder saudumme Fehler begingen. Auf eine so günstige Konstellation kann man nicht jede Saison hoffen. Zumal mit BAR ein weiteres Team in den Kreis der ernstzunehmenden Bewerber aufsteigen wird. Frentzen ist wie Eddie Jordan davon überzeugt, dass der Abstand zu McLaren und Ferrari kleiner wird. Das kann sogar stimmen. Und trotzdem: Von hinten wird mehr gedrückt als der Windschatten von vorne zieht. Wenn Jordan seinen dritten Rang mit vielleicht einem oder sogar wie im Vorjahr zwei Siegen verteidigen kann, wäre das realistisch betrachtet der denkbar größte Erfolg in dieser Saison. Alles andere ist Traumtänzerei.

Vereinzelte Siege sind möglich

6 Jarno Trulli

Formel-1-Bilanz

BENSON & HEDGES Jordan

Gefahrene Grand Prix:	146
Pole-Positions:	2
Grand-Prix-Siege:	3
Gesamt-Punkte:	216

Jahr	Motor	Platz	Punkte
1991	Ford	5	13
1992	Yamaha	11	1
1993	Hart	10	3
1994	Hart	5	28
1995	Peugeot	6	21
1996	Peugeot	5	22
1997	Peugeot	5	33
1998	Mugen-Honda	4	34
1999	Mugen-Honda	3	61

Teamchef

Eddie Jordan

Zur Feier seiner zehnjährigen Zugehörigkeit zur Königsklasse hat Eddie Jordan seine Autos von Jordan 100 in EJ10 umgetauft. Jordan hat allen Anlass, diesen ersten runden Geburtstag gebührend herauszustreichen. Der gelernte Kaufmann hat zuerst als Rennfahrer, dann als Teamchef alle Klassen durchlaufen und dabei nie das Ziel aus den Augen verloren, eines Tages nicht nur dazuzugehören, sondern einer der Großen der Formel 1 zu werden. Nach der 99er Saison müssen es auch seine Neider eingestehen: Der unkonventionelle „Edel-Rocker" Eddie Jordan hat es geschafft.

Technischer Direktor

Mike Gascoyne

Kein Konstrukteur in der Boxengasse kann besser nachvollziehen, was die Fahrer versuchen ihnen zu erklären. Denn oft genug hat sich der quadratisch untersetzte Dickschädel selbst hinter das Steuer eines Formel-1-Renners geklemmt, um die Fahrbarkeit der Boliden zu testen. Ebenso wie sein Vorgänger Gary Anderson bei Jaguar steht Mike Gascoyne vor seinem schwersten Jahr. Der frühere Mitarbeiter des mittlerweile verstorbenen Dr. Harvey Postlethwaite, der zum Formel-1-Urgestein zählte, muss diese Saison beweisen, dass er es ganz alleine kann.

Der Mugen-Honda-Motor

Der Mugen-Honda V10 gehört zu den Motoren, die in der vergangenen Saison am stärksten weiterentwickelt wurden – man munkelt, dass rund 60 PS im Laufe des Rennjahres gefunden wurden. Das Triebwerk ist weder das leichteste, noch das stärkste, noch das verbrauchsgünstigste – aber in allen Disziplinen besser als der Durchschnitt und das alles bei einer fast schon beängstigenden Zuverlässigkeit.

Vor diesem Hintergrund muss man verstehen, dass das Jordan-Lager ausgesprochen gelassen auf die Ankündigung von Mugens Mutterhaus Honda reagierte, für sein Formel-1-Comeback ausgerechnet die Loser-Truppe BAR auszuwählen.

Bei Jordan weiß man, was man mit Mugen hat. Honda-Erbe Hirotoshi Honda ist alleiniger Mugen-Chef, ein großer Jordan-Fan und ein noch größerer Frentzen-Fan. Der Mönchengladbacher ist deswegen auch überzeugt: „Allein mit der letzten Ausbaustufe der vergangenen Saison wären wir dieses Jahr gut bedient. Am Motor wird es auf jeden Fall nicht liegen."

MF-301 HE

Zylinderzahl/Anordnung	V10
Zylinderwinkel	k. A.
Ventile pro Zylinder	4
Hubraum	3.000 ccm
Leistung	ca. 810 PS
Drehzahl/Min.	k. A.
Motorlänge	620 mm
Motorbreite	520 mm
Motorhöhe	unter 400 mm
Gewicht	k. A.

7 Eddie Irvine

R1

Motor:	Ford-Cosworth V10 CR-2, V10, ca. 840 PS
Motorelektronik:	Cosworth Racing
Kraftübertragung:	Sechsganggetriebe, halbautomatisch, längs eingebaut
Dämpfungssystem:	Jaguar/Penske
Bremsen:	AP Racing/Carbon Industries
Räder/Reifen:	BBS/Bridgestone Potenza
Schmierstoffe/Benzin:	Texaco

Sponsoren

HSBC (Finanzdienstleistungen), MCI (moderne Kommunikation), Beck (Brauerei), Hewlett-Packard (EDV), DHL (Paket-Express-Dienst)

Etat

ca. 340 Millionen Mark

Adresse

Jaguar Racing Limited
Bradbourne Drive
Tilbrook, Milton Keynes
MK7 8BJ
England
Tel. 0044-1908-279794
Fax 0044-1908-279763
Internet: www.jaguar-racing.com

Alle Angaben entsprechen dem Stand vor Saisonbeginn 2000.

7

Eddie Irvine

Grenzen aufgezeigt

Ausgerechnet das erfolgreichste Jahr in Eddie Irvines Karriere hat ganz klar seine Leistungsgrenzen aufgezeigt. Zugegeben: Der Ire hat in der vergangenen Saison nicht nur den ersten Grand-Prix-Sieg seiner siebenjährigen Formel-1-Karriere herausgefahren, sondern hat dann noch in Deutschland, Österreich und Malaysia drei nachgelegt. Aber von den insgesamt vier Erfolgen wurden ihm zwei großzügig von seinen Teamkollegen geschenkt. In Deutschland hat ihn Ferrari-Neuling Mika Salo vorbeigewinkt, in Malaysia dann Michael Schumacher höchstpersönlich.

Okay, das kann passieren. Aber es darf nicht passieren, dass der Ferrari in der Schumacher-losen Zeit, also in der Zeit als Irvine das Team zu führen hatte, keine technischen Weiterentwicklungen aufzuweisen hatte. Und zu der Stagnation innerhalb des Teams gesellte sich dann noch ein Irvine, dessen Performance im Titelkampf von Rennen zu Rennen schwächer wurde, bis er in Japan zum Saisonfinale ebenso unerklärlich wie total versagte.

Doch der Ire, der sorgsam sein Image als trinkfreudiger Lebemann kultiviert, hat nicht nur Glück bei seinen zahlreichen Groupies. Zur Mitte der vergangenen Saison, als Irvines Stern am höchsten stand und er die Führung in der WM übernahm, suchte das finanziell bestens sortierte Jaguar-Team einen Spitzenfahrer für das Jahr 2000.

Diese einmalige Chance hat sich Eddie Irvine nicht entgehen lassen. Wie sagte er doch so schön: „Ich durfte vier Jahre für Ferrari fahren und jetzt darf ich für eine Marke wie Jaguar ins Steuer greifen. Ich bin wirklich ein lucky guy."

Und nicht nur das, sondern noch ein reicher dazu. Irvine hat es bereits bei Ferrari meisterhaft verstanden, sich seine alles erduldende Nummer-zwei-Rolle mit einem fürstlichen Gehalt von rund sechs Millionen Dollar aufwiegen zu lassen. Jaguar hat in der heißen Phase, als man versuchte, entweder Mika Häkkinen oder Heinz-Harald Frentzen zu verpflichten, mal locker zwölf Millionen Dollar in den Ring geworfen. Die hat Eddie Irvine gerne aufgehoben.

Auf die Frage an Jaguar-Chef Wolfgang Reitzle, ob er nach Ende der Saison 1999 Irvine immer noch eingestellt hätte, gab es vom Deutschen ein langes Überlegen.

Persönliches

Brite
Geboren am 10. November 1965 in Newtownards/Nordirland
Wohnort: Conlig/Nordirland
Größe: 1,78 m
Gewicht: 76,5 kg
Ledig, ein Kind
Hobbies: Fischen, Golf, Schwimmen
Einkommen 2000 (geschätzt): 20 Millionen Mark

Karriere vor der Formel 1

1983 - 84	Irische Formel-Ford
1985 - 87	Brit. Formel-Ford
1988	Britische Formel 3
1989 - 90	Formel-3000-EM
1991 - 93	Formel 3000 in Japan

Formel-1-Chronik

Jahr	Team	Siege	Punkte	Rang
1993	Jordan-Hart	–	1	20
1994	Jordan-Hart	–	6	16
1995	Jordan-Peugeot	–	10	12
1996	Ferrari	–	11	10
1997	Ferrari	–	24	7
1998	Ferrari	–	47	4
1999	Ferrari	4	74	2

Formel-1-Bilanz

Starts	Poles	Siege	Punkte	WM-Titel
97	–	4	173	–

Johnny Herbert

Persönliches

Brite
Geboren am 25. Juni 1964 in Romfort, Essex
Wohnort: Monte Carlo
Größe/Gewicht: 1,67 m/68 kg
Verheiratet mit Rebecca, Töchter Amelia und Chloe
Hobbies: Golf, ferngesteuerte Autos
Einkommen 2000 (geschätzt): 2,5 Millionen Mark

Karriere vor der Formel 1

1978 - 82 Kart
1983 - 85 Britische Formel Ford 1600
1986 Britische Formel Ford 2000
1987 Britische Formel 3, 1. Rang
1988 Formel-3000-EM
1990 - 91 Japanische Formel 3000

Formel-1-Chronik

Jahr	Team	Siege	Punkte	Rang
1989	Benetton-Ford	–	5	14
	Tyrrell-Ford	–	–	–
1990	Lotus-Lamborghini	–	–	–
1991	Lotus-Judd	–	–	–
1992	Lotus-Ford	–	2	14
1993	Lotus-Ford	–	11	9
1994	Lotus-Mugen-Honda	–	–	–
	Ligier-Renault	–	–	–
	Benetton-Ford	–	–	–
1995	Benetton-Renault	2	45	4
1996	Sauber-Ford	–	4	14
1997	Sauber-Petronas	–	15	10
1998	Sauber-Petronas	–	1	15
1999	Stewart-Ford	1	15	8

Formel-1-Bilanz

Starts	Poles	Siege	Punkte	WM-Titel
144	–	3	98	–

Spielverderber für Eddie Irvine?

Man muss es Johnny Herbert lassen – der Mann weiß wirklich, was es heißt, knapp zu kalkulieren. Die lange Karriere des klein gewachsenen Briten war nach insgesamt 145 Grand Prix und 98 WM-Punkten, zumindest aus der Formel-1-Perspektive gesehen, bereits klinisch tot.

Das Stewart-Team, besser gesagt Ford, war entschlossen, den Engländer, der immerhin in seinen besten Zeiten zwei Formel-1-Rennen gewonnen hat, Ende 1999 auszumustern. Und das trotz eines gültigen Zweijahresvertrags. Genau der rettete Johnny davor, sein Leben als Frührentner an der Seite von Model und Ehefrau Beckie und den gemeinsamen zwei Töchtern in Monaco zu verbringen.

Doch nicht nur das: Es war ausgerechnet in einem der letzten Rennen der Saison ein überraschend herausgefahrener dritter Sieg, der Johnny Herbert plötzlich in einem ganz neuen Licht erstrahlen ließ. Immerhin war der Triumph auf dem Nürburgring der Premieresieg des Stewart-Teams – da kann man ja einen zur Belohnung nicht einfach feuern. Jetzt also darf der nach außen stets lustig wirkende, letztendlich aber doch sehr „politische" Johnny Herbert seinen Vertrag regulär beenden.

Die Formel-1-Karriere des Briten geht ins zwölfte Jahr und kennt alle Höhen und Tiefen. Herbert, der seit einem Horror-Unfall in der Formel 3000 nur schwer einen humpelnden Gang kaschieren kann, musste sich allein fünf Jahre bei dem dahinsiechenden Lotus-Team verdingen. Erst Ende 1994 hatte er mit dem Benetton erstmals ein siegfähiges Auto zur Verfügung.

In diesem Jahr hat Herbert eine ausgesprochen günstige Ausgangsposition. Kaum jemand in der Formel 1 rechnet noch mit allzu großen Überraschungen von Seiten des 35-Jährigen. Auf der anderen Seite ist Teamkollege Eddie Irvine immerhin WM-Zweiter und nach eigenem Anspruch hinter seinem langjährigen Ferrari-Teamkollegen Michael Schumacher „so gut wie jeder andere Fahrer". Nicht wenige in der Formel 1 würden sich darüber freuen, wenn es Johnny Herbert auf seine alten Tage gelingen könnte, Großmaul Eddie die eine oder andere Schlappe zuzufügen. Und für den erfahrenen Briten könnte dadurch vielleicht nochmal ein weiterer Zweijahresvertrag herausspringen.

ANGRIFF AUF DIE SPITZE

8 Johnny Herbert

Mit Jaguar tritt eine der größten Herausforderungen an die Formel 1 überhaupt an den Start. Reklamiert die Königsklasse doch für sich, weltweit eine der besten Transfermöglichkeiten für Imagekorrekturen aller Art zu sein. Genau deswegen gibt es Jaguar jetzt in der Formel 1 und genau jetzt wird die Formel 1 beweisen können, wozu sie auf diesem Gebiet wirklich in der Lage ist.

Der Reihe nach. Am Anfang stand das Stewart-Team. Der Rennstall des dreifachen schottischen Weltmeisters und langjährigen Repräsentanten von Ford sollte für den Detroiter Automobilgiganten der Garant vor Ort sein, dass das Motorsport-Engagement außerhalb der USA auf höchster Ebene und effizient umgesetzt wird. Jackie Stewart stampfte mit Ford-Geldern eine dem Konzern angemessene – immerhin ist Ford der zweitgrößte Automobilproduzent weltweit – High-Tech-Schmiede auf die grüne Wiese und begann mit dem Unternehmen Formel 1.

Nach entsprechender Anlauffrist verstärkte der Mutterkonzern erst die eigene Präsenz im Team, um es dann letztendlich ganz zu schlucken. So weit, so gut und nicht schlecht für Jackie Stewart, der sich zuerst von Ford das Team bezahlen ließ, um es dann an Ford für 75 Millionen Dollar zu verhökern.

Jetzt kommt Teil zwei des Plans zum Tragen. Der Mutterkonzern hat sich über die letzten Jahre ein kleines Schatzkästlein zugelegt, vollgehäuft mit automobilen Schmuckstücken – zumindest vom Namen her. Die „Ford Premier Group" umfasst die Marken Jaguar, Aston Martin, Lincoln, Mercury, Volvo und Mazda. An ihrer Spitze steht der Automann Wolfgang Reitzle, den Ford flugs auffing, als BMW in einem Anfall von Selbstverstümmelung den obersten Vorstand im Doppelpack entsorgte.

Reitzle nun kalkulierte kühl, welche seiner Marken welche Unterstützung auf welchen Märkten braucht. Seine Schlussfolgerung: Um die leicht angestaubte Luxusmarke Jaguar weltweit als sportliche Edelkarossen im Luxussegment zu bestätigen, ist die Formel 1 das beste Medium.

Nun gilt es also, das bereits im Mutterkonzern einverleibte Stewart-Team einmal mehr umzufunktionieren. Dabei werden von den Ford-Jaguar-Mannen alle Register gezogen. Mit den Anleihen an ein altes Jaguar-Motorsport-Erbe wird alles in British-Racing-Green gehalten. Da wurde zum Beispiel ein Sponsor wie die Deutsche Post nicht genommen, weil zwar das Geld stimmte (30 Millionen Mark), aber die Farbe Gelb nicht ins Konzept passte. Jaguar-Boss Wolfgang Reitzle will seine Firma äußerst langfristig in der Formel 1 ansiedeln und redet dabei von „mindestens fünf bis zehn Jahren". Je mehr Wasser dabei die Themse runterläuft, desto weniger wird dann noch von Stewart alias Ford und stattdessen nur noch vom Jaguar-Team die Rede sein.

Chancen

Natürlich war der Premieresieg 1999 ein glücklicher. Der Trend aber, der Stewart noch vor Williams auf Platz fünf der Konstrukteurswertung brachte, zeigt stabil nach oben. Reitzle, der die Formel 1 zur Chefsache erklärt hat, garantiert, „dass das Jaguar-Team alles bekommt, was es zum Siegen braucht." Es gibt keinen Zweifel daran, dass diese Truppe mittelfristig zu den absoluten Topteams aufschließen wird. Und das auf diesem Weg bereits 2000 ein „richtiger" Sieg rausspringen kann.

Vereinzelte Siege sind möglich

Chairman Jaguar

Wolfgang Reitzle

Der promovierte Wirtschaftsingenieur ist Zeit seines Lebens ein BMW-Mann gewesen. Mit großem Erfolg: 1976 als Fachmann für Fertigungstechnik eingestellt, schaffte er in elf Jahren den langen Weg zum Vorstandsposten für Forschung und Entwicklung. Der Vorstandsvorsitz schien abgemacht. Dann kam es überraschend mit dem BMW-Großaktionär, der Quandt-Familie, zum Streit. Reitzle verließ BMW, wechselte zu Ford, wo er „Vice President der Ford Premier Group" und Chairman von Jaguar wurde. Als solcher hat er sich zum Ziel gesetzt, die Marke mit der Katze ganz nach oben zu führen.

Teamchef

Jackie Stewart

Überraschend hat Jackie Stewart vor Saisonbeginn seine Rolle als „Chairman" von Jaguar Racing niedergelegt. Was nicht heißt, dass wir den dreifachen Weltmeister und Gründer des gleichnamigen Formel-1-Teams nicht mehr an der Strecke sehen werden: „Ich werde zu den Rennen gehen und bleibe weiterhin in der Geschäftsführung. Ich werde mit den Fahrern zusammenarbeiten und mich um die Sponsorenbeschaffung kümmern." Seine excellenten Kontakte in alle Wirtschaftsbereiche werden ihm das erleichtern. Was Jackie allerdings nicht mehr will, ist „sich in meinem Alter mit einem 19-Stunden-Tag rumärgern".

Technischer Direktor

Gary Anderson

Gary Anderson ist ein Jordan-Mann der ersten Stunde, der dann bei diesem Team über sich selbst gestolpert ist. Gary kann nämlich einfach nicht deligieren. Er meint ständig, alles selbst machen zu müssen. Klar, dass es deshalb zwangsläufig bei Jordan zu Meinungsverschiedenheiten kam. Unbestritten ist, dass dieser Workaholic einer der besten Konstrukteure der Formel 1 ist. Trotzdem ist dieses Jahr für Anderson ungeheuer wichtig: Denn niemand in der Szene weiß genau, wieviel am Vorjahres-Stewart vom Ex-Konstrukteur Alan Jenkins war und wieviel bereits von Anderson. Beim Jaguar R1 ist das keine Frage mehr.

Formel-1-Bilanz

JAGUAR
RACING

(Von 1997 bis 1999 Stewart)

Gefahrene Grand Prix:	49
Pole-Positions:	1
Grand-Prix-Siege:	1
Gesamt-Punkte:	47

Jahr	Motor	Platz	Punkte
1997	Ford	9	6
1998	Ford	8	5
1999	Ford	4	36

Der Ford-Motor

BMW-Motorsport-Direktor Gerhard Bergers Prognose ist, dass der Cosworth CR-2 der beste Formel-1-Motor sein wird. Das hat man bei Ford – Cosworth ist mittlerweile eine 100-prozentige Tochter – gerne gehört. Zu lange waren die Ergebnisse des Ford-Engagements immer wieder Bildschirm-füllende Qualmwolken, die Kunde von elementar explodierenden Motoren gaben. Ford, die tun was – zumindest fürs Entertainement.

Das ist vorbei: Schon 1999 war der CR-1 das leichteste und kompakteste Triebwerk der Königsklasse. Cosworth-Mann Nick Hayes will darauf aufbauen: „Es gibt keine Revolution sondern höchstens eine Evolution für 2000." Weder vom CR-1 noch gar vom CR-2 gibt es ein brauchbares Foto. Ford hat höchste Geheimhaltung angeordnet. Kleiner ist der neue nicht, aber mit 97 Kilo nochmal drei Kilo leichter. Verbesserungen gibt es beim Drehzahlband und in der Fahrbarkeit des Motors. Die Drehzahl wurde von 17.500 auf 18.000 U/Min erhöht. Man kann davon ausgehen, dass Ford der Liga von Mercedes und Ferrari ein gutes Stück näher gekommen ist.

CR-2

Zylinderzahl/Anordnung	V10
Zylinderwinkel	72
Ventile pro Zylinder	4
Hubraum	2.998 ccm
Leistung	ca. 840 PS
Drehzahl/Min.	ca. 18.000
Motorlänge	569 mm
Motorbreite	506 mm
Motorhöhe	492 mm
Gewicht	97 kg

FW22

Motor:	BMW V10, ca. 780 PS
Motorelektronik:	BMW
Kraftübertragung:	Siebenganggetriebe, halbautomatisch, längs eingebaut
Fahrzeugmaße (L/B/H):	4.540 mm/1.800 mm/k. A.
Radstand:	3.140 mm
Spur (v/h):	1.460/1400 mm
Dämpfungssystem:	WilliamsF1
Bremsen:	AP
Räder/Reifen:	OZ/Bridgestone Potenza
Schmierstoffe/Benzin:	Castrol/Petrobras

9 *Ralf Schumacher*

Sponsoren

Compaq (Computer), Castrol (Schmierstoffe), Andersen Consulting (Unternehmensberater), Intel (Computer-Chips), Nortel Networks (Netzwerke), Reuters (Nachrichtenagentur), Veltins (Brauerei)

Etat

ca. 290 Millionen Mark

Adresse

Williams F1
Grove, Wantage, Oxfordshire
OX12 0DQ
England
Tel. 0044-1235-777700
Fax 0044-1235-764705
Internet: www.williamsf1.co.uk

9

Ralf Schumacher

Probleme von allen Seiten

Es ist ein Treppenwitz: Der Mann ist gerade einmal 24 Jahre alt, hat erst seine dritte Formel-1-Saison absolviert und trotzdem ist der Youngster unversehens in die Rolle des Team-Oldies gerutscht. Man kann wirklich nicht behaupten, dass die letzten Wochen vor Saisonbeginn günstig für Ralf Schumacher gelaufen sind.

Unanzweifelbar ist Ralfs Top-Leistung der vergangenen Saison. Er war der alleinige Leistungsträger des Williams-Teams, hat alle 35 Punkte der englischen Truppe eingefahren und hat es – laut Williams-Insidern – geschafft, dass Team in einer Art und Weise auf sich auszurichten, wie es bislang nur der große Bruder bei Ferrari vermochte.

So weit, so gut. Und nun das: Statt eine weitere Saison an der Seite des stets untergebutterten Alessandro Zanardi absolvieren zu dürfen, stellt das BMW-Williams-Team nun dieses britische Supertalent ein. Als hätte Ralf mit dem neuen BMW-Motor nicht genug Probleme. Nicht dass der Kerpener dem jungen Briten nichts entgegenzuhalten hätte. Ganz im Gegenteil, der völlig unerfahrene Button wird sich noch umschauen. Doch was hat Ralf Schumacher bei diesem Zweikampf zu gewinnen? Nichts. Es ist seine verdammte Pflicht und Schuldigkeit, diesen Formel-1-Ahnungslosen auseinanderzunehmen. Nicht weniger wird von Ralf erwartet. Bringt er diese Leistung, wird sie als Normalfall gewertet – ohne irgendwelche Möglichkeiten, damit an Reputation zu gewinnen. Schlimmer noch: Sollte das unbestreitbare Talent Button sogar ein gleichwertiger Partner – von besseren Leistungen bei manchen Rennen ganz zu schweigen – sein, heißt es sogleich, dass Schumi II wohl doch nicht das Gelbe vom Ei sei.

Noch ein Problem gibt es für Ralf Schumacher. Williams ist ein durch und durch englisches Team, das mit zusammengekniffenen Augen beobachtet, wie sich der BMW-Clan im Einflussbereich breitmacht. Es wird also einer ganzen Reihe von eingefleischten Williams-Leuten ein innerer Reichsparteitag sein, das englische Element im Team zu stärken. Und das heißt nun mal nicht Ralf Schumacher. Der ultraschnelle Sympath, der sich zu allem Überfluss alle Rücktrittsklauseln vergangene Saison von Williams hat abkaufen lassen, steht vor einer nicht unbedingt erquicklichen Saison.

Persönliches

Deutscher
Geboren am 30. Juni 1975 in Hürth
Wohnort: Monte Carlo
Größe: 1,78 m
Gewicht: 73 kg
Ledig
Hobbies: Kart, Tennis, Backgammon, Radfahren
Einkommen 2000 (geschätzt): 12 Millionen Mark

Karriere vor der Formel 1

1978 - 92	Kart
1993	ADAC Formel Junior, 2. Rang
1994 - 95	Deutsche Formel 3
1996	Japan. Formel 3000, 1. Rang; Japan. GT-Serie, 2. Rang

Formel-1-Chronik

Jahr	Team	Siege	Punkte	Rang
1997	Jordan-Peugeot	–	13	11
1998	Jordan-Mugen-Honda	–	14	10
1999	Williams-Supertec	–	35	6

Formel-1-Bilanz

Starts	Poles	Siege	Punkte	WM-Titel
33	–	–	62	–

Jenson Button

10

Persönliches

Brite
Geboren am 19. Januar 1980 in Frome
Wohnort: Bicester
Größe: 1,82 m
Gewicht: 74 kg
Ledig
Hobbies: Mountainbike fahren, Wellenreiten, Internet, Computerspiele
Einkommen 2000 (geschätzt): 0,6 Millionen Mark

Karriere vor der Formel 1

1989 - 97	Kart
1998	Britische Formel Ford, Meister Sieger beim Formel Ford Festival in Brands Hatch Zweiter der Formel Ford-EM
1999	Britische Formel 3, dritter Rang Rookie of the year

Neu in der Formel 1

Englands Hoffnung

Man kann den 20-jährigen Briten getrost als Labor-Maus der Saison titulieren. Denn er ist ohne Frage ein im weltweit gleißenden Scheinwerferlicht hervorragendes Studienobjekt für eine existentielle Frage in Motorsport: Wie führt der ideale Weg in die Formel 1?

Klar, man braucht Talent, je mehr desto besser. Doch Talent haben sie alle, die Hot-Shots aller Herren Länder. In der Königsklasse bedarf es aber mehr. Da geht es um Professionalität, sprich körperliche Fitness, eine gewisse Kommunikations-Begabung, um ein medien- und sponsorenwirksames Auftreten, um ein feinfühliges technisches Verständnis, um eine absolute Sicherheit beim Abstimmen des Autos. All das zusammen hat man nicht genetisch implantiert, das kann man nur durch viele Jahre und Rennen im harten Kampf der Nachwuchsklassen erfahren.

Oder man kann es machen wie dieser Jenson Button. Der sagt nach exakt 44 Rennen, vorzugsweise in der Formel Ford und Formel 3 absolviert, einen knochentrockenen Satz: „Wer sich reif für die Formel 1 fühlt, der ist es. Das ist bei mir der Fall."

Das ist das Holz, aus dem Helden geschnitzt werden. Oder Rohrkrepierer. Button wäre nicht der erste, der zu früh zu viel wollte. Mike Thackwell zum Beispiel. Ein begnadetes Talent und ausgestattet mit schierem Speed – bislang als 19-Jähriger immer noch der jüngste Formel-1-Einsteiger. Und was ist aus ihm geworden? Ein Barkeeper in London, der einer weggeworfenen, großen Karriere nachtrauern kann. Oder das Beispiel Jos Verstappen, der als Wunder-Baby von der Formel 3 in die Königsklasse katapultiert wurde. Ohne Zweifel ein ganz Schneller, wurde Jos von Benetton-Teamkollege Michael Schumacher im Zwei-Wochen-Rhythmus zum Frühstück inhaliert. Von dem übereilten Einstieg in die Formel 1 hat sich Verstappens Karriere bis heute nicht erholt.

Doch Jenson Button sagt: „Wer von Williams den Ruf bekommt, hat keine Wahl." Besonders nicht, wenn man so gnadenlos von der britischen Presse hochgejubelt wird. BMW-Mann Gerhard Berger sagt: „Der Mann ist wirklich sauschnell und weit und breit der beste Nachwuchs-Pilot." Hoffen wir, dass er im Brutalo-Team Williams die Zeit zum Reifen bekommt.

JAHR DER WAHRHEIT

Seitdem der Spitzen-Aerodynamiker Adrian Newey das Team Richtung McLaren verlassen hat, befindet sich Williams im freien Fall. 1997 noch Konstrukteursweltmeister, sprang 1998 in dieser Wertung nicht mehr als ein – zumindest für Williams-Maßstäbe – bescheidener dritter Platz heraus. 1999 schaffte das erfolgreichste Team der neunziger Jahre gerade noch den fünften Rang und von diesem Jahr will es schon keiner mehr so genau wissen, was drin sein wird.

Natürlich liegt es nicht nur an den ausbleibenden aerodynamischen Bravourleistungen des Adrian Newey, dass der Rennstall jetzt so daniederliegt. Und doch ist der Niedergang des englischen Spitzenteams in der Natur des stillen Engländers begründet. Newey ist nicht nur genial, sondern eine der letzten Persönlichkeiten bei Williams gewesen, die sich trauten, beim despotischen Patrick Head zurückzubrüllen.

Genau das braucht der sture Head. Frank Williams, seit seinem schweren Autounfall 1986 als Querschnittsgelähmter ohnehin stark eingeschränkt, konzentriert sich aufs rein Geschäftliche. Patrick Head seinerseits schaltet und waltet im technischen Bereich. Mit seinen ganz persönlichen Methoden (siehe Kasten).

In ihrer unangefochtenen Zweiteilung und fern jeder systemimmanenten Kritik haben die beiden Motorsport-Fossile langsam aber sicher den Anschluss verloren. Dinosauriern gleich werden sie durchs Gewicht der eigenen Bedeutsamkeit immer unbeweglicher und schier erdrückt. Dass der visionäre McLaren-Konkurrent Ron Dennis oder der rockige Aufstreber Eddie Jordan innerhalb des Ecclestone-Entertainments längst ein neues Zeitalter eingeläutet haben, ist an dem verknöcherten Führungsduo spurlos vorbeigezogen.

Ironie ist, dass BMW, als es sich für die Rückkehr in die Formel 1 entschlossen hatte, ein absolutes Top-Team als Erfolgsgarantie

10 *Jenson Button*

Motorsport-Direktor

Gerhard Berger

Man merkt es dem einst so lebenslustigen Tiroler geradezu an: Die ungewohnte Krawatte, der steife, fast gehemmte Umgang mit den BMW-Oberen – all das ist Bergers Sache nicht. Aber was macht man nicht alles für geschätzte vier Millionen Mark Jahresgehalt? Berger, der in seiner aktiven Zeit nie einen Manager brauchte, hat es einmal mehr verstanden, sich einen Sahne-Job zu angeln. Und BMW hat mit Berger einen der ausgefuchstesten Insider der Szene unter Vertrag. Der soll dafür sorgen, dass das Münchner F1-Engagement nicht zur Lachnummer für die Konkurrenz wird.

Teamchef

Frank Williams

Der durch und durch britische 58-jährige Frank Williams mit seinem ausgeprägten Hang zu militärischen Spitzenleistungen hat Einzigartiges vollbracht. Buchstäblich aus dem Nichts und nur von seiner wiederum zutiefst britischen Rennleidenschaft getrieben, hat Williams ein High-Tech-Zentrum mit inzwischen über 300 Mitarbeitern geschaffen. Mindestens ebenso eindrucksvoll ist, dass FW sein Lebenswerk mittlerweile seit über zehn Jahren aus dem Rollstuhl heraus leitet und bei allen Rennen vor Ort ist. Die Frage ist, wie lange sich der erfolgshungrige Williams noch mit der Mittelmäßigkeit seines Teams rumärgern will.

Technischer Direktor

Patrick Head

Am 5. Juni wird der 40-prozentige Williams-Teilhaber Patrick Head 54. Damit ist er an Lebensjahren immer noch weit entfernt von seinem mentalen Alter. Für Head ist die Zeit bei seinem Lieblingsfahrer, dem seligen Alan Jones, also Ende der siebziger Jahre, stehen geblieben. Seit Jones gibt es für Head keine „richtigen" Fahrer mehr, dementsprechend muss man den heutigen „Weicheiern" bis hin zum Set-Up alles vorschreiben. Head ist ein Dickkopf, der Widerworte braucht. Ralf Schumacher ist da genau der Richtige, die „Neben"-Techniker Gavin Fischer und Geoff Willis nicht.

zum Partner nahm. Wenn sich nicht ganz schnell Grundlegendes bei Williams ändert, wird nur Williams von BMW profitieren und nicht – wie geplant – umgekehrt. Das beste wird sein, BMW übernimmt den ganzen Laden. Dazu wird es eine gute Gelegenheit geben, spätestens dann nämlich, wenn die Bayern zur Mitte der Saison bemerken werden: das magere Sponsorenpaket von Compaq, Castrol, Veltins, Nortel und Reuters ist zwar hübsch und wie gefordert in blau-weiß gehalten, aber leider finanziell nicht ausreichend. Die Münchner haben dieses blau-weiße Farb- und Marketingkonzept von Williams verlangt. Sie werden also auch die Zeche zu zahlen haben, wenn dieses Auto bei aller Ästhetik sponsorenmäßig zu sehr weiß bleibt.

Chancen

Der fünfte Platz in der Konstrukteurswertung wird das Maximale sein, was für die frisch gebackene BMW-Williams-Verbindung drin sein dürfte. Der FW 22 ist wie sein Vorgänger ein durchweg bescheidenes Auto, das wohl endgültig belegen wird, dass Patrick Heads Zeit als Spitzenkonstrukteur abgelaufen ist. Schlimmer noch: Vergangene Saison konnte der durchschnittliche FW21 immerhin Podestplätze einfahren. Und zwar immer dann, wenn die Spitzenteams strauchelten und der Williams mit seinem zuverlässigen Supertec-Motor und einem brillanten Ralf Schumacher das Rennen beenden konnte. An Ralf Schumacher wird es auch dieses Jahr nicht liegen – beim Saisonauftakt fuhr der Kerpener einen nicht für möglich gehaltenen dritten Platz nach Hause. Aber mit der neuen BMW-Technik wird Williams garantiert nicht zu den regelmäßigen Ankommern zählen – Abstauber-Ergebnisse werden demzufolge eher selten anfallen.

Siege sind in dieser Konstellation unmöglich, Podestplätze wie in Melbourne Glückstreffer und untere Punkteränge ein unverhoffter Erfolg – für Williams-BMW hat ein knochenhartes Jahr begonnen.

Formel-1-Bilanz

BMW.WilliamsF1 Team

(1973 und 1974 ISO)

Gefahrene Grand Prix:	411
Pole-Positions:	108
Grand-Prix-Siege:	103
Gesamt-Punkte:	1.995,5

Titel (7): 1980 (Jones), 82 (Rosberg), 87 (Piquet), 92 (Mansell), 93 (Prost), 96 (Hill), 97 (Villeneuve)

Konstr.-WM (9): 1980, 81, 86, 87, 92, 93, 94, 96, 97

Jahr	Motor	Platz	Punkte
1973	ISO	10	2
1974	ISO	10	4
1975	Ford	9	6
1976	Ford	–	–
1977	nicht angetreten		
1978	Ford	9	11
1979	Ford	2	75
1980	Ford	1	120
1981	Ford	1	95
1982	Ford	4	58
1983	Ford/Honda Turbo	4	38
1984	Honda Turbo	6	25,5
1985	Honda Turbo	3	71
1986	Honda Turbo	1	141
1987	Honda Turbo	1	137
1988	Judd	7	20
1989	Renault	2	77
1990	Renault	4	57
1991	Renault	2	125
1992	Renault	1	164
1993	Renault	1	168
1994	Renault	1	118
1995	Renault	2	112
1996	Renault	1	175
1997	Renault	1	123
1998	Mécachrome	3	38
1999	Supertec	5	35

Der BMW-Motor

Außer dem Umstand, dass BMW nach zwölf Jahren der Abwesenheit endlich wieder mit von der Partie ist, wird man von den Münchnern keine Großtaten erwarten dürfen. Das Triebwerk ist naturgemäß brandneu und anders als zu den seligen Turbo-Zeiten, als BMW einfach ins Regal greifen konnte und einen Großserien-Block nur mit mächtig viel Dampf aufladen musste, bedurfte es jetzt einer völligen Neukonstruktion auf allerhöchstem Technik- und Material-Niveau.

BMW wird das können, auch wenn sie darauf bestehen, alles nicht nur selbst zu machen, sondern das ganze Unternehmen sogar in München stattfinden zu lassen. Doch was BMW nicht schaffen wird, ist den Zeitfaktor zu überlisten. Und der heißt: Sie können froh sein, wenn sie dieses Jahr mit dem immer noch zu schweren und zu schwachen Motor hin und wieder das Ziel erreichen. So war man in Melbourne davon überzeugt, dass keiner der im Rennen eingesetzten Motoren die komplette Renndistanz überstehen würde. An regelmäßige Punkte darf man daher erst in der nächsten Saison denken.

BMW V10

Zylinderzahl/Anordnung	V10
Zylinderwinkel	72°
Ventile pro Zylinder	4
Hubraum	2.998 ccm
Leistung	ca. 780 PS
Drehzahl/Min.	keine Werksangaben
Motorlänge	
Motorbreite	
Motorhöhe	
Gewicht	

Den GAU erlebte BMW in Melbourne, als bei F1-Neuling Jenson Button noch in der Boxengasse der Motor medienwirksam explodierte.

B200

Motor:	Playlife FB02, V10, ca. 770 PS
Motorelektronik:	Magneti Marelli
Kraftübertragung:	Sechsganggetriebe, halbautomatisch, längs eingebaut
Reifen:	Bridgestone Potenza
Schmierstoffe/Benzin:	Agip

12 *Alexander Wurz*

BENETTON-PLAYLIFE

Sponsoren

Mild Seven (Zigaretten), Benetton (Bekleidung)

Etat

ca. 185 Millionen Mark

Adresse

Benetton Formula Limited
Enstone, Oxfordshire
OX7 4EE
England
Tel. 0044-1608-678000
Fax 0044-1608-678609
Internet: www.benettonf1.com

11

Giancarlo Fisichella

Verblassender Stern

Bei der Beurteilung von Fahren handelt es sich um eines der ganz großen Probleme, wenn es darum geht, die Form eines Teams und die Form eines Fahrers auseinanderzuhalten. Logisch, wenn – wie im Fall Benetton – der Fisch vom Kopf her stinkt, tut sich jeder Fahrer schwer, überragende Leistungen zu zeigen.

Umso wichtiger ist es dann, dass der Pilot, kommt er dann schon mal unverhofft an die günstige Gelegenheit, etwas Besonderes demonstrieren zu können, diese Chance auch wirklich beim Schopfe packt.

Giancarlo Fisichella hatte diese einmalige Gelegenheit im vergangenen Jahr beim Großen Preis von Europa, als er bei schwierigsten Streckenverhältnissen unversehens in Führung lag. Und was macht der Mann aus Rom daraus? Völlig ungefährdet und von niemanden außer sich selbst unter Druck gesetzt, haut er seinen Benetton ins Aus. Sechs, setzen! Das darf im vierten Jahr einer Formel-1-Karriere einfach nicht mehr passieren. Die enttäuschten Gesichter am Benetton-Kommandostand sprachen Bände – selbst im eigenen Team hatte keiner für diesen Fehler Verständnis. Der Sieg wäre von unschätzbarem Wert für das Benetton-Team gewesen, das seit dem Weggang von Michael Schumacher vergeblich auf die großen Erfolge wartet.

Fisichellas Stern droht zu verblassen, bevor er richtig aufgegangen ist. Bei seinem früheren Team Jordan wird Ralf Schumacher als talentierter eingestuft und die italienische Medienlandschaft wertet mittlerweile Landsmann Jarno Trulli als geeigneteren Hoffnungsträger. Fisichella steht also diese Saison vor einem Zwei-Fronten-Krieg. Innerhalb seines Teams muss er die Nürburgring-Schlappe so schnell wie möglich vergessen machen. Er muss also als erstes seine eigenen Leute von sich überzeugen. Und er muss Italien überzeugen, dass er und nicht Jarno Trulli der richtige Mann ist, wenn es darum geht, für die Nach-Schumacher-Ära endlich mal wieder einen Italiener ins Ferrari-Team zu rekrutieren.

Teil eins der Aufgabe liegt ausschließlich an ihm. Wie er sich aber als Benetton-Fahrer gegen Trulli auf einem Jordan erwehren soll, wird wohl eher zu den unlösbaren Aufgaben zählen. Da bleibt Fisico nichts anderes übrig, als auf Heinz-Harald Frentzen zu hoffen.

Persönliches

Italiener
Geboren am 14. Januar 1973 in Rom
Wohnort: Monte Carlo
Größe: 1,72 m
Gewicht: 68 kg
Ledig
Hobbies: Skifahren, Tennis, Fußball, Angeln
Einkommen 2000 (geschätzt): 8 Millionen Mark

Karriere vor der Formel 1

1984 - 91	Kart
1992 - 94	Italienische Formel 3
1995 - 96	DTM/ITC für Alfa Romeo

Formel-1-Chronik

Jahr	Team	Siege	Punkte	Rang
1996	Minardi-Ford	–	–	–
1997	Jordan-Peugeot	–	20	8
1998	Benetton-Playlife	–	16	9
1999	Benetton-Playlife	–	13	9

Formel-1-Bilanz

Starts	Poles	Siege	Punkte	WM-Titel
57	1	–	49	–

Alexander Wurz

Persönliches

Österreicher
Geboren am 14. Februar 1974 in Waithofen
Wohnort: Perchtoldsdorf/Österreich
Größe: 1,86 m
Gewicht: 74 kg
Verlobt mit Karin Michal
Hobbies: Ski-, Snowbord- und Mountainbike fahren, Squash
Einkommen 2000 (geschätzt): 3 Millionen Mark

Karriere vor der Formel 1

1986 - 88	BMX, Weltmeister 1986
1989 - 90	Kart
1991	Formel Ford 1600
1992	Formel Ford 1600; Formel Opel
1993 - 95	Formel 3
1996	ITC für Opel; Le-Mans-Sieger

Formel-1-Chronik

Jahr	Team	Siege	Punkte	Rang
1997	Benetton-Renault	–	4	14
1998	Benetton-Playlife	–	17	7
1999	Benetton-Playlife	–	3	13

Formel-1-Bilanz

Starts	Poles	Siege	Punkte	WM-Titel
35	–	–	24	–

Zu oft gebügelt

Mit welch einer positiven Bilanz ging Alexander Wurz in die vergangene Saison: 1998 in einem beinharten Duell gegen Superstar Michael Schumacher standgehalten, einen haarsträubenden Startunfall mit Mehrfachüberschlag als Bagatelle weggesteckt und gegen Italiens große Hoffnung Giancarlo Fisichella eine gute Figur gemacht. Wurz galt als der aufgehende Stern in der Formel 1.

Da muss das vergangene Jahr für den langen Schlacks aus Österreich doppelt bitter gewesen sein: Drei Punkte sind einfach zu wenig, auch wenn Benetton bestimmt kein Spitzenteam mehr ist. Doch noch schlimmer ist, dass Alexander Wurz im Abschlusstraining regelmäßig von seinem Teamkollegen gebügelt wurde. Ein vernichtend klares 13:3-Verhältnis lässt kaum noch Platz für irgendwelche Ausreden.

Die Aufgabenstellung hätte eigentlich klar sein müssen und entsprach dem Naturell der beiden Benetton-Fahrer: Der Italiener ist das Vollgastier, der Österreicher der akribische Denker, der die Aufzeichnungen aller Abstimmungen und Tests akkurat in seinem Laptop speichert.

Und genau für einen solchen Rennfahrertyp hätte in der Krisenzeit von Benetton die große Stunde schlagen müssen. Da der Benetton 199 nun mal an einem starken Mangel an Grip litt, hätte der Mann mit dem roten und dem blauen Fahrerschuh dank seines technischen Verständnisses die bessere Abstimmung als sein Teamkollege finden müssen. Entweder fürs Abschlusstraining oder, besser noch, fürs Rennen. Doch wie gesagt: 13:3 im Qualifying und 13:3 bei den Punkten sprechen eine andere Sprache.

Alexander Wurz, der nach Gerhard Berger nun der große österreichische Hoffnungsträger ist, muss sich also in dieser Saison unbedingt rehabilitieren. Die Meriten seines kometenhaften Formel-1-Ein- und Aufstiegs sind mittlerweile verblasst. Der Testfahrer Wurz hatte damals, als Benetton-Stammfahrer Gerhard Berger wegen einer vereiterten Kieferhöhle pausieren musste, die Gunst der Stunde genutzt und stand bereits in seinem dritten Rennen auf dem Treppchen. Das war weiß Gott mehr, als man dem DTM-Fahrer Wurz zugetraut hatte. Doch um auf Dauer einen Platz im Konzert der Weltbesten zu behaupten, reicht das nicht.

WOHIN GEHT DER TREND?

Benetton schloss die vergangene Saison mit 16 Zählern als Sechster in der Konstrukteurs-Weltmeisterschaft ab. Das ist für ein Team, das in der ersten Hälfte der 90er Jahre zu den absoluten Front-Runnern gehörte, nicht unbedingt ein Highlight. Noch schlimmer ist allerdings, dass das italienische Team seine letzten Punkte im Juli errang – seitdem war Hängen im Schacht.

Es ist ein Jammer, wenn man sich Benettons beste Zeiten in Erinnerung ruft. Michael Schumacher raste mit Hilfe dieses Teams zu seinen bislang einzigen Weltmeistertiteln – 1995 konnte der Rennstall sogar die Konstrukteurs-Wertung gewinnen. Aber da waren ja auch die Techniker Ross Brawn und Rory Byrne noch nicht bei Ferrari.

Die Zeiten sind vorbei – im Anschluss an die Schumacher-Ära versuchte es Benetton mit den beiden Altstars Gerhard Berger und Jean Alesi. In diesem Zusammenhang gab es 1997 einen ganz besonders perfiden Werbefilm vom damaligen Sponsor Gilette, in dem der junge Konstrukteur Nick Wirth freudestrahlend verkündete, dass es jetzt nur noch junger, erfolgshungriger Fahrer bedürfe, um endlich die ganz großen Erfolge einzufahren.

Zwei Jahre und null Grand-Prix-Siege nach Gerhard Bergers letztem und einzigem Sieg in der Nach-Schumacher-Ära (Berger gewann den Großen Preis von Deuschland 1997) wird man über den Standpunkt von Wirth sicher diskutieren dürfen. Besonders, nachdem der junge und erfolgshungrige Giancarlo Fisichella vergangene Saison auf dem Nürburgring souverän in Führung liegend seinen Premieresieg einfach wegwarf. Vielleicht sieht man jetzt bei Benetton die Werte des Alters mit anderen Augen. Jedenfalls ist man nicht mehr so jugendgläubig, was sich zumindest darin ausdrückt, dass man den jungen, aber völlig erfolglosen Nick Wirth gefeuert hat.

Benetton hat grundsätzlich immer noch alles, was es braucht, um ein Spitzenteam zu sein. Der Firmensitz liegt in England, genauer gesagt in Enstone, also im Bereich um London und Silverstone herum, wo weltweit die höchste Konzentration an Formel-1-Spezialisten lebt und arbeitet. Das Hauptquartier mit eigenem Windkanal gehört immer noch zu den modernsten Formel-1-Schmieden, das Budget ist mit 170 Millionen Mark nicht unbedingt üppig aber allemal ausreichend, und 250 Mitarbeiter sind über dem Durchschnitt. Wer zum Beispiel mal die Jordan-Fabrik gesehen hat, wird von Enstone nur in den höchsten Tönen reden.

Was aber bitter fehlt, ist ein Spitzenkonstrukteur und vor allem ein Teamchef, der sich in der Szene auskennt und dank seiner Beziehungen einen solchen an Land ziehen kann. Das gilt ebenso für einen Werksmotoren-Deal. Da passt es ins Bild, dass Benetton nach dem Großen Preis von Australien die Rückkehr von Renault in die Formel 1 bekannt gab. Die Franzosen begnügen sich jedoch nicht mit der Rolle des Motorenlieferanten. Für 120 Millionen Dollar hat Luciano Benetton seinen Rennstall an Renault verkauft, die damit den gleichen Weg wie Jaguar beschreiten. Somit ist auch klar, dass es Personalrochaden geben wird. Renault, das mit fünf Fahrer-Weltmeistern und sechs Konstrukteurstiteln zwischen 1992 und 1997 auf eine äußerst erfolgreiche Zeit als Motorenlieferant von Williams und Benetton zurück blicken kann, hat noch eine Scharte auszuwetzen: Mit seinem Werksteam, eingesetzt in den siebziger und achtziger Jahren, ist es dem Konzern nie gelungen, den WM-Titel zu gewinnen.

Chancen

Renault ist zurück, doch für 2000 werden sich die Änderungen im Team in erster Linie auf Personalebene abspielen. Vor diesem Hintergrund wird deutlich: Punkte sind drin, vielleicht sogar mal ein Podestplatz. Wenn es aber um die Frage geht: Wer ist hinter den großen zwei McLaren und Ferrari „best of the rest", wird Benetton garantiert nicht zur Diskussion stehen.

Häufig in den Punkten

11 *Giancarlo Fisichella*

Formel-1-Bilanz

Benetton Formula 1 Racing Team

(Von 1981 bis 1985: Toleman)
Gefahrene Grand Prix: 283
Pole-Positions: 16
Grand-Prix-Siege: 27
Gesamt-Punkte: 847,5
Titel: 1994, 95 (Schumacher)
Konstrukteurs-WM: 1995

Jahr	Motor	Platz	Punkte
1981	Hart Turbo	–	–
1982	Hart Turbo	–	–
1983	Hart Turbo	9	10
1984	Hart Turbo	7	16
1985	Hart Turbo	–	–
1986	BMW Turbo	6	19
1987	Ford Turbo	5	28
1988	Ford	3	39
1989	Ford	4	39
1990	Ford	3	71
1991	Ford	4	38,5
1992	Ford	3	91
1993	Ford	3	72
1994	Ford	2	103
1995	Renault	1	137
1996	Renault	3	68
1997	Renault	3	67
1998	Playlife	5	33
1999	Playlife	6	16

Teamchef

Rocco Benetton

Rocco ist nun ein volles Jahr Chef des familieneigenen Rennstalls und man kann getrost davon ausgehen, dass nach der Übernahme des Teams durch Renault höchstens noch ein weiteres Jahr dazu kommt. Es gibt nicht ein einziges stichhaltiges Indiz für die Behauptung, dass der Mann irgendwelche Ahnung von der Formel 1 hätte. Stattdessen wirkt der jüngste Benetton unsicher, ja fast unbeholfen, wenn er in dem protzigen Benetton-Doppel-Mobilehome agiert. Doch was soll's: Er hat einen tollen Namen, sieht blendend aus und hat Knete satt. Das scheint zu reichen, um dieses Team – noch – dirigieren zu dürfen.

Technischer Direktor

Pat Symonds

Der Technische Direktor Pat Symonds legt Wert auf die Feststellung, dass der B200 im Vergleich zum Vorgänger B199 „eine Reihe von Verbesserungen aufweist". Nicht weniger sollte man von einem Nachfolgermodell erwarten dürfen. Wichtigste technische Verbesserung dürfte allerdings das Schassen von Konstrukteur Nick Wirth gewesen sein. Symonds, der als Renningenieur von Michael Schumacher jahrelang im Erfolg baden durfte, hat jetzt die Hauptaufgabe, die Mannschaft um den neuen Designer Tim Densham zu organisieren und die Technikabteilung nach Renaults Wünschen umzustrukturieren.

Der Playlife-Motor (alias Supertec)

Playlife ist der teaminterne Name für den ebenfalls von Arrows eingesetzten Supertec-Motor. Der wiederum ist der in bescheidenen Maßen und für teures Geld von Mécachrome weiterentwickelte Motor, den Renault nach deren Formel-1-Ausstieg Ende 1997 der Formel 1 als Erbe hinterlassen hat. Boss von Supertec ist der ehemalige Benetton-Chef Flavio Briatore, der wirklich weiß, wie man Geld macht. Das Motorenpaket kostet rund 15 Millionen Dollar. Für das viele Geld bekamen die Kunden in der vergangenen Saison ein Triebwerk, dem mindestens 70 PS auf die Spitze fehlten und das zu allem Überfluss ein Maß an Vibrationen mitlieferte, das die damaligen Teams schier zur Verzweiflung trieb. Natürlich hat Briatore versprochen, dass dieses Jahr alles viel besser aussehen wird. Was nicht verhindern wird, dass die Supertec-Kunden vom ersten Rennen an auf verlorenem Posten stehen werden. Immerhin hat es Benetton geschafft, Renault zum Wiedereinstieg in die Formel 1 zu bewegen. Auf diese Weise hat man sich für 2001 die begehrten Motoren gesichert.

Playlife FB02

Zylinderzahl/Anordnung	V10
Zylinderwinkel	71°
Ventile pro Zylinder	4
Hubraum	3.000 ccm
Leistung	ca. 770 PS
Drehzahl/Min.	ca. 17.000
Motorlänge	623 mm
Motorbreite	542 mm
Motorhöhe	395 mm
Gewicht	unter 120 kg

AP03

Motor:	Peugeot A20, V10, ca. 780 PS
Motorelektronik:	TAG Electronic control
Kraftübertragung:	Siebenganggetriebe, längs eingebaut, halbautomatisch
Bremsen:	Prost Grand Prix System
Räder/Reifen:	BBS/Bridgestone Potenza
Schmierstoffe/Benzin:	Total

PROST-PEUGEOT

Sponsoren

Gauloises (Zigaretten), Peugeot (Autohersteller), Yahoo (Internet-Suchmaschine), BIC (Feuerzeughersteller), Agfa (Fotozubehör), Play Station (Videospiele), 3M (Industrie- und Konsumgüter-Großhandel)

Etat

ca. 260 Millionen Mark

Adresse

Prost Grand Prix
7, Avenue Eugène Freyssinet
F – 78286 Guyancourt Cedex
Frankreich
Tel. 0033-1-39301100
Fax 0033-1-39301101
Internet: www.prostgp.com

Alle Angaben entsprechen dem Stand vor Saisonbeginn 2000.

14

Jean Alesi

Talent verschleudert

Peter Sauber muss es nach zwei Jahren mit Jean Alesi wissen und er sagt es ganz ungeschminkt: „Alesi kann so schnell sein wie Häkkinen, wenn er funktioniert. Leider funktioniert er selten."

Alesi gehört garantiert zu den interessantesten unter den Formel-1-Piloten. Allein der Umstand, dass er ein eigenes Weingut betreibt, lässt aufhorchen. Dank seiner japanischen Gattin, die zu Hause ein absoluter Superstar ist, verkauft er die gesamte Ernte in Japan. Ansonsten investiert der Franzose jährlich eine gute Million Dollar in die Pflege und Aufstockung des eigenen, privaten Weinkellers – man will ja im Ruhestand nicht darben.

Genau der könnte schneller kommen, als das dem immer noch rennversessenen Alesi lieb sein dürfte. Denn die Uhr des Franzosen droht abzulaufen. Das einstmalige Riesentalent, auf den die Szene so scharf war, dass er 1991 gleichzeitig bei drei Teams unterschreiben konnte (Tyrrell, Ferrari und Williams) hat sich als Rohrkrepierer herausgestellt. 167 Grand-Prix-Einsätze mit nur einem Sieg können nicht überzeugen. Zumal Jean mit seinem leicht überschäumenden Temperament dazu neigt, beim Verlassen eines Teams verbrannte Erde zu hinterlassen. Bei Ferrari nannte er Rennleiter Jean Todt eine „Ruine", bei Benetton beschimpfte er seinen Ex-Freund Flavio Briatore als „unmenschlich" und selbst den gutmütigen Peter Sauber brachte er an den Rand der Verzweiflung. Als beide sich 1999 trennten, wurde für eine gewisse Weile Stillschweigen vereinbart. Ganz in Alesis Interesse, damit der ungekündigt einen neuen Job suchen kann. Doch Alesi hatte nichts Besseres zu tun, als dem erstbesten Journalisten zu erzählen, dass das „Kapitel Sauber endgültig beendet" sei.

Manchmal wird man den Eindruck nicht los, Alesi benutze seinen Kopf nur, um den Helm aufziehen zu können. Doch was soll's: Manchmal, besonders bei Regen, ist es eine Freude, den Franzosen einhergeigen zu sehen. In Punkto Fahrzeugbeherrschung gehört er immer noch zu den Allergrößten in der Formel 1. Leider hat er es in den elf Jahren seiner Karriere nicht geschafft, diese Beherrschung auch auf sich selbst auszuweiten. Alesi wird in der Motorsportgeschichte eine Fußnote bleiben. Bestehend aus einem Satz: Er hat sein Riesentalent verschleudert.

Persönliches

Franzose
Geboren am 11. Juni 1964 in Avignon
Wohnort: Nyon/Schweiz
Größe: 1,70 m
Gewicht: 73 kg
Verheiratet mit Kumiko, Töchter Charlotte, Helena
Erlernter Beruf: Karosseriespengler
Hobbies: Ski, Golf, Tennis, Wasserski
Einkommen 2000 (geschätzt): 6 Millionen Mark

Karriere vor der Formel 1

1983	Renault 5 Turbo Cup
1984 - 85	Formel Renault
1986 - 87	Französische Formel 3
1988 - 89	Formel-3000-EM, 1. Rang (89)

Formel-1-Chronik

Jahr	Team	Siege	Punkte	Rang
1989	Tyrrell-Ford	–	8	9
1990	Tyrrell-Ford	–	13	9
1991	Ferrari	–	21	7
1992	Ferrari	–	18	7
1993	Ferrari	–	16	6
1994	Ferrari	–	24	5
1995	Ferrari	1	42	5
1996	Benetton-Renault	–	47	4
1997	Benetton-Renault	–	36	3
1998	Sauber-Petronas	–	9	11
1999	Sauber-Petronas	–	2	15

Formel-1-Bilanz

Starts	Poles	Siege	Punkte	WM-Titel
167	2	1	236	–

Nick Heidfeld

15

Persönliches

Deutscher
Geboren am 19. Mai 1977 in Mönchengladbach
Wohnort: Monte Carlo
Größe: 1,64 m
Gewicht: 57 kg
Ledig
Hobbies: Kart fahren
Einkommen 2000 (geschätzt): 2 Millionen Mark

Karriere vor der Formel 1

1986 - 93	Kart
1994	Formel Ford 1600, 1. Rang
1995	Int. Formel Ford 1800, 1. Rang
1996 - 97	Deutsche Formel 3, Meister 1997
1998 - 99	Formel 3000, 2. Rang 1998, Europameister 1999 Testfahrer bei McLaren-Mercedes

Neu in der Formel 1

Der Mercedes-Lehrling

22 Jahre alt ist der Junge aus Mönchengladbach und trotzdem kommt er sensationell vorbereitet in die Königsklasse. Als amtierender Formel-3000-Meister hat Nick Heidfeld sein Gesellenstück bereits abgeliefert. Doch das ist nicht alles, was „Quick Nick" zu bieten hat. In welcher Klasse er auch angetreten ist, er hat sie als Meister verlassen. Darüberhinaus wurde und wird Heidfeld als Mercedes-Junior behutsam und langfristig aufgebaut. So wird er in diesem Rahmen an das Prost-Team auch nur „ausgeliehen". Nick sagt selbst, sein Traum sei es, „auf einem Silberpfeil Weltmeister werden zu können".

Wenn es nach Heidfeld gegangen wäre, hätte er sich dabei den Umweg über Prost gespart: „Ich selbst wäre gerne direkt zu McLaren gegangen, das habe ich immer gesagt. Aber ich verstehe auch, dass andere Leute das anders sehen."

Die anderen Leute sind Mercedes-Motorsportchef Norbert Haug und Heidfelds Manager Werner Heinz. Letzterer hat im Zuge des Mercedes-Junioren-Projekts die Karriereplanung weitgehend in die Hände der Stuttgarter gelegt. Womit Heidfeld, der wie Frentzen aus Mönchengladbach kommt und wie die Schumachers seine ersten Kartrunden in Kerpen absolvierte, sehr gut gefahren ist.

Zwei Jahre lang dufte er als Testpilot für McLaren-Mercedes über 10.000 Testkilometer absolvieren. Er ist mit dieser Erfahrung der ideale Kontrapunkt zu der Karriere-Planung des nur zwei Jahre jüngeren BMW-Williams-Fahrers Jenson Button.

Im Prost-Team stößt Heidfeld nun auf ideale Verhältnisse. Vom Teamchef kann man lernen, dass es mehr gibt als nur Vollgas fahren. Und mit dem Teamkollegen Jean Alesi hat Heidfeld einen geeigneten Partner zum Einstampfen. Denn der diszipliniert-analytische Heidfeld, der sich stundenlang auf die richtige Rennabstimmung konzentrieren kann, wird den impulsiven Alesi spätestens ab der zweiten Saisonhälfte in die Tasche stecken. Nicks Karriere ist vorgezeichnet: Nach zwei Jahren „Lehre" bei Prost wird er als 24-Jähriger im McLaren-Mercedes Platz nehmen. Spätestens dann wird auch Realität, wovon der Wahl-Monegasse bislang nur träumt: „Wenn ich mal für irgend etwas richtig viel Geld ausgeben würde, dann für ein eigenes Flugzeug."

ZEIT FÜR DEN AUFSCHWUNG

14 Jean Alesi

Unter der Ägide von Alain Prost wurde der ehemalige Ligier-Rennstall fast um das Vierfache aufgeblasen. Im vor zwei Jahren von Magny-Cours in die Nähe von Paris verlegten Firmensitz arbeiten mittlerweile rund 250 Mitarbeiter für den vierfachen Weltmeister. 1998 wurde lediglich ein Punkt herausgefahren, 1999 waren es dank eines ebenso glücklichen wie gnädigen zweiten Platzes von Jarno Trulli beim Chaosrennen auf dem Nürburgring immerhin neun Zähler. Damit rangierte Prost Grand Prix stark geschminkt im hinteren Mittelfeld.

Das kann natürlich nicht reichen und keiner weiß das besser als Alain Prost. Deswegen hat der kleine Franzose nun rigoros umgestaltet. Nach außen hin fallen als erstes die beiden neuen Fahrer auf. Der erfahrene Jean Alesi wurde als französischer Seelenschmeichler verpflichtet, der junge Nick Heidfeld als Mann der Zukunft.

Das könnte deutlich vielschichtiger gemeint sein, als es auf den ersten Blick zu erkennen ist. Zum einen gehört Heidfeld zu den ganz wenigen herausragenden Talenten weltweit. Grund genug, ihn zu nehmen. Doch der Mönchengladbacher hat noch etwas ganz anderes zu bieten: nämlich Mercedes. Die Autobauer fördern „Quick Nick" seit Jahren, als McLaren-Testfahrer absolvierte er darüber hinaus viele tausend Testkilometer. Ganz klar, dass sich Alain Prost von dem Heidfeld-Engagement einen verbesserten Zugang zu den Stuttgartern erhofft. Denn Prost muss sich unbedingt für den Fall wappnen, dass Motorenpartner Peugeot tatsächlich, wie angekündigt, Ende dieser Saison aussteigt. Mercedes, die an einer zweijährigen Ausbildung ihres Zöglings bei Prost interessiert sind, werden ihren Junior dann schon nicht ohne Motor fahren lassen wollen.

Deshalb unternimmt Prost alles, um eventuellen Motorenlieferanten ein würdiger Partner zu sein. Den Versuch, den unbekannten Konstrukteur Loïc Bigois zu halten, hat Alain Prost nach zwei Missgeburten sang- und klanglos aufgegeben.

Stattdessen hat er sich mit John Barnard zusammen getan, der für Prost in England sein Forschungszentrum arbeiten lässt. Barnard und Prost kennen und schätzen sich seit gemeinsamen Tagen in Diensten von McLaren in den achtziger Jahren. Darüber hinaus hat sich Alain Prost den vom Stewart-Team freigesetzten Konstrukteur Alan Jenkins geschnappt. Dass es dem quirligen Franzosen mit dem Sponsor Yahoo gelungen ist, erstmals für die Formel 1 den Zukunfts-Wirtschaftsbereich Internet fürs Sponsorship anzuzapfen, beweist, dass mit Prost Grand Prix auf allen Ebenen zu rechnen sein wird.

Chancen

Aerodynamik-Guru Adrian Newey nannte den Prost AP03 unmittelbar nach dem Jordan EJ10, als es um die Frage ging, welche 2000er Konstruktionen ihm gut gefallen hätten. Prost hat in der Tat ein deutlich kleineres, leichteres Auto auf die Räder gestellt. Das Team ist ausreichend finanziert, hat renomierte Konstrukteure und Designer unter Vertrag und mit Alesi und Heidfeld eine gute Fahrer-Mischung aus erfahren und hungrig.

Geht man davon aus, dass mit McLaren und Ferrari die Frontrunner feststehen und dass knapp dahinter Jordan und Jaguar liegen werden, dann dürfte sich Prost mit BAR und Benetton, vielleicht auch noch mit Sauber um den fünften Rang streiten. Regelmäßig Punkte und vielleicht mal ein Podium dürften nach den erfolglosen Anfangsjahren das Prost-Team einen deutlichen Sprung nach vorne machen lassen. Das gilt allerdings nur, wenn die Pannenserie von Melbourne ein einmaliger Ausrutscher war.

Regelmäßig in den Punkten

Formel-1-Bilanz

(Bis Anfang 1997 Ligier)

Gefahrene Grand Prix:	375
Pole-Positions:	9
Grand-Prix-Siege:	9
Gesamt-Punkte:	419

Jahr	Motor	Platz	Punkte
1976	Matra	5	20
1977	Matra	8	18
1978	Matra	6	19
1979	Ford	3	61
1980	Ford	2	66
1981	Matra	4	44
1982	Matra	8	20
1983	Ford	–	–
1984	Renault Turbo	10	3
1985	Renault Turbo	6	23
1986	Renault Turbo	5	29
1987	Megatron Turbo	11	1
1988	Judd	–	–
1989	Ford	13	3
1990	Ford	–	–
1991	Lamborghini	–	–
1992	Renault	7	6
1993	Renault	5	23
1994	Renault	6	13
1995	Mugen-Honda	5	24
1996	Mugen-Honda	6	15
1997	Mugen-Honda	6	21
1998	Peugeot	9	1
1999	Peugeot	7	9

Teamchef

Alain Prost

199 Grand Prix, 51 Siege, 31 Pole-Positions, vier WM-Titel – der Mann weiß, was es heißt, erfolgreich zu sein. Umso schmerzlicher ist es für ihn, dass es als Teamchef seit 1997 einfach nicht klappen will. Immer öfter sehnt sich der Nägelbeißer nach seinen aktiven Zeiten zurück: „Da war alles leichter, weil ich ausschließlich für mich verantwortlich war." Alain Prost ist der Hoffnungsträger Frankreichs, er kennt McLaren, Ferrari und Williams von innen heraus – es ist völlig unwahrscheinlich, dass dieser Mann mittelfristig keinen Erfolg haben wird.

Technischer Direktor

Alan Jenkins

Jenkins und Prosts Zusammenarbeit geht auf das Jahr 1984 zurück, als der Engländer Prosts Renningenieur bei McLaren war. Jenkins ist für Prosts Team, das sich immer noch im „status nascendi", also der Phase der Entstehung, befindet, der richtige Mann. Seine Erfahrungen bei Stewart, wo er das Team vom weißen Blatt aus mit aufbaute, sind die richtige Mitgift. Zudem passt, dass Jenkins keine Ego-Probleme hat und deswegen mit Prosts Hintergrund-Konstrukteur John Barnard und seinem B3 Technologie-Zentrum in Surrey kooperieren kann.

Der Peugeot-Motor

Peugeot und die Formel 1 – das ist eine unsägliche Geschichte. Grundsätzlich kann der französische Familienkonzern von sich behaupten, im Motorsport Nägel mit Köpfen zu machen. Ob Rallye-WM, Sportwagen der Gruppe C oder Rallye-Raid-Auftritte, immer fuhr die Technik mit dem Löwen als Wappentier letztendlich vorne weg. Bloß in der Formel 1 tut sich nichts.

Und dieses Jahr sogar noch weniger: Der Dreijahresvertrag mit dem Prost-Team läuft aus und keiner weiß, ob Peugeot, in welcher Form auch immer, weiterzumachen gedenkt. So kann man natürlich in der Königsklasse nichts gewinnen. Trotzdem, und das überrascht jetzt wirklich, hat Peugeot für seinen Schwanengesang einen völlig neuen Motor gebaut. Der A20 ist mit 109 Kilo 13,5 Kilo leichter als sein Vorgänger und nur 58 Zentimeter lang. Mager sieht es immer noch mit der Leistung aus: 780 PS werden in Peugeot-Kreisen genannt – für einen Werksmotor mindestens 50 zu wenig. Mitte des Jahres soll eine Entwicklungsstufe 800 PS haben – das werden dann wieder 50 zu wenig sein.

A20

Zylinderzahl/Anordnung	V10
Zylinderwinkel	k. A.
Ventile pro Zylinder	4
Hubraum	2.998 ccm
Leistung	ca. 780 PS
Drehzahl/Min.	
Motorlänge	keine
Motorbreite	Werksangaben
Motorhöhe	
Gewicht	109 kg

16 *Pedro Paulo Diniz*

C19

Motor:	Petronas SPE 04A, V10, ca. 800 PS
Motorelektronik:	Magneti Marelli
Kraftübertragung:	Siebenganggetriebe, halbautomatisch, längs eingebaut
Fahrzeugmaße (L/B/H):	4.410/1.800/1.000 mm
Spur (v/h):	1.470/1.410 mm
Dämpfungssystem:	Sachs
Bremsen:	Brembo/Carbon Industries
Räder/Reifen:	OZ/Bridgestone Potenza
Schmierstoffe/Benzin:	Shell

Sponsoren

Red Bull (Energy Drink), Petronas (Mineralölkonzern), Parmalat (Lebensmittel),

Adresse

Red Bull Sauber AG
Wildbachstraße 9

16

Pedro Paulo Diniz

Durchbruch geschafft

Kein Fahrer hatte in der vergangenen Saison mehr Unfälle als der gut aussehende Milliardärs-Sohn Pedro Paulo Diniz aus Brasilien. Und wenn man sich den mehrfachen Überschlag mit anschließendem völligen Abriss des Überrollbügels auf dem Nürburgring in Erinnerung ruft, dann weiß man, dass das nicht nur harmlose Ausrutscher waren.

Doch Diniz fährt weiter. Das beweist wohl endgültig, dass der Brasilianer die Formel 1 nicht nur als willkommene und imageträchtige Abwechselung zu seinem Papa-zahlt-alles-Leben in Monaco sieht.

Diniz macht weiter und dann auch noch mit einem ungeliebten neuen Teamkollegen. Vorbei sind die Zeiten, als der Brasilianer mit Kumpel Jean Alesi die Schweizer Flagge hochhalten durfte. Nun ist Mika Salo der neue Sauber-Mann. Salo und Diniz mochten sich schon nicht, als sie zusammen für Arrows gefahren sind. Diniz besteht darauf, dass es nur daran lag, dass Salo ihm seine guten Leistungen übel nahm.

Sicher ist, dass der immer noch unterschätzte Diniz im vergangenen Jahr im Qualifying-Vergleich mit 12:4 gegen Teamkollege Alesi um einen Rang besser abgeschnitten hat als zum Beispiel David Coulthard gegen Mika Häkkinen (13:3). Darüberhinaus konnte Diniz einen WM-Zähler mehr erzielen als Alesi. Darauf lässt sich aufbauen. Und wenn es dem brasilianischen Schönling gelingen sollte, mit Salo gleichzuziehen, dann wäre er endgültig jeden Makel als Zahl-Fahrer los.

Pedro Diniz wird alles tun, damit er dieses Image endlich abstreift. Dabei kann er sicher sein, dass ihm das Sauber-Team im Kampf gegen Salo keine Steine in den Weg legt. Wie es sich für den Schweizer Rennstall gehört, werden beide Fahrer wieder völlig gleichgestellt sein. Der Ersatzwagen wird im Rennen nach dem Windhund-Prinzip verteilt: Wer am schnellsten ist – und zwar gemessen anhand des jeweiligen Qualifyings – auf dessen Maße wird für den Rennsonntag der Muletto abgestimmt.

Auf die Feststellung, dass Salo und Diniz nicht unbedingt große Freunde sind, weiß Teamchef Peter Sauber lebensweise zu antworten: „Stallgefährten müssen keine Freunde sein. Pedro Diniz und Jean Alesi waren richtige Kumpels. Und was hat uns das gebracht?"

Persönliches

Brasilianer
Geboren am 22. Mai 1970 in São Paulo
Wohnort: Monte Carlo
Größe: 1,74 m
Gewicht: 72,5 kg
Ledig
Hobbies: Jogging, Squash, Reisen, Rad fahren, Ski fahren, Lesen
Einkommen 2000 (geschätzt): 1,5 Millionen Mark

Karriere vor der Formel 1

1987 - 88	Kart
1989	Brasilianische Formel Ford
1990	Südamerikanische Formel 3
1991 - 92	Britische Formel 3
1993 - 94	Formel-3000-EM

Formel-1-Chronik

Jahr	Team	Siege	Punkte	Rang
1995	Forti-Ford	–	–	–
1996	Ligier-Mugen	–	2	15
1997	Arrows-Yamaha	–	2	16
1998	Arrows	–	3	13
1999	Sauber-Petronas	–	3	14

Formel-1-Bilanz

Starts	Poles	Siege	Punkte	WM-Titel
82	–	–	10	–

17

Mika Salo

Persönliches

Finne
Geboren am 30. November 1966 in Helsinki
Wohnort: London
Größe: 1,75 m
Gewicht: 72 kg
Verheiratet mit Noriko
Hobbies: Snowbord- und Snowmobilfahren
Einkommen 2000 (geschätzt): 5 Millionen Mark

Karriere vor der Formel 1

1973 - 85 Kart
1987 - 88 Skand. Formel Ford 1600, 2. Rang (87), 1. Rang (88)
1989 - 90 Britische Formel 3, 2. Rang (90)
1991 - 94 Japanische Formel 3000

Formel-1-Chronik

Jahr	Team	Siege	Punkte	Rang
1994	Lotus-Mugen	–	–	–
1995	Tyrrell-Yamaha	–	5	15
1996	Tyrrell-Yamaha	–	5	13
1997	Tyrrell-Ford	–	2	16
1998	Arrows	–	3	13
1999	BAR-Supertec	–	–	–
	Ferrari	–	10	10

Formel-1-Bilanz

Starts	Poles	Siege	Punkte	WM-Titel
77	–	–	25	–

Außergewöhnliche Wende

„Nach Ferrari ist fast jeder Rennstall ein Abstieg für mich." Diesen Satz muss man sich auf der Zunge zergehen lassen. Nicht unbedingt, was dieser Satz aussagt, sondern vielmehr, wer diesen Satz sagt. Der Mann heißt Mika Salo und der war als Rennfahrer vor einem Jahr nur noch für Formel-1-Historiker interessant. Als jemand, der in alten Formel-3-Zeiten seinem Landsmann Mika Häkkinen ein würdiger Konkurrent war, der es dann aber im Gegensatz zu Häkkinen nicht in die Formel 1 schaffte. Stattdessen versauerte er in Japan als Formel-3000-Pilot. Es hat dann doch noch mit der Formel 1 für Mika Salo geklappt. Allerdings hatte er bei den Hinterbänkler-Teams Lotus, Tyrrell und Arrows nie die Chance zu zeigen, welches Potential wirklich in ihm steckt. Ende 1998 kam dann das Aus. Schluss und vorbei – das war's.

Doch der Zufall half dem Finnen. Zuerst suchte BAR zu Beginn der vergangenen Saison einen Ersatz für den verletzten Zonta. BAR-Platzhirsch Villeneuve kann gut mit Salo, also wurde flugs der Finne eingekauft – was seiner Karriere nichts brachte, denn einerseits war er stets langsamer als Villeneuve und andererseits konnte man auf dem BAR eh nichts zeigen. Ein Fahrer, der eigentlich schon völlig draußen war, ist nach solchen drei Rennen metertief begraben.

Dann kam Schumis Beinbruch und Salos ganz, ganz große Chance. Die hat er brillant, weil punktgenau ausgenutzt. Nach anfänglichen Schwierigkeiten in Österreich lieferte der Finne auf dem Hockenheimring eine perfekte Leistung ab. So perfekt, dass der zwangsläufig bei Ferrari zur Nummer eins avancierte Eddie Irvine erst das Rennen gewinnen konnte, nachdem Salo ihn großzügig überholen ließ. Unmittelbar nach diesem Grand Prix standen Salos Aktien am höchsten und aus dieser Zeit stammt auch der Zweijahresvertrag mit Sauber.

Glück für Salo, denn Hockenheim war ebenso toll wie einzigartig. In den Rennen danach war Salo stellenweise gut, aber nicht mehr überragend. Wie auch immer, Mika Salo kann jetzt behaupten, ein ehemaliger Ferrari-Mann zu sein, der für die Roten sogar zweimal auf dem Treppchen gestanden hat. Salos Formel-1-Karriere hat im allerletzten Augenblick also noch einmal eine ganz außergewöhnliche Wende genommen.

BESSER
AUF ALLEN EBENEN

Im Laufe der vergangenen Saison trennte sich Peter Sauber von seinem Partner und Miteigentümer, dem Inhaber der Lichtensteiner Marketinggesellschaft FKG, Fritz Kaiser. Die Trennung geschah, ganz wie es den beiden Persönlichkeiten Sauber und Kaiser entsprach, nach außen hin in aller Ruhe und Würde und nicht mit einem Hauch von dreckiger Wäsche.

Was umso schwerer hinzukriegen war, erfolgte doch die Trennung wegen einer unüberbrückbaren Gegensätzlichkeit in einer ganz grundsätzlichen Frage. Es ging um den richtigen Standort für ein Formel-1-Team. Kaiser vertrat und vertritt die Meinung, dass ein Team der Königsklasse letztendlich in England angesiedelt sein muss. Der gemütliche Zigarrenraucher Peter Sauber, Schweizer durch und durch, kann sich keinen anderen Standort als seine Heimat vorstellen.

Seine Argumentation verrät dabei mehr den Lokalpatrioten als den kühl kalkulierenden Formel-1-Teamchef. „Ich glaube nicht, dass unser Standort einen größeren Nachteil in sich birgt als beispielsweise Deutschland, Italien oder Frankreich. Zum Glück gibt es noch Teams die nicht aus England kommen, sonst hätten wir ja gerademal eine Internationale Englische Meisterschaft."

Seit 1993 ist Peter Sauber nun in der Formel 1. Ursprünglich geplant als Speerspitze von Mercedes musste der Schweizer erleben, wie er innerhalb weniger Jahre zuerst von Mercedes, dann von Ford in schnellster Abfolge zuerst umworben und dann fallen gelassen wurde.

Sauber, die Lehre daraus ziehend, versucht seitdem, ohne ein großes Automobilwerk im Rücken seinen Weg zu machen. Mit dem von Ferrari gekauften und in eigener Regie eingesetzten, in früheren Jahren sogar umgebauten Motor, hat Sauber einen cleveren Weg eingeschlagen. Schwerer tut sich das Team allerdings, wenn es darum geht, endlich mal ein richtig gutes Chassis auf die Beine zu stellen.

Dieses Jahr soll das nun besser werden. Sauber hat sich auf der Konstrukteursebene mit dem Argentinier Sergio Rinland verstärkt. Der Mann, der früher bei Brabham, Fondmetal, aber auch bei Williams gearbeitet hat, soll Konstrukteur Leo Ress entlasten, damit dieser mehr Zeit für das große Denken hat. Rinland wird sich mehr um die Organisation des technischen Bereichs kümmern. Für das Testteam ist mit dem ehemaligen Prost-Mann Jacky Eeckelaer ein weiterer Neuzugang zu verzeichnen. Und die Zuammenarbeit der beiden Renningenieure koordiniert in Zukunft der wieder zurückgekehrte Sauber-Mann Willy Rampf.

Chancen

Sauber ist optimistisch, dass es 2000 aufwärts geht, denn „schlimmer als im Vorjahr geht es nicht mehr." Ein Auto, das zu spät fertig wurde, ein defektanfälliges Getriebe und zwei Fahrer, die jede Menge Fehler machten, sind Vergangenheit, was eine Steigerung für 2000 wahrscheinlich erscheinen lässt. Doch eine solche Steigerung kann

Formel-1-Bilanz

Red Bull
SAUBER PETRONAS

Gefahrene Grand Prix:	113
Pole-Positions:	0
Grand-Prix-Siege:	0
Gesamt-Punkte:	84

Jahr	Motor	Platz	Punkte
1993	Ilmor	6	12
1994	Mercedes	8	12
1995	Ford	7	18
1996	Ford	7	11
1997	Petronas	7	16
1998	Petronas	6	10
1999	Petronas	8	5

höchstens heißen, dass das Sauber-Team sich regelmäßig um die beiden letzten Punkteränge bewerben kann. Selbst die guten Auftritte in den Wintertests werden daran nichts ändern. Denn eigentlich sah Sauber in solchen Tests immer gut aus.

Regelmäßig in den Punkten

Teamchef

Peter Sauber

1971 fing Peter Sauber mit dem Tunen eines VW-Käfers an. Seitdem hat der Mann aus Hinwil unablässig daran gearbeitet, ausgerechnet an dem Land, in dem seit 1955 Rundstreckenrennen verboten sind, für sein immer größer werdendes High-Tech-Unternehmen festzuhalten. Peter Sauber gehört in seiner offenen ehrlichen Art immer noch in die Formel 1 wie ein Albino in den Negerkral. Es wäre schön zu erleben, dass man mit Saubers Art in der Formel 1 nicht nur überleben kann, sondern auch richtige Erfolge zu erzielen weiß.

Technischer Direktor

Leo Ress

Ursprünglich wollte Sauber mit dem Engländer Dr. Harvey Postlethwaite in die Formel 1 gehen. Als der merkte, dass Mercedes nicht mitzog, verabschiedete er sich schnell Richtung Ferrari. Sauber ersetzte den Engländer dann durch den Rheinländer Ress, der zuvor mit blitzsauberen Sportwagen-Konstruktionen zu überzeugen wusste. In der Formel 1 dagegen schaffte er den Durchbruch nie. Gut möglich, dass daran auch eine Arbeitsüberlastung Schuld trug. Die müsste mit Kollege Rinland jetzt aufgehoben sein. Nun kann und muss Ress beweisen, dass er es wirklich kann.

Der Petronas-Motor

Das schlicht SPE 04A genannte Triebwerk ist nicht mehr und nicht weniger als das Triebwerk, das die italienische Mythos-Marke Ferrari zum Ende der vergangenen Saison einsetzte. Dieser Motor hatte im Formel-1-Jahr 1999 nicht einen einzigen Motorschaden zu verzeichnen.
Für Sauber ist dieses Aggregat eine Verbesserung in allen Bereichen. Im Vergleich zu ihrem 99er Motor hat der SPE 04A mindestens 20 PS mehr. Zwar kann das Triebwerk, wenn es um Leichtbau geht, mit seinen 110 Kilogramm bei weitem nicht mit Ford, Mercedes und dem aktuellen Ferrari-Motor konkurrieren, trotzdem konnte es um 10 Kilogramm abgespeckt werden. Natürlich wurde auch – dem allgemeinen Trend der Motorenentwicklung folgend – der Massenmittelpunkt gesenkt.
Mitte der Saison erwartet Sauber eine Spezifikation, die nun nicht mehr bei Sauber in Eigenregie entwickelt wird, sondern ausschließlich von Ferrari stammt. Damit haben sich Saubers Pläne einer eigenen Motorenproduktion wohl endgültig erledigt.

SPE 04A

Zylinderzahl/Anordnung	V10
Zylinderwinkel	80°
Ventile pro Zylinder	4
Hubraum	2.997 ccm
Leistung	ca. 800 PS
Drehzahl/Min.	k. A.
Motorlänge	625 mm
Motorbreite	592 mm
Motorhöhe	396 mm
Gewicht	110 kg

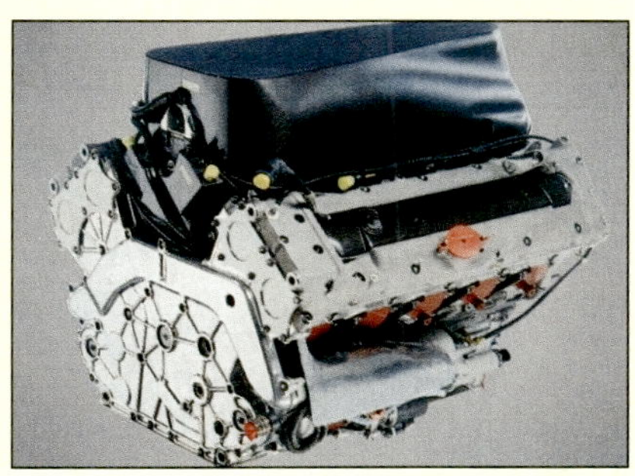

19 *Jos Verstappen*

ARROWS-SUPERTEC

A21

Motor:	Supertec FB02, V10, ca. 770 PS
Motorelektronik:	Magneti Marelli
Kraftübertragung:	Sechsganggetriebe, halbautomatisch, längs eingebaut
Fahrzeugmaße (L/B/H):	4.540/1.798/1.000 mm
Radstand:	2.995 mm
Spur (v/h):	1.465/1.410 mm
Dämpfungssystem:	Dynamic
Bremsen:	AP
Reifen:	Bridgestone Potenza
Schmierstoffe/Benzin:	Repsol

Sponsoren

Lost Boys (Internet, Neue Medien), Orange (Mobilfunk-Anbieter), Chello (Kommunikation), Enorm (Energy Drink)

Etat

ca. 90 Millionen Mark

Adresse

TWR Arrows 1
Leafield Technical Centre
Leafield
Whitney
Oxfordshire OX8 5PF
Tel. 0044-1993-871000
Fax 0044-1993-871100
Internet: www.arrows.co.uk

18

Pedro Martinez de la Rosa

Keine Chance gegen Jos Verstappen?

Der Spanier Pedro de la Rosa hatte es in der vergangenen Saison wirklich nicht einfach. Den Neuling kannten die wenigsten, hatte er doch seine größten Motorsporterfolge fernab in Japan erzielt. Dort hat er es immerhin zum Formel-Nippon-Meister geschafft, was der europäischen Formel-3000-Meisterschaft entspricht, jedoch immer noch von höherem Renommee ist.

Doch sein geringer Bekanntheitsgrad sollte nicht das einzige Manko sein. Pedro de la Rosa kam nämlich in ein Team, mit dem beim besten Willen kein Blumentopf zu gewinnen war. Ein altes Chassis, eine Krankheit von Motor – wie will man da als Neuling die Szene überzeugen, dass man es kann? Da bleibt eigentlich nur ein Weg offen: Man muss seinen Teamkollegen in Grund und Boden stampfen. Nur so sind wenigstens ein paar Ego-aufbauende Erfolgserlebnisse zu erzielen.

Doch dafür braucht es einen ernstzunehmenden Teamkollegen und keinen, der Toranosuke Takagi heißt. Der Japaner war beim besten Willen kein Maßstab für die Formel 1. Den einzustampfen gehörte also zum Pflichtprogramm von de la Rosa. Doch das hat dummerweise nicht so ganz geklappt. Zwar hat der Spanier immerhin den einzigen Arrows-Punkt der 1999er Saison herausgefahren – und das auch noch in seinem Premiererennen. Doch so etwas muss unter der Kategorie „Ankommen ist alles" gewertet werden. Über das Talent eines Fahrers sagt das nichts. Aussagekräftiger sind da die Qualifikationsergebnisse, die im Vergleich mit Takagi mit einem wenig schmeichelhaften 8:8 ausgegangen sind.

Zum Glück ist de la Rosa Spanier und zum Glück will der spanische Mineralölkonzern Repsol nicht nur in der Formel 1 vertreten sein, sondern das auch noch mit einem spanischen Fahrer. So ist für Pedro auch die kommende Saison in der Königsklasse gesichert.

Mit Teamkollege Jos Verstappen hat der Vorzeige-Iberer nun einen anerkannt flotten Fahrer als Maßstab. Damit hat er die Gelegenheit zu zeigen, was in ihm steckt. Diese Chance muss er nutzen – nur im direkten Vergleich mit dem Holländer wird er sich einen Namen in der Formel 1 machen können. Man muss allerdings befürchten, dass genau das dem Spanier nicht gelingen wird.

Persönliches

Spanier
Geboren am 24. Februar 1971 in Barcelona
Wohnort: Barcelona
Größe: 1,78 m
Gewicht: 74 kg
Ledig
Hobbies: Kart fahren, Mountainbike fahren, ferngesteuerte Modellautos
Einkommen 2000 (geschätzt): 0,5 Millionen Mark

Karriere vor der Formel 1

1989	Spanischer Formel-Fiat-Uno-Meister
1990	Spanischer Formel-Ford-Meister
1991 - 92	Spanische und britische Formel Renault
1993 - 95	Britische und japanische Formel 3, japanischer F3-Meister 1995
1996 - 97	Formel Nippon, jap. GT-Meisterschaft, Meister in beiden Serien 1997

Formel-1-Chronik

Jahr	Team	Siege	Punkte	Rang
1999	Arrows	–	1	18

Formel-1-Bilanz

Starts	Poles	Siege	Punkte	WM-Titel
16	–	–	1	–

Jos Verstappen

Persönliches

Niederländer
Geboren am 4. März 1972 in Montfort
Wohnort: Monte Carlo
Größe: 1,75 m
Gewicht: 73 kg
Verheiratet mit Sophie
Erlernter Beruf: Mechaniker
Hobbies: Squash, Mountainbike fahren
Einkommen 2000 (geschätzt): 0,5 Millionen Mark

Karriere vor der Formel 1

1983 - 91	Kart
1992	Formel Opel Lotus, Benelux-Meister
1993	Deutsche Formel 3, Meister

Formel-1-Chronik

Jahr	Team	Siege	Punkte	Rang
1994	Benetton-Ford	–	10	10
1995	Simtek-Ford	–	–	–
1996	Arrows-Hart	–	1	16
1998	Stewart-Ford	–	–	–

Formel-1-Bilanz

Starts	Poles	Siege	Punkte	WM-Titel
57	–	–	11	–

Das Steh-auf-Männchen

Solange der Holländer mit dem größten Fan-Club der Formel 1 immer noch fährt, ist eine Beurteilung seiner Leistungen in dieser Rennwagenklasse nur schwer möglich. Doch eines dürfte schon jetzt feststehen: Wenn es darum geht, aus völlig aussichtsloser Position den Weg vom vorzeitigen Ruhestand zurück in die Formel 1 zu schaffen, dann muss Jos Verstappen ganz weit vorne gehandelt werden.

Der Mann war schon so oft „out of business", dass es schwerfällt, bei seinem Lebensweg in der Formel 1 alle Stationen im Blick zu halten. Am Anfang, Ende 1993, stand ein Fünfjahresvertrag bei Benetton, wo der frisch gebackene Deutsche Formel-3-Meister erst einmal als Testfahrer behutsam aufgebaut werden sollte. Daraus wurde nichts. Ganz im Gegenteil, schon nach wenige Wochen musste er den verletzten JJ Lehto ersetzen – an der Seite von Michael Schumacher. Der hat natürlich diesen grünen Jungen filetiert. Trotz zwei dritter Plätze wurde Verstappen am Ende der Saison gefeuert. Da Benetton-Chef Briatore zu den großen Menschenfreunden der Formel 1 gehört, verscherbelte er den Holländer zusammen mit einer Hinterradaufhängung an das Simtek-Team. Dort wusste Verstappen einen guten Job zu machen, was allerdings Simtek nicht vor der Pleite bewahrte. Wieder war „Jos the boss" draußen. Manager Huub Rothengatter vermittelte den Arbeitslosen dann zu Arrows, danach zu Tyrrell, wo erneut Endstation war. Der neue Chef Craig Pollock wollte lieber den zahlungskräftigen Brasilianer Ricardo Rosset – Jos war endgültig ein Ex-Formel-1-Rennfahrer.

Doch dann feuerte Stewart mitten in der Saison 1998 Jan Magnussen und heuerte Verstappen als Ersatz an. Nur um ihn am Ende der Saison wieder auf die Straße zu setzen. Es wurde dann allseits als große Leistung angesehen, dass es Jos 1999 immerhin noch mal schaffte, bei Honda als Testfahrer genommen zu werden. Jos machte sich Hoffnungen darauf, zusammen mit den Japanern in die Formel 1 zurückzukehren. Woraus ja auf beiden Seiten nichts wurde. Doch statt zu resignieren, zog Manager Rothengatter noch einmal alle Register. Rund neun Millionen Sponsoren-Dollar trieb er auf – und Jos schaffte erneut die Rückkehr in die Formel 1.

KOMMT DIE WENDE?

Es ist noch kein ganzes Jahr her, da wurde unter dem Titel „Team Owner" bei Arrows der nigerianische Prinz Malik Ado Ibrahim genannt. Damit das an dieser Stelle nicht falsch verstanden wird: Kein Mensch hat etwas gegen afrikanische Prinzen, die sich gerne mal ein Formel-1-Team halten wollen. Überhaupt nicht. Bloß, ob das unbedingt für die Formel-1-Teams gut ist, bleibt offen.

Für Arrows war es in diesem speziellen Falle nicht gut. Prinz Malik sonderte im Laufe seiner kurzen Amtszeit eine ganze Menge Ungereimtheiten ab. Die einzige Person, die von der Prinzenrolle nachhaltig profitierte, war Verona Feldbusch. Sie schaffte es immerhin, aus einer nicht existenten Beziehung mit dem Prinzen eine Seite-Eins-Geschichte in Bild am Sonntag zu machen.

Malik hatte die Option auf Anteile des Arrows-Teams; einzulösen dann, wenn es ihm nicht nur wie versprochen, sondern auch tatsächlich gelingen sollte, zahlungskräftige Sponsoren vorzugsweise aus dem afrikanischen Raum aufzumachen. Daraus wurde nichts.

Prinz Malik ist also Geschichte, was allerdings geblieben ist, ist der Ruf von Tom Walkinshaw, der durch diese Verbindung gelitten hat. Wenn der clowneske Malik und der in der Wolle gefärbte Racer Walkinshaw Seite an Seite in der Arrows-Hospitality saßen, dachten viele unwillkürlich an einen schlechten Scherz.

Walkinshaw hat nicht zuletzt auf Betreiben von Bernie Ecclestone 1996 das Team vom Gründer Jackie Oliver übernommen. Verbunden mit der Übernahme war die Hoffnung, dass aus dem klassischen Loser-Team Nummer eins endlich mal was Senkrechtes werden würde. Arrows war seit 1978 dabei und hatte bis dahin nicht einen einzigen Grand Prix gewinnen können.

Unmittelbar nach der Übernahme sah es so aus, als könnte die ganze Sache Sinn machen. Walkinshaw besorgte einige große Sponsoren und brachte für 1997 tatsächlich das Kunststück fertig, den frisch gebackenen Weltmeister Damon Hill unter Vertrag zu nehmen. Dass der dann noch beim Großen Preis von Ungarn bis kurz vor Schluss das Rennen anführte und erst auf den allerletzten Metern auf Rang zwei abrutschte – das alles ließ hoffen.

Doch Arrows konnte den Aufwärtstrend nicht stabilisieren. Die Sponsoren hauten ab, Hill ebenfalls und für 1999 wurde noch nicht einmal ein neues Chassis gebaut. Klar, dass 2000 alles besser werden soll.

Chancen

Ende 1999 raunten sich die englischen Insider zu, dass sich bei Arrows Erstaunliches tue. Das neue Chassis hätte bei Windkanaltests über 30 Prozent mehr Abtrieb aufgebaut als das Vorgängermodell. Man erwarte Arrows von der technischen Form her im Kampf um Platz fünf in der Konstrukteurs-WM. Dann kamen die Testfahrten in Barcelona, in denen Jos Verstappen und Pedro de la Rosa wahre Wunderzeiten hinlegten. Beobachter waren sich sicher, dass Arrows, immer noch auf der Suche nach einem Hauptsponsor, stark untergewichtig auf Show-Zeiten-Jagd war. Was ja sein mag, doch die hingelegten Rundenzeiten waren selbst stark untergewichtig eine Sensation. Da der Supertec-Motor bekanntermaßen zuverlässig ist, muss man wohl ein Auge auf Arrows halten.

Mit Glück für Überraschungen gut

18 Pedro Martinez de la Rosa

Formel-1-Bilanz

(Von 1991 bis 1996: Footwork)

Gefahrene Grand Prix:	337
Pole-Positions:	1
Grand-Prix-Siege:	0
Gesamt-Punkte:	157

Jahr	Motor	Platz	Punkte
1978	Ford	9	11
1979	Ford	9	5
1980	Ford	7	11
1981	Ford	8	10
1982	Ford	10	5
1983	Ford	10	4
1984	Ford/BMW	9	6
1985	BMW	8	14
1986	BMW	10	1
1987	Megatron	6	11
1988	Megatron	4	23
1989	Ford	7	13
1990	Ford	9	2
1991	Porsche/Ford	–	–
1992	Mugen-Honda	7	6
1993	Mugen-Honda	9	4
1994	Ford	9	9
1995	Hart	8	5
1996	Hart	9	1
1997	Yamaha	8	9
1998	Arrows	7	6
1999	Arrows	9	1

Teamchef

Tom Walkinshaw

„Mal von den beiden Giganten McLaren und Ferrari abgesehen, gibt es in der Formel 1 kein Team, das eine bessere technische Ausstattung hätte als Arrows", glaubt Arrows-Chef Tom Walkinshaw und hat dabei sein High-Tech-Zentrum in Leafield im Sinne. Walkinshaw, Sohn schottischer Bauern, hat sich aus eigener Kraft einen Milliarden-Konzern zusammengezimmert, in dem die Formel 1 nur ein kleiner Geschäftszweig ist. Walkinshaw ist ein knallharter Macher und dass sein Arrows-Team bislang nicht reüssierte, sieht „Uncle Tom" gar nicht ähnlich.

Technischer Direktor

Eghbal Hamidy

Er ist nicht der Technikchef, aber der kluge Kopf hinter den Kulissen. Die Rede ist vom Designer mit dem unaussprechlichen Namen Eghbal Hamidy. Sein Werdegang ist nur Insidern bekannt. Tom Walkinshaw hat diesen Mann vom Stewart-Team abgeworben. Noch wichtiger ist jedoch Hamidys Wirkungsstätte vor dem Stewart-Engagement. Da war er nämlich die rechte Hand von Konstrukteurs-Genie Adrian Newey bei Williams. Das Auto von diesem Hamidy beurteilt Pilot Jos Verstappen kurz und bündig : „Es hat Grip und Abtrieb."

Der Supertec-Motor

Auf der Motorenseite könnte sich der größte Entwicklungssprung des Arrows-Teams vollziehen. Jahrelang war es für Walkinshaw abgemachte Sache, ein großes Automobilwerk als Partner zu gewinnen. Das hat nie geklappt. Stattdessen ließ Walkinshaw in seinem Werk den Tuner Brian Hart werkeln, in der Hoffnung, dass irgendein Autowerk doch noch auf den fahrenden Zug aufspringt. Auch das klappte nicht. Das von Hart unter den Namen Arrows gebaute Triebwerk war mit deutlich unter 750 PS die Luftpumpe der Königsklasse.

Nun also besann sich Walkinshaw eines Besseren und suchte sich einen Kundenmotor. Da Supertec BAR als Kunden verloren hatte, kam der Deal mit Arrows zustande. Walkinshaw und Supertec-Chef Briatore sind alte Spezis aus gemeinsamen Benetton-Tagen. Der Supertec ist mit seinen 770 PS zwar kein Knaller, aber nachdem man ihm seine vorjährigen Vibrationen ausgetrieben hat, zumindest jetzt ein zuverlässiges Arbeitspferd. Damit sollte Arrows auch den einen oder anderen Punkt einfahren können.

FB02

Zylinderzahl/Anordnung	V10
Zylinderwinkel	71°
Ventile pro Zylinder	4
Hubraum	3.000 ccm
Leistung	ca. 770 PS
Drehzahl/Min.	ca. 17.000
Motorlänge	623 mm
Motorbreite	542 mm
Motorhöhe	395 mm
Gewicht	unter 120 kg

M02

Motor:	Fondmetal V10, ca. 730 PS
Motorelektronik:	Magneti Marelli
Kraftübertragung:	Sechsganggetriebe, halbautomatisch, längs eingebaut
Fahrzeugmaße (L/B/H):	4.420 mm/1.800 mm/950 mm
Spur (v/h):	1.452/1420,7 mm
Dämpfungssystem:	F/S
Bremsen:	Brembo/Carbon Industries
Räder/Reifen:	Fondmetal/Bridgestone Potenza

20 *Marc Gené*

Sponsoren

Telefonica (Telefongesellschaft), Fondmetal (Felgenhersteller), Pan American Sports Network (PSN) (Fernsehsender), Doimo (Möbelhersteller), PDP Box Doccia SpA (Badzubehör), Frezza (Büromöbelhersteller)

Etat

ca. 110 Millionen Mark

Adresse

Minardi Team SpA
via Spallanzani, 21 z. i.
I – 48018 Faenza (RA)
Tel. 0039-0546-696111
Fax 0039-0546-628140
Internet: www.minardi.it

Alle Angaben entsprechen dem Stand vor Saisonbeginn 2000.

20

Marc Gené

Besser als erwartet

Marc Gené hat 1999 einen durch und durch soliden Job gemacht. Wobei – so ehrlich muss man sein – diese positive Einschätzung nicht zuletzt darauf beruht, dass man dem Absolventen der spanischen Nissan-Open-Fortuna-Serie rein gar nichts in der Formel 1 zugetraut hatte.

Doch der Katalane hatte Glück. Zum Beispiel mit seinem Teamkollegen Luca Badoer, immerhin Ferrari-Tester und somit ein guter Vergleichsmaßstab. So schlecht sah Gené gegen Badoer gar nicht aus. Das Trainingsduell verlor er zwar mit 5:10. Doch den einzigen und ersten Punkt für Minardi seit Pedro Lamys Zähler beim Großen Preis von Australien 1995 holte immerhin Gené – und zwar im Chaos-Rennen auf dem Nürburgring, wo es für einen Anfänger keine Schande gewesen wäre rauszufliegen.

Hatte Gené in der vergangenen Saison also die Möglichkeit, sich gegenüber seinem Teamkollegen zu profilieren, so ist das in diesem Jahr für den examinierten Wirtschaftswissenschaftler ganz anders. Sein neuer Kollege Gastón Mazzacane hat weder Name noch Renommee. Deswegen wird Gené nichts anderes übrig bleiben, als den Argentinier gar nicht erst zu Potte kommen zu lassen. Dabei darf aber nicht übersehen werden, dass Gené selbst noch ein verdammt junger Formel-1-Schüler ist. Wie er jetzt ohne die Hilfe des Test-erfahrenen Badoer die Weiterentwicklung des Minardi 02 vorantreiben soll, wird zu den großen Rätseln der Saison gehören.

Erfolg bei dieser Aufgabe wäre Gené schon deswegen zu wünschen, weil er zusammen mit Landsmann Pedro de la Rosa gerade im Begriff ist, Spanien für die Formel 1 zu gewinnen. Denn obwohl diese Nation mit Barcelona und Jerez über die beiden Strecken mit dem höchsten Test-Aufkommen verfügt, war bislang die Königsklasse dort eher ein zweitrangiges Thema. Ganz im Gegensatz zu Motorradrennen.

Jetzt endlich gibt es wieder spanische Rennfahrer und prompt kann man die Rennen live im spanischen Fernsehen verfolgen. Sollte de la Rosas Arrows jedoch nur halb so gut sein, wie er bei den Wintertests aussah, wird Gené es schwer haben, sich gegen seinen Landsmann durchzusetzen. Als Minardi-Pilot wird ihm dann auch in der Gunst seiner Landsleute nur der letzte Platz bleiben.

Persönliches

Spanier
Geboren am 29. März 1974 in Sabadell
Wohnort: Barcelona
Größe: 1,73 m
Gewicht: 69 kg
Ledig
Erlernter Beruf: abgeschlossenes Wirtschaftsstudium in Buckingham/England
Hobbies: Lesen, Tauchen, Kino, Mountainbike fahren
Einkommen 2000 (geschätzt): 0,5 Millionen Mark

Karriere vor der Formel 1

1987 - 91	Kart
1992 - 93	Formel Ford
1994 - 95	Britische Formel 3
1996	Fisa Golden Formel Super Cup, Meister
1997	Formel-3000-Europameisterschaft
1998	Nissan Open Fortuna Meisterschaft

Formel-1-Chronik

Jahr	Team	Siege	Punkte	Rang
1999	Minardi-Ford	–	1	17

Formel-1-Bilanz

Starts	Poles	Siege	Punkte	WM-Titel
16	–	–	1	–

Gastón Mazzacane

21

Persönliches

Argentinier
Geboren am 8. März 1975 in La Plata
Wohnort: La Plata
Größe: 1,73 m
Gewicht: 68 kg
Ledig
Hobbies: Football, Mountain-Bike fahren
Einkommen 2000 (geschätzt): 0,5 Millionen Mark

Karriere vor der Formel 1

1989 - 91	Kart
1992	Tourenwagen
1993	Südamerikanische Formel 3
1994	Italienische Formel 2000, Meister
1995	Italienische Formel 3
1996 - 98	Formel-3000-Meisterschaft
1999	Sportwagenrennen, Minardi-Testfahrer

Neu in der Formel 1

Der Nobody

Wenn langjährige, gestandene Insider ratlos in der Boxengasse verweilen und beim besten Willen keine Vorstellung davon haben, wo der gerade beobachtete Formel-1-Neuling bislang seine Motorsportsporen verdient haben könnte, dann stimmt etwas nicht. Und es tut der Königsklasse mit Sicherheit nicht gut, wenn die Verpflichtung eines Fahrers nichts anderes demonstriert, als die völlige Beliebigkeit und Unwichtigkeit eines Fahrers.

Genau das ist bei Gastón Mazzacane der Fall. Der 24-jährige Argentinier war bereits im vergangenen Jahr Testfahrer bei Minardi, was beim üppigen Testaufkommen des an chronischem Geldmangel leidenden Rennstalls schon alles sagt. In erster Linie hat Mazzacane auf einem Ferrari SP 333 an Sportwagenrennen teilgenommen. Einem breiteren Publikum ist er da jedoch auch nicht aufgefallen.

Der Formel 1 kann man garantiert nicht nur offene Bewunderung entgegen bringen. Sie ist zuweilen arrogant, hysterisch fast immer, nur zu oft paranoid und mit schöner Regelmäßigkeit skandalös. Das alles verzeihen wir ihr, weil sie uns auf der anderen Seite mit dem Besten und den Besten verwöhnt. Die Formel 1 ist die unumschränkte Spitze des internationalen Motorsports. Und wenn sie das bleiben will, muss sie die Besten der Zunft in sich vereinen. Seien es Konstrukteure, Motorenbauer, Mechaniker oder wer auch immer. Auf jeden Fall muss das aber für die Fahrer gelten.

Klar, Minardi als schwächstes Glied in der Kette der Formel-1-Teams tut sich schwer. Natürlich würde man am liebsten Michael Schumacher unter Vertrag nehmen. Verständlicherweise landet man aber doch stets bei Fahrern, die dafür zahlen, arbeiten zu dürfen. In diesem Rahmen wäre eine Verpflichtung des Argentiniers Norberto Fontana ideal gewesen. Der ist vielleicht nicht der ultimative Überflieger, aber er kann es erwiesenermaßen. Zudem ist er – wichtig für Hauptsponsor Telefonica – Südamerikaner. Letzteres ist Gastón Mazzacane auch. Der Rolling Stones-Fan aus La Plata soll sich nicht nur für Fußball interessieren, sondern zudem in einem oder zwei Formel-3000-Rennen schon mal einen sechsten Platz belegt haben. So genau weiß das keiner. Und eigentlich interessiert es auch keinen.

EINMAL NICHT DIE LETZTEN

21 Gastón Mazzacane

Ein Jahr lang werden sich die Eigner von Minardi daran erfreuen können, dass sie in der Pitlane – in der die Boxen streng nach den Platzierungen in der Konstrukteurs-Wertung verteilt werden – nicht den letzten Platz innehaben. Sie sind nicht nur nicht die letzten, sie liegen sogar noch vor der Arroganz-Truppe BAR mit ihrem Ex-Weltmeister Jacques Villeneuve als Piloten.

So etwas streichelt das Ego und hebt die Moral. Und genau das hat Minardi bitter nötig. Seit 1985 ist das Team aus Faenza nun in der Königsklasse vertreten und in dieser Zeit sind exakt 28 Punkte zusammen gekommen.

Wenn es schon nicht zu größeren Erfolgen gereicht hat, so hat das Minardi-Team trotzdem seine Spuren in der Formel 1 hinterlassen. Denn immer wieder haben die Italiener neuen unbekannten Talenten den Weg in die höchste Motorsportklasse geebnet. Alessandro Nannini, Giancarlo Fisichella oder Jarno Trulli sind Namen, deren sich Minardi wirklich nicht zu schämen braucht.

Doch Minardi kann nicht nur nach reinem Talent entscheiden. In erster Linie muss Minardi Fahrer einstellen, die viel Geld mitbringen. Das sind naturgemäß nicht immer die schnellsten Piloten, die wiederum nicht die besten Ergebnisse rausfahren können. Um aus diesem Teufelskreis ausscheren zu können, muss sich endlich ein finanzkräftiger Partner am Team beteiligen. Vergangene Saison verhandelte man intensiv mit dem spanischen Kommunikationskonzern Telefonica. Der liefert als Hauptsponsor für 2000 zwar rund 20 Millionen Mark ab, aber in Punkto Übernahme kam es bislang zu keinem Ergebnis. Trotzdem hat man im Team die Hoffnung noch nicht aufgegeben. Felgenhersteller Gabriele Rumi, Chef von Fondmetal und Hauptanteilseigner des Minardi-Rennstalls, macht auf Zuversicht: „Wir stehen weiter in Verhandlungen mit Telefonica, um die Spanier zu Teilhabern zu machen. Wir benötigen längerfristig einen starken Partner. Sonst werden wir zusperren müssen."

Formel-1-Bilanz

Gefahrene Grand Prix	221
Pole-Positions	0
Grand-Prix-Siege	0
WM-Titel	0
Gesamt-Punkte	28

Jahr	Motor	Platz	Punkte
1985	Ford/Motori Moderni T.	–	–
1986	Motori Moderni Turbo	–	–
1987	Motori Moderni Turbo	–	–
1988	Ford	10	1
1989	Ford	10	6
1990	Ford	–	–
1991	Ferrari	7	6
1992	Lamborghini	11	1
1993	Ford	8	7
1994	Ford	10	5
1995	Ford	10	1
1996	Ford	–	–
1997	Hart	–	–
1998	Ford	–	–
1999	Ford	10	1

Um das zu verhindern, schiebt Minardi schon jetzt den Spaniern ein Zuckerstückchen nach dem anderen rüber. Zuerst der Katalane Marc Gené als Fahrer, dann der Argentinier Gastón Mazzacane für den südamerikanischen Markt von Telefonica. Schließlich wird auch noch der schnauzbärtige spanische ehemalige Benetton-Manager Joan Villadelprat eingestellt.

Doch noch wichtiger wäre an Überzeugungsarbeit ein greifbarer Erfolg auf der Strecke. Das wird jedoch das Minardi-Triebwerk von Ford verhindern. Fondmetal hat von Cosworth die Rechte erworben, den Motor weiterzuentwickeln. Cosworth hat hierzu eigens einige Mitarbeiter abgestellt. Letztendlich kann Minardi bei den finanziellen Ressourcen aber froh sein, wenn es im Laufe der Saison tatsächlich eine weiterentwickelte Version des Triebwerks geben wird.

Chancen

Minardi gehört zum Formel-1-Club und das muss als Erfolgserlebnis reichen. Die Wahrscheinlichkeit, wie im Vorjahr einen WM-Punkt zu erzielen, ist eher gering. Zu viele balgen sich um den letzten Punkt. Letztendlich kann Minardi nur erreichen, dass entweder Hauptsponsor Telefonica den Laden aufkauft, oder ein Automobilkonzern Minardi als Eintrittskarte für den exklusiven Formel-1-Club erwirbt.

Dabei sein ist alles

Teamchef

Giancarlo Minardi

Giancarlo Minardi betreibt das älteste Fiat-Autohaus Italiens. Das kann er allerdings nur nebenbei machen, ist doch sein Formel-1-Team sein Leben. Auch wenn er nur noch 15 Prozent der Minardi-Anteile – Mehrheitseigner ist Felgenfabrikant Gabriele Rumi – hat, ist er doch immer noch die Seele des Unternehmens. Nur so ist es zu verstehen, dass er jedes Jahr erneut den letzten Platz in Kauf nimmt. Seine Truppe ist mit 110 Mann der kleinste Rennstall in der Formel 1. Dafür ist Giancarlo noch heute stolz darauf, dass Minardi das erste private Team war, dass jemals Ferrari-Triebwerke einsetzen durfte.

Technischer Direktor

Gustav Brunner

Solange nicht endgültig geklärt war, welchen Motor Minardi bekommen würde, solange konnte Gustav Brunner nicht richtig mit der Zeichnung des neuen Wagens beginnen. Auch das Budget von höchstens 110 Millionen Mark wird dem Österreicher keine allzu großen Sprünge erlauben. Das alles schluckt der ehemalige Ferrari-Mann mit bewundernswerter Gelassenheit. Ebenso den Umstand, dass wegen der zweitklassigen Fahrer keiner erkennen kann, wie gut seine Spar-Modelle in Wirklichkeit sind. Bleibt zu hoffen, dass Brunner nochmal ein dickes Budget zum Arbeiten bekommt.

Der Fondmetal-Motor

Der Name des Motors lautet Fondmetal V10 und spätestens jetzt weiß man, was man unter dem Sprichwort: „Namen sind Schall und Rauch" zu verstehen hat. Viel mehr als genau das wird man von dem Fondmetal nämlich nicht erwarten dürfen. Denn in Wirklichkeit versteckt sich hinter dieser Bezeichnung das Ford-Cosworth-Triebwerk, mit dem das Stewart-Team in der Saison 1998 immer wieder mit den so telegenen Motorenplatzern zu gefallen wusste.

Minardi hatte bis Ende des Jahres 1999 gehofft, den Supertec-Motor zu kriegen. Diese Hoffnungen zerannen. Ebenso blieb es ein Gerücht, dass Minardi von Ford den vorjährigen Motor des Stewart-Teams bekommen könnte – das wäre in Punkto Leistung und Gewicht ein Riesenschritt für die Italiener gewesen. Stattdessen müssen sie nun mit dem alten ungeliebten, rund 20 Kilo zu schweren und mindestens 70 PS zu schwachen Aggregat von 1998 vorlieb nehmen. Damit ist klar, dass der Rennstall die rote Laterne, die man 1999 an BAR abgeben konnte, im Jahr 2000 wohl wieder übernehmen wird.

Fondmetal V10

Zylinderzahl/Anordnung	V10
Zylinderwinkel	72°
Ventile pro Zylinder	4
Hubraum	2.998 ccm
Leistung	ca. 730 PS
Drehzahl/Min.	ca. 17.000
Motorlänge	605 mm
Motorbreite	520 mm
Motorhöhe	460 mm
Gewicht	ca. 120 kg

BAR 002

Motor:	Honda R000E, V10, über 800 PS
Motorelektronik:	Honda
Kraftübertragung:	Sechsganggetriebe, halbautomatisch, längs eingebaut
Fahrzeugmaße (L/B/H):	4.470/1.800/950 mm
Radstand:	3.020mm
Spur (v/h):	1.800/1.800 mm
Dämpfungssystem:	Koni
Bremsen:	AP Racing
Räder/Reifen:	OZ/Bridgestone Potenza

22 *Jacques Villeneuve*

BAR-HONDA

Sponsoren

Lucky Strike (Zigaretten), Teleglobe (Telefongesellschaft), Sonax (Auto- und Fahrradzubehör)

Etat

ca. 380 Millionen Mark

Adresse

British American Racing
Operations Centre
Brackley, Northamptonshire
NN13 7BD
England
Tel. 0044-1280-844000
Fax 0044-1280-844001
Internet:
www.britishamericanracing.com

22

Jacques Villeneuve

Nichts zu verlieren

An ihm lag es nun wirklich nicht. Trotz einer nicht enden wollenden Serie von technisch bedingten Ausfällen gab es die ganze vergangene Saison über nicht einen einzigen Moment, in dem man den Eindruck haben musste, Jacques Villeneuve gäbe nicht sein Letztes. Im Gegenteil: Völlig abgenabelt von den tatsächlichen Zielen eines Spitzenfahrers – Rennen und Titel zu gewinnen – war es geradezu anrührend, wie der Kanadier mit kleinen, selbstgestellten Aufgaben versuchte, die Motivation hochzuhalten. Dazu gehörte zum Beispiel, die Kurvenkombination Eau Rouge-Raidillon in Spa-Francorchamps im Training voll zu fahren. Da kannte Villeneuve bis hin zum Mega-Crash keine Kompromisse.

Der Weltmeister von 1997 steht vor keiner schwierigen Saison. Entweder ist der BAR-Honda besser, dann wird das der Sohn der großen Ferrari-Legende Gilles Villeneuve auch entsprechend umsetzen.

Erfüllt das Auto nicht die in ihn gesetzten Erwartungen, dann wird sich Villeneuve mit fliegenden Fahnen von der Truppe absetzen. Die hektischen Gerüchte, die es um Villeneuve in der Transfer-Phase trotz seines bombenfesten Zweijahresvertrags gab, lassen keinen Zweifel daran, dass der Kanadier keine Problem haben wird, sofort zu einem Spitzenteam zu wechseln.

Trotzdem wäre es schade, wenn es so kommen würde. Denn das würde nur bedeuten, dass einer der ganz raren Spitzenfahrer der Formel 1 für dieses Jahr brach liegen würde. Villeneuve, Motorsport-Seiteneinsteiger und ein Rennfahrer mit einer unglaublich schlechten Formel-3-Bilanz, hat in den höheren und höchsten Klassen hinreichend demonstriert, dass er ein Gigant ist. In den USA wurde er innerhalb von zwei Jahren Cart-Meister und Indy 500-Gewinner. In der Formel 1 reichten ebenfalls zwei Jahre, um sich gegen Platzhirsch Michael Schumacher durchzusetzen und Weltmeister zu werden.

Und noch etwas macht Jacques Villeneuve ebenso ungewöhnlich wie unverzichtbar: Mit seiner coolen, Establishment provozierenden Art und Mode ist er ein funkelnder Stein in der grauen Kiesmasse der angepassten Möchtegern-Manager-Fahrer. Mit dieser Art kann Jacques besonders junge Fans an das ansonsten nur noch von Geld diktierte Formel-1-Business binden.

Persönliches

Kanadier
Geboren am 9. April 1971 in St. Jean-sur-Richelieu
Wohnort: Monte Carlo
Größe: 1,71 m
Gewicht: 68 kg
Ledig
Erlernter Beruf: Rennfahrer
Hobbies: Ski fahren, Inlineskating, Musik, Lesen, Filme, Computer
Einkommen 2000 (geschätzt): 20 Millionen Mark

Karriere vor der Formel 1

1986 - 87	Kanadische Rennfahrerschulen
1988	Italienische Tourenwagen
1989 - 91	Italienische Formel 3
1992	Japanische Formel 3, 2. Rang
1993	Atlantic Series (USA), 3. Rang
1994	IndyCar, 6. Rang
1995	IndyCar-Champion

Formel-1-Chronik

Jahr	Team	Siege	Punkte	Rang
1996	Williams-Renault	4	78	2
1997	Williams-Renault	7	81	1
1998	Williams-Mécachrome	–	21	5
1999	BAR-Supertec	–	–	21

Formel-1-Bilanz

Starts	Poles	Siege	Punkte	WM-Titel
65	13	11	180	1

Ricardo Zonta

23

Persönliches

Brasilianer
Geboren am 23. März 1976 in Curitiba
Wohnort: Monte Carlo
Größe: 1,72 m
Gewicht: 64 kg
Ledig
Hobby: Wasserski fahren
Einkommen 2000 (geschätzt): 5,5 Millionen Mark

Karriere vor der Formel 1

1987 - 92	Kart
1993	Formel Chevrolet
1994 - 95	Formel 3, Brasilianischer und Südamerika-Meiser 1995
1996 - 97	Formel 3000, Meister 1997
1998	FIA GT-Meisterschaft, Champion mit Klaus Ludwig

Formel-1-Chronik

Jahr	Team	Siege	Punkte	Rang
1999	BAR-Supertec	–	–	22

Formel-1-Bilanz

Starts	Poles	Siege	Punkte	WM-Titel
12	–	–	–	–

Jahr der Bewährung

Das vergangene Jahr Formel 1 hat sich der Formel-3000-Meister von 1997 sicherlich ganz anders vorgestellt. Und das lag garantiert nicht nur an dem desaströsen Abschneiden seines BAR-Teams.

Klar, mit diesem Auto konnte man beim besten Willen außer unendlicher Teamloyalität nichts zeigen. Was Zontas Debütjahr in der Königsklasse zusätzlich erschwerte, war der ultraschnelle Teamkollege Jacques Villeneuve. An dessen Seite ist ein „Hoppla, jetzt komme ich"-Einstieg schwerlich möglich. Das Trainingsduell von 12:1 spricht da eine eindeutige Sprache.

Aber das war nicht Zontas schwerste Prüfung. Die hat er sich nämlich selbst auferlegt. Der junge Brasilianer, der in der 98er Saison noch als besonnener Mercedes-Fahrer in der FIA-GTR-Meisterschaft glänzen konnte, hat in seinem ersten Formel-1-Jahr zwei ganz schwere Unfälle abgeliefert.

Ausgerechnet bei seinem Heimspiel in Brasilien wuchtete sich der BAR-Mann im Training mit einer solchen Wucht in die Leitplanken, dass er mit Schnittwunden und Sehnenrissen im linken Fuß für vier Rennen ausfiel.

Ab dem Großen Preis von Kanada war Ricardo wieder mit von der Partie. Seitdem machte er jedoch einen merkbar blassen Eindruck. Es schien, als säße ihm der schwere Unfall noch in den Gliedern.

In dieser Grundstimmung erlebte der Brasilianer dann im Qualifying zum Belgien-Grand-Prix ausgerechnet in der ultraschnellen und ebenso gefährlichen Kurve Raidillon einen weiteren fürchterlich aussehenden Abflug. Der hat das Grund-Trauma garantiert nicht ausradieren können.

In Spa konnte Zonta nur mit ganz viel Glück von der Unfallstelle unverletzt weggehen. Dass der Brasilianer sowohl bei dem Brasilien-Crash als auch in Belgien nicht exakt weiß, warum die Unfälle passiert sind, wird das Selbstbewusstsein des gerade mal 24-Jährigen weder in sich, noch in die Technik erhöhen.

Sicher ist: Zonta fuhr gegen Ende der Saison unter seinen Möglichkeiten. Seitdem steht der Brasilianer unter Beobachtung. Und Zonta weiß: Will er sich in der Königsklasse wirklich etablieren, hat er genau noch dieses Jahr, um die Szene von sich zu überzeugen.

ES KANN NUR BESSER WERDEN

„Seit dem letzten Jahr weiß ich, wie schwer es ist, aus einem schnellen Auto auch ein zuverlässiges Auto zu machen. Hoffentlich ist es nicht ebenso schwer, aus einem zuverlässigen ein schnelles Auto zu machen." Das ist der O-Ton von Jacques Villeneuve und so ungefähr das Allerletzte, was die Allgewaltigen seines BAR-Teams nach den ersten tausend Testkilometern vom neuen BAR002 hören wollen. Weil BAR-Pilot Jacques Villeneuve sich einen Dreck um „political-correctness" kümmert, ist der spontane Kanadier auch noch so frei und wiederholt ausgerechnet auf der Präsentation des neuen BAR Honda die Anklage: „Das Auto ist zu langsam."

Unumstritten ist, dass das BAR-Team im Jahre eins seines Bestehens ein umfassendes Katastrophen-Jahr durchlitten hat. Mit einem üppigen 180-Millionen-Mark-Budget von British American Tobacco auf Jahre hinweg gepampert und ausgestattet mit einem Konstrukteur, der bislang jedes Rennklasse-Debüt gewann, kann das Jahr 1999 mit seinen exakt null Punkten nicht in Worte gefasst werden. Nur soviel: Minardi war besser – schlechter als BAR war keiner.

Nur ein klitzekleines Mini-Pöstchen Stolz kann diese Groß- und Lautsprecher-Truppe um Manager Craig Pollock herum für sich reklamieren. Nämlich, dass, wenn das Auto mal wider Erwarten lief, es gar nicht so langsam war. Villeneuves fünfter Startplatz in Imola ließ technische Kompetenz erahnen. Seine Position während des Rennens auf dem Nürburgring (natürlich nur bis zum Ausfall), ließ ebenfalls aufhorchen. Also, bei aller Pleite, ein bisschen schnell war das Auto im Vorjahr immerhin.

Und nun das Horror-Zitat von Villeneuve. Wenn BAR tatsächlich nach dem unzuverlässigen Boliden jetzt eine lahme Ente gebaut haben sollte, dann hat sich diese Truppe endgültig dem ewigen Gespött der Szene ausgesetzt.

Doch die BAR-Leute können beruhigt ins neue Jahrtausend fahren, wissen sie doch genau: Schlimmer als in der vergangenen Saison mit ihren 16 Ausfällen allein aus technischen Gründen kann es nicht kommen. Konstrukteur Malcolm Oastler glaubt, dass der BAR Honda 002 aerodynamisch bedeutend besser als sein Vorgänger ist und das Chassis wesentlich steifer. „Und auf jeden Fall ist das Auto wesentlich zuverlässiger."

Eine Riesenunterstützung darf die 280 Kopf starke Truppe auf jeden Fall von Honda erwarten. Allein der Umstand, dass die Japaner den Neueinsteiger zum Exklusiv-Team erkoren haben, macht BAR über alle Schwierigkeiten hinaus (langfristig) zu einem ernst zu nehmenden Bewerber.

Chancen

Jacques Villeneuve sieht die Saison 2000 folgendermaßen: „Favoriten sind die beiden McLaren-Fahrer und Michael Schumacher, danach kommen hoffentlich wir." Und: „Ich will dieses Jahr siegen." Nun zu den Fakten: Favoriten sind die McLaren und natürlich Ferrari-Star Schumacher, danach kommen viele, aber noch lange nicht BAR. Siege sind nur mit ganz, ganz, viel Glück drin. Mal sehen, ob das Mega-Sponsor British American Tobacco reichen wird.

Häufig in den Punkten

Formel-1-Bilanz

BRITISH AMERICAN RACING
HONDA

Gefahrene Grand Prix:	16
Pole-Positions:	0
Grand-Prix-Siege:	0
Gesamt-Punkte:	0

Jahr	Motor	Platz	Punkte
1999	Supertec	11	–

Teamchef

Craig Pollock

Sportlehrer, Reisender in Sachen Motorsport, Manager eines Rennfahrers namens Jacques Villeneuve, Anteileigner eines Formel-1-Teams – die Karriere des 44-jährigen Schotten mit Schwytzerdütsch-Kenntnissen ist nicht schlecht. Doch diese Saison steht Pollock unter Druck. Nach unendlichen Querelen mit Co-Direktor Adrian Reynard hat Hauptsponsor BAT beiden Streithähnen einen Über-Chef vor die Nase gesetzt. Wenn Pollock nicht langsam Erfolge liefert, wird dieser Chef ungemütlich. Doch die Saison fing gut an. Beide Autos kamen in Melbourne in die Punkte.

Technischer Direktor

Adrian Reynard

Formel Ford, Formel 3, Formel 3000, Cart-Serie, es stimmt wirklich: Welche Rennserie Dr. Adrian Reynard auch in Angriff nahm, es sprang ein Debüt-Sieg dabei heraus. Das ist seit 1999 vorbei. Reynard, als „Technical Developement Director" mit Pollock auf einer Stufe, weiß: „Man ist nur so gut wie das letzte Rennen." Reynard baute 1973 als 22-Jähriger im Rahmen eines Studienprojektes sein erstes Rennauto. Seit 1979 stellt er Rennwagen in allen Klassen her: „Doch die Formel 1 ist der ultimative Test, was die 99er Saison brutal belegt hat."

Der Honda-Motor

Das muss man der BAR-Truppe lassen. Die Chuzpe, mit der diese Versager-Truppe dem Aufsteiger der vergangenen Saison, Jordan, den Motoren-Exklusivvertrag mit Honda vor der Nase wegschnappte, ist einmalig. Was Honda sich dabei gedacht haben mag, bleibt fernöstlich unergründlich.
Die Fakten: Der japanische Automobilhersteller, der in 186 Grand-Prix-Einsätzen vorwiegend mit Williams und McLaren 71 Siege herausfuhr, hat sich BAR als Speerspitze für einen neuen Anlauf ausgesucht. Der nagelneue Honda RA000E hat nichts mit dem vom Jordan-Team eingesetzten Mugen-Honda gemeinsam. Er ist eine völlige Neu- und Eigenentwicklung des Hauses Honda, während Mugen-Honda letztendlich eine eigenständige Motorsport-Firma außerhalb des Stammhauses ist. Wie immer gehen die Japaner einen konservativen Weg, soll heißen, Standfestigkeit geht vor Spitzenleistung. Prompt forderten Villeneuve und Zonta nach den ersten Tests mehr PS. Immerhin: Beide Triebwerke haben die Feuertaufe in Melbourne überstanden – und zwar in den Punkten.

Honda RA000E

Zylinderzahl/Anordnung	V10
Zylinderwinkel	k. A.
Ventile pro Zylinder	4
Hubraum	k. A.
Leistung	ca. 810 PS
Drehzahl/Min.	keine Werksangaben
Motorlänge	
Motorbreite	
Motorhöhe	
Gewicht	

WO BLEIBEN DIE TALENTE?

Die Königsklasse des Motorsports hat ein Problem: Ihr gehen die talentierten Nachwuchsfahrer aus. Die Gründe sind vielfältiger Natur. Schließlich geht es in der Formel 1 mittlerweile um sehr viel Geld und da sind Nobodys ein großes Risiko.

Die ganze Sache war ein Witz: Ende 1999 stand das erfolgreichste Team des vergangenen Jahrzehnts ohne einen zweiten Fahrer da. Ohnmächtig suchte Williams einen Ersatz für den erfolglosen Alessandro Zanardi – und tat sich unheimlich schwer damit.

Verwundert rieben sich die Insider der Szene die Augen: Wie kann es nur passieren, dass selbst ein Spitzenteam wie Williams keine Fahrer findet?

Genau die richtige Frage für Werner Heinz, Manager des Formel-1-Neulings Nick Heidfeld: „Es ist tatsächlich nicht zu glauben, aber momentan gibt es für Formel-1-Teams einfach kaum Fahrer-Alternativen. Alle guten Piloten mit Formel-1-Erfahrung sind unter Vertrag und in der Formel 3000 gibt es außer Nick keinen, der reif für die Königsklasse wäre."

So krass war die Situation, dass für ein paar Wochen sogar ein zweiter Deutscher bei Williams denkbar war. In Barcelona nahm man BMW-Testpilot Jörg Müller unter die Lu-

Engstirnige F1-Teamchefs

pe. Spätestens in dieser Situation machte sich ein Strukturproblem in der Königsklasse bemerkbar. Ein Problem, das Manager Willi Weber, der seine beiden Schumi-Zöglinge von der untersten Rennwagenklasse bis zur Formel 1 aufgebaut hat, auf den Punkt bringt: „Die Engstirnigkeit der Formel-1-Teamchefs manövriert sie immer stärker in eine Sackgasse. Sie geben dem Nachwuchs einfach keine Chance. Nachwuchs kostet Zeit und Geld."

Weber holt aus: „Früher holten sich die Spitzenteams wie Ferrari, McLaren und Williams die Fahrer einfach aus den Mittel- und Unterklasseteams. Diese Teams gibt es aber kaum noch. Durch das Engagement der Werke gibt es wesentlich mehr große reiche und absolut erfolgsabhängige Rennställe als früher."

In der Tat: Prost, Jaguar und BAR mit Peugeot, Ford oder Honda im Rücken müssen Ergebnisse bringen, sonst machen die Automobilwerke im Hintergrund Druck. Und selbst Teams wie Jordan, Benetton oder Sauber jonglieren mit so hohen Budgets, dass sie keine Traute mehr für Experimente haben.

Jenson Button ist mit 20 Jahren der jüngste aktuelle Grand-Prix-Pilot – und der unerfahrenste.

Beim Stichwort Sauber fällt Willi Weber ein Beispiel ein: „Sauber hätte Jörg Müller, der ja immerhin schon deren Testfahrer war, aufbauen müssen, statt damals Johnny Herbert zu nehmen. Dann hätte Sauber jetzt einen Bomben-Fahrer. Oder sie hätten ihn für viel Geld verkaufen können."

Zu hoher Leistungsdruck ist ein Grund, warum kaum junge unerfahrene Fahrer den Weg in die Formel 1 finden. Einen anderen Grund nennt Frentzens Manager Ortwin Podlech und legt Wert auf die Betonung, dass der gesamte Motorsport glücklich darüber ist: „Früher verunglückten pro Jahr ein bis zwei Formel-1-Rennfahrer tödlich. So brutal sich das anhört, aber dadurch wurden automatisch Plätze für junge Fahrer frei."

Noch einen Grund gibt es, warum sich Formel-1-Teamchefs schwer tun, neue Fahrer auszuprobieren: Nur in der Formel 1 wird mit Rillenreifen gefahren. Selbst gestandene Piloten wie Olivier Panis oder Johnny Herbert haben sich damit vergangene Saison unglaublich schwer getan. Gar nicht abzuschätzen bleibt da, wie sich Frischlinge aus der Slickbereiften Formel 3000 damit schlagen. Selbst der nun wirklich nicht erfolglose Alessandro Zanardi – immerhin zweifacher ChampCar-Meister – ging für alle Experten in einer nicht zu erklärenden Art und Weise in der Formel 1 unter. Frank Williams weiß: „Alex fasste nie Vertrauen in die Reifen."

So stark ist die Angst vor dem Unkalkulierbaren, dass ein Team wie McLaren seinem eigenen, langjährigen Testpiloten misstraut. Mercedes-Junior Nick Heidfeld ist immerhin weit über 13.000 Testkilometer für die Weltmeistertruppe gefahren – und trotzdem bestand McLaren-Chef Ron Dennis darauf, den jungen Nick erst einmal zwei Jahre bei Prost trainieren zu lassen.

Wie wenig Alain Prost eigentlich Lust auf Nachwuchs hatte, zeigt der Umstand, dass der eigene Test- und Prost-Formel-3000-Pilot Stéphane Sarrazin nie ernsthaft als GP-Fahrer zur Diskussion stand. Wenn durch Mercedes-Junior Heidfeld nicht die Möglichkeit winken würde, vielleicht eines Tages an die Stuttgarter Motoren zu kommen, hätte Prost seinen großen Sponsoren nie und nimmer den Anfänger Heidfeld erklären können.

Nick Heidfeld selbst versucht das alles nicht persönlich zu nehmen. „Man will in einem Top-Team einfach keinen Newcomer ver-

F1-Debüt: 1999 ersetzte Stéphane Sarrazin (r.) Minardi-Stammfahrer Luca Badoer in Brasilien.

Stéphane Sarrazin gewann 1999 das Formel-3000-Rennen in Budapest vor Nick Heidfeld. Ein F1-Cockpit für 2000 hat der schnelle Franzose nicht.

pflichten. Die Vergangenheit hat schon oft gezeigt, dass junge Fahrer, die in einem solchem Team debütierten, damit nicht zurecht kamen und dann in der Versenkung verschwanden. Ich selbst wäre gerne direkt zu McLaren gegangen, das habe ich immer gesagt."

Wie sehr McLaren auf Nummer sicher geht, zeigt allein der Umstand, wie das Team den ehemaligen Testpiloten Heidfeld ersetzt: mit Olivier Panis. Einem Rennfahrer also, der mit mehr als 90 Grand Prix über eine enorme Erfahrung verfügt.

Umso erstaunlicher, dass ausgerechnet das Williams-Team das Risiko eingeht, mit Jenson Button einen absoluten Rohdiamanten mit gerademal 42 Rennen Erfahrung auszuprobieren.

Der alte Racer Frank Williams lässt sich für dieses eine Mal in die Karten blicken: „Eine ganze Reihe von uns Teamchefs wurde schon mal wie Idioten vorgeführt, als Eddie Jordan sich 1991 Michael Schumacher schnappte. Wir haben da alle gepennt und Eddie war der einzige Hellwache. Das darf mir nie wieder passieren." Und dann sagt Frank Williams: „No risk, no fun." Ohne Risiko kein Spaß.

Nach dieser Devise muss er es knüppeldick nehmen. Denn die letzten Wochen vor Saisonbeginn scheinen den Skeptikern wie Ron Dennis recht zu geben. Der völlig untrainierte frühere Formel-3-Pilot Jenson Button musste natürlich nach der überraschenden Ernennung zum Formel-1-Fahrer unbedingt Fitness bolzen. Das hat sein Körper nur bedingt mitgemacht. Drei Wochen vor Saisonbeginn protestierte im Rücken eine Muskelfaser, indem sie riss.

Button musste pausieren und auf die letzten Testtage verzichten. Ohne jemals einen Tankstopp geübt zu haben, und ohne jemals eine volle GP-Distanz gefahren zu sein, fuhr der 20-jährige Brite nach Australien. Da war es schon ein Erfolg, dass die FIA im Zuge einer Ausnahmeregelung dem Knaben wenigstens eine Superlizenz ausgestellt hat.

Eddie Jordan gilt als Talent-Spürnase. Michael Schumacher feierte 1991 sein Debüt bei Jordan.

Talent ohne Chance: Jörg Müller kam nie über das Stadium eines Formel-1-Testfahrers hinaus.

Durchgesetzt: Trulli kam aus der Formel 3.

Ron Dennis setzt auf Erfahrung, Frank Williams – gezwungenermaßen – auf den jungen Button.

Nachwuchs unterwegs: Beim Australien-GP bat Heinz-Harald Frentzen um Vorfahrt. Nur die Silberpfeile und Schumacher ignorierten den Wunsch.

Jacques Villeneuve hat den „Schlabberlook" in der Formel 1 eingeführt. Rookie Nick Heidfeld zeigt, dass auch er die lässige Kleidung bevorzugt.

Der Mann pfeift sich einen. Jacques Villeneuve geht die Saison 2000 völlig entspannt an. Der Champion von 1997 hat bei BAR nichts zu verlieren.

ES WAR EINMAL IN AMERIKA

Nach neun Jahren Pause kehrt der Große Preis der USA wieder in den Formel-1-Kalender zurück. Damit ist der Grand-Prix-Zirkus in einem Land vertreten, das eine fast hundert Jahre lange Rennsporttradition hat. In Indianapolis wurde schon 1950 der dritte GP der WM-Geschichte ausgetragen. Eine große Fangemeinde hat die Formel 1 aber in den USA nie erobern können.

Die Vereinigten Staaten von Amerika und die Formel-1-Weltmeisterschaft – irgendwie scheint das nicht zueinander zu passen. Ja, Italien, das ist die wahre Hochburg des Grand-Prix-Sports. 70 WM-Läufe wurden dort bereits ausgetragen. Auch England, wo am 13. Mai 1950 alles begann, kann sich sehen lassen: 53 Mal wurden seitdem im Vereinigten Königreich WM-Punkte vergeben. Wer redet da schon vom Formel-1-Entwicklungsland USA? Kaum jemand, obwohl die Amis mit 54 Championats-Läufen auf Platz zwei rangieren. Der Motorsport hat in den Vereinigten Staaten von Amerika eine große Tradition…

Indianapolis 1908. Vier geschäftstüchtige Amerikaner stecken die Köpfe zusammen. Zwei von ihnen sind durch die Produktion von Fahrrädern steinreich geworden. Aber jetzt beginnen Automobile das Land zu erobern. Die Herren denken um und planen den Bau einer Rennstrecke für Autos. Eine Idee ist geboren.

9. Februar 1909. Carl Fisher, Arthur Newby, Jim Allison und Frank Wheeler – die Erfinder der Rennpisten – gründen die Indianapolis-Motor-Speedway-Company. Der Plan für eine Acht-Kilometer-Bahn wird mit Rücksicht auf die Zuschauer verworfen. Vier Kilometer scheinen wegen der Übersichtlichkeit die bessere Lösung zu sein. Im Eiltempo werden die Arbeiten voran getrieben. Schon Anfang Juni, noch wird geschuftet, startet auf dem Gelände die erste Show: ein Ballon-Rennen. Auf der Großbaustelle finden nur 3.500 Zuschauer Platz. Weitere 40.000 reisen an und

Bereits in den dreißiger Jahren waren die 500 Meilen von Indianapolis ein riesiges Spektakel, zu dem die Zuschauer in Scharen pilgerten. Meist wa

Volle Tribünen – darauf hoffen Bernie Ecclestone und die Veranstalter beim F1-Debüt in Indianapolis. Die berühmten Indy 500 locken alljährlich bis zu 500.000 Zuschauer an.

US-Rennfahrer unter sich – nur wenige Europäer nahmen die Herausforderung Indianapolis an.

sorgen für den ersten Verkehrsstau der Geschichte von Indianapolis.

Am 19. August 1909 wird die Bahn eingeweiht. Im Eifer des Gefechts wurde sie 100 Meter länger als geplant. Die Besucher sind tief beeindruckt: 42 Gebäude wurden errichtet, mächtige Tribünen bieten eine gute Übersicht und ein Tunnel verbindet das Infield der Piste mit der Außenwelt. Obwohl die Bahn eindeutig eine rechteckige Form aufweist, sprechen alle von einem Oval.

Alles scheint perfekt. Aber Fisher und Co. haben die Rechnung ohne den Wirt gemacht: Der Streckenbelag – eine Mischung aus Kies und gewalztem Erdreich – hält der Belastung nicht stand. Im Verlauf der dreitägigen Eröffnungsveranstaltung sterben zwei Mechaniker, damals noch auf der Planstelle eines Co-Piloten, zwei Zuschauer und ein Rennfahrer.

Die Verantwortlichen sind schockiert. Spezialisten schwärmen aus, um eine Alternative zu dem untauglichen Erd-Kies-Gemisch zu suchen. In Salem, Bundesstaat Massachusetts, werden sie fündig. Dort untersuchen sie eine Straße aus Ziegelsteinen – gepflastert wurde sie im Jahre 1629. Das verspricht die gewünschte Haltbarkeit.

Die Indy-Company fackelt nicht lange. Schnell werden 3.250.000 Ziegel geordert

Von 1961 und 1980 gastierte die F1 auf der hügeligen Rundstrecke von Watkins Glen. Auf dem Foto von 1973 führt James Hunt vor Jochen Mass.

und im Verlauf von 63 Tagen verlegt. Das entspricht einer Tagesleistung von mehr als 50.000 Backsteinen. Einer der „Bricks", dieses Gerücht kursiert in Indianapolis, soll aus

Goldener Ziegelstein

purem Gold bestehen. Aber dieser Luxus wird nicht einmal im Land der unbegrenzten Möglichkeiten betrieben. Immerhin: Ein vergoldeter Ziegel wird tatsächlich verarbeitet.

Ab 27. Mai 1910 wird der nagelneue „Brick-Yard" befahren. Innerhalb von nur drei Tagen begeistern 42 Rennen die angereisten 60.000 Fans. Aber die Indy-Company will noch höher hinaus. Am amerikanischen Memorial Day 1911 wird das erste 500-Meilen-Rennen von Indianapolis gestartet. Im Verlauf der nächsten Jahrzehnte wird diese Veranstaltung zum bekanntesten Autorennen der Welt.

Und diese „Indy 500" setzen in den folgenden Jahren immer wieder Meilensteine, ohne die der moderne Motorsport undenkbar wäre. So werden 1935 gelbe Blinklichter montiert, um die Piloten vor Gefahrensituationen zu warnen. Im selben Jahr schreiben die Veranstalter erstmals das Tragen von Sturzhelmen vor. In Europa folgt diese Vorschrift erst 17 (!) Jahre später! Der Ziegelbelag überlebt die Modernisierungsphase der dreißiger Jahre nicht. Zwischen 1936 und 1939 werden die 4.100 Meter peu à peu asphaltiert. Zur Erinnerung bleibt vorläufig ein geziegeltes Stück auf der Startgeraden, das erst 1961 verschwinden wird.

Hartnäckig hält sich die Sage, die mehr als drei Millionen gebrannten Klinker seien seit annähernd 70 Jahren in finsteren Gewöl-

Zwischen 1976 und 1983 fand der US-Grand-Prix im kalifornischen Long Beach südlich von Los A

ben der Streckenverwaltung eingelagert. Tatsächlich wurden die Steine aus dem Jahr 1910 nie bewegt. Sie schlummern unter dem aktuellen Belag.

Als die FIA 1950 erstmals die Fahrer-WM ausschreibt, steht auch der Name Indianapolis im Programm. Am 30. Mai 1950, natürlich dem Memorial Day, wird auf dem längst weltberühmten Oval der dritte WM-Lauf der Grand-Prix-Geschichte ausgetragen. Bis 1960 ist der US-Klassiker ein fester Bestandteil des Championats.

Bei den etablierten europäischen Teams und deren Fahrern findet das „exotische" Ovalrennen allerdings keine Anerkennung. In Indy bleiben die Amis unter sich und pfeifen auf die WM. Und die GP-Stars meiden das 500-Meilen-Rennen. Ein Austausch findet nicht statt – einige Ausnahmen bestätigen diese Regel. Aber schon seit 1959 gibt es parallel zu Indianapolis in Sebring einen „richtigen" Grand Prix der USA. Im folgenden Rennjahr startet die Formel 1 in Riverside. Keine dieser beiden Pisten wird zur Heimat des US-Grand-Prix. Die wird erst 1961 gefun-

Heute werden hier ChampCar-Rennen gefahren.

DIE FORMEL-1-RENNEN IN DEN USA

Jahr	Austragungsort	Sieger	Auto
1950	Indianapolis	Johnnie Parsons (USA)	Kurtis Kraft
1951	Indianapolis	Lee Wallard (USA)	Kurtis Kraft
1952	Indianapolis	Troy Ruttman (USA)	Kuzma-Offenhauser
1953	Indianapolis	Bill Vukovich (USA)	Kurtis Kraft
1954	Indianapolis	Bill Vukovich (USA)	Kurtis Kraft
1955	Indianapolis	Bob Sweikert (USA)	Kurtis Kraft
1956	Indianapolis	Pat Flaherty (USA)	Watson-Offenhauser
1957	Indianapolis	Sam Hanks (USA)	Epperly-Offenhauser
1958	Indianapolis	Jimmy Bryan (USA)	Epperly-Offenhauser
1959	Indianapolis	Rodger Ward (USA)	Watson-Offenhauser
	Sebring	Bruce McLaren (NZ)	Cooper-Climax
1960	Indianapolis	Jim Rathmann (USA)	Watson-Offenhauser
	Riverside	Stirling Moss (GB)	Lotus-Climax
1961	Watkins Glen	Innes Ireland (GB)	Lotus-Climax
1962	Watkins Glen	Jim Clark (GB)	Lotus-Climax
1963	Watkins Glen	Graham Hill (GB)	BRM
1964	Watkins Glen	Graham Hill (GB)	BRM
1965	Watkins Glen	Graham Hill (GB)	BRM
1966	Watkins Glen	Jim Clark (GB)	Lotus-BRM
1967	Watkins Glen	Jim Clark (GB)	Lotus-Ford
1968	Watkins Glen	Jackie Stewart (GB)	Matra-Ford
1969	Watkins Glen	Jochen Rindt (A)	Lotus-Ford
1970	Watkins Glen	Emerson Fittipaldi (BR)	Lotus-Ford
1971	Watkins Glen	Francois Cevert (F)	Tyrrell-Ford
1972	Watkins Glen	Jackie Stewart (GB)	Tyrrell-Ford
1973	Watkins Glen	Ronnie Peterson (S)	Lotus-Ford
1974	Watkins Glen	Carlos Reutemann (ARG)	Brabham-Ford
1975	Watkins Glen	Niki Lauda (A)	Ferrari
1976	Long Beach	Clay Regazzoni (CH)	Ferrari
	Watkins Glen	James Hunt (GB)	McLaren-Ford
1977	Long Beach	Mario Andretti (USA)	Lotus-Ford
	Watkins Glen	James Hunt (GB)	McLaren-Ford
1978	Long Beach	Carlos Reutemann (ARG)	Ferrari
	Watkins Glen	Carlos Reutemann (ARG)	Ferrari
1979	Long Beach	Gilles Villeneuve (CDN)	Ferrari
	Watkins Glen	Gilles Villeneuve (CDN)	Ferrari
1980	Long Beach	Nelson Piquet (BR)	Brabham-Ford
	Watkins Glen	Alan Jones (AUS)	Williams-Ford
1981	Las Vegas	Alan Jones (AUS)	Williams-Ford
1982	Long Beach	Niki Lauda (A)	McLaren-Ford
	Detroit	John Watson (GB)	McLaren-Ford
	Las Vegas	Michele Alboreto (I)	Tyrrell-Ford
1983	Long Beach	John Watson (GB)	McLaren-Ford
	Detroit	Michele Alboreto (I)	Tyrrell-Ford
1984	Detroit	Nelson Piquet (BR)	Brabham-BMW
	Dallas	Keke Rosberg (FIN)	Williams-Honda
1985	Detroit	Keke Rosberg (FIN)	Williams-Honda
1986	Detroit	Ayrton Senna (BR)	Lotus-Renault
1987	Detroit	Ayrton Senna (BR)	Lotus-Honda
1988	Detroit	Ayrton Senna (BR)	McLaren-Honda
1989	Phoenix	Alain Prost (F)	McLaren-Honda
1990	Phoenix	Ayrton Senna (BR)	McLaren-Honda
1991	Phoenix	Ayrton Senna (BR)	McLaren-Honda

1960 trat die Formel 1 einmalig im kalifornischen Riverside an. Es siegte Stirling Moss.

Der Versuch, die Wüste zu erobern, scheiterte. Dreimal gastierte der GP-Zirkus in Phoenix/Arizona. Die Zuschauerresonanz war jedoch sehr gering.

den, als die WM-Punkte erstmals in Watkins Glen vergeben werden.

Watkins Glen, die Piste im Bundesstaat New York, wurde in der Mitte der fünfziger Jahre unter Beteiligung der Technischen Fakultät der Cornell University geplant, für gut 200.000 US-Dollar gebaut und 1956 eingeweiht. Für den Großen Preis der USA 1971 wird der 3,7 Kilometer lange Kurs auf 5,4 Kilometer verlängert. Erneut sind die Wissenschaftler der Cornell Uni mit von der Partie. Als Topspeed schwebt den Bauherren ein Tempo von 285 km/h vor. Und tatsächlich: Am Ende der längsten Geraden fliegt der Tyrrell-Pilot Jackie Stewart 1971 mit 285 km/h durch die Lichtschranke. Aber was die Kurventauglichkeit der Formel-1-Boliden betrifft, liegen die Akademiker voll daneben. Vorab errechneten sie eine Durchschnittsgeschwindigkeit von 160 km/h. François Cevert, der mit der Leuchtkraft seiner Augen eine komplette Groupie-Generation verzaubert, gewinnt den Grand Prix des Jahres 1971 mit einem Schnitt von über 185 km/h!

Späteren Generationen wird Watkins Glen nicht nur wegen der zahlreichen spannenden Formel 1-Rennen in Erinnerung sein. Der „Grawn Pree" ist alljährlich Anziehungspunkt für Fans mit viel Sinn für Randale. Das Anzünden geparkter Autos anderer Rennfans gehört zu den merkwürdigen Hobbies der alkoholisierten Rowdies. Und die Journalisten stöhnen: Viel zu klein ist das Pressezentrum und die Arbeitsbedingungen sind mittelalterlich. Wer sich keinen Stuhl mitbringt, muss im Stehen arbeiten.

Doch es gibt Schlimmeres: Zweimal werden die Grand-Prix-Wochenenden in Watkins Glen durch tödliche Unfälle überschattet. 1973 verliert Mädchenschwarm Cevert während des Trainings seinen Tyrrell im Streckenabschnitt „Esses" aus der Kontrolle. Der Bolide landet in Rückenlage auf den Leitplanken. Chassis 03 und der unglückliche Pilot werden zerstückelt. Die Formel 1 erlebt ei-

In Dallas waren auch die Serienstars dabei.

Die letzten Ziegel des einstigen „Brick Yard".

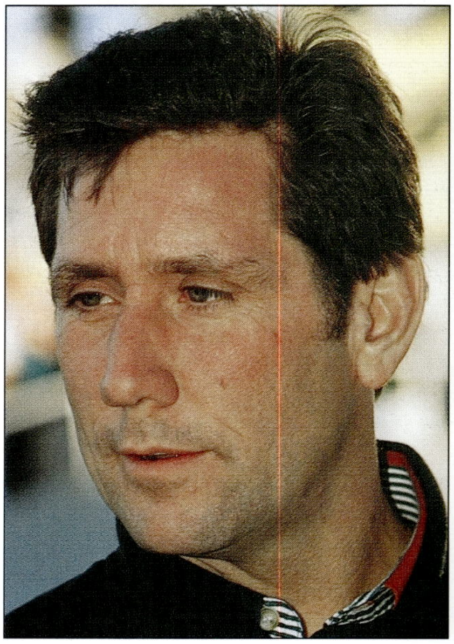

Tony George ist Besitzer der Indy-Rennstrecke.

nen der grauenvollsten Unfälle ihrer Geschichte. Auch 1974 fließt Blut. Während des Rennens verunglückt der junge österreichische Nachwuchs-Fahrer Helmut Koinigg. Als sein Surtees-Ford frontal gegen die Planken fährt, gibt die untere nach. Die obere wird für den 25-Jährigen zur Guillotine…

Bis 1980 tritt die Formel 1 in Watkins Glen an, dann können die Organisatoren die ständig steigenden Kosten nicht mehr tragen. Zu diesem Zeitpunkt lautet der offizielle Name des Rennens längst „Großer Preis der USA Ost", denn seit 1976 wird im kalifornischen Long Beach alljährlich ein zweiter Formel-1-WM-Lauf ausgetragen, der zur Unterscheidung den Beinamen „West" trägt. Wie in Monte Carlo geht es an der Pazifikküste durch die Stadt.

Auch ohne Watkins Glen fahren die Amerikaner zunächst zweigleisig weiter: Detroit, dank der Firmensitze von Ford, General Motors und Chrysler die Welthauptstadt des Automobils, folgt den Kollegen in Long Beach und hebt für die Formel-1-Boliden downtown das Speedlimit auf.

Nachahmer tauchen auf, aber Versuche, den GP-Sport auf einem Hotelparkplatz (!) in Las Vegas und im texanischen Dallas anzusiedeln, schlagen fehl. Dann beginnt der Stern der Formel 1 in den USA zu sinken.

Leere Tribünen

Long Beach und später Detroit gehen an die ChampCar-Serie verloren. Dreimal springt die Wüstenstadt Phoenix in die Bresche, doch die Cowboys zeigen Senna & Co die kalte Schulter. Die Tribünen bleiben leer. Seit 1992 macht der GP-Tross einen Bogen um die USA.

Diese Durststrecke endet am 24. September 2000 in Indianapolis. Damit geht ein Wunschtraum von FIA-Präsident Max Mosley in Erfüllung. Der Brite arbeitet seit Beginn seiner ersten Amtszeit an einem US-Comeback der Formel 1. Für Mosley ist der WM-Kalender erst jetzt wieder komplett.

Gefahren wird auf einer neuen Piste, die einen Teil des Ovals mit einschließt. Bei Start-und-Ziel erinnert immer noch ein Streifen in der Stärke von acht Ziegeln an das Backstein-Zeitalter. Gestartet wird auf der Hauptgeraden – allerdings gegen die klassische Fahrtrichtung. Noch vor Erreichen der „Corner 3" des Ovals biegt das Asphaltband ins Infield ab. Zahlreiche Kurven unterschiedlichster Radien führen zurück zum Oval und münden vor „Corner 1" in den Indy-Kurs.

Ob die Amerikaner die Grand-Prix-Piste akzeptieren, muss abgewartet werden. Für die Traditionalisten ist die brandneue Anlage sicherlich ein Kulturschock. Man stelle sich vor, die ChampCar-Serie kommt nach Monaco und fährt dort gegen den Uhrzeigersinn. Natürlich erst nach dem Bau einiger überhöhter Kurven…

In der Auto-Metropole Detroit reichte ein Blick von den Wolkenkratzern für die Vogelperspektive.

Australien 2000: Auf dem Podest wird kollektiv gestrahlt. Michael Schumacher feiert seinen ersten Sieg „down under", Teamkollege Rubens Barrichello komplettiert den Ferrari-Erfolg. Die größte Überraschung gelingt jedoch Ralf Schumacher, der völlig unerwartet seinen Williams-BMW auf Rang drei steuert.

QANTAS
COMPAQ
QANTAS
QANTAS
QANTAS

MAX MOSLEY, DER VIELSEITIGE

Anwalt, Sprachgenie, Rennfahrer, Jäger – der Präsident des Automobil-Weltverbandes FIA ist ein Multitalent. Max Mosley ist in den Augen der meisten genau der richtige Mann an der Spitze der Fédération Internationale de l'Automobile, auch wenn er nicht immer ein bequemer Präsident ist.

Jochen Neerpasch, Max Mosley und Bernie Ecclestone (v.l.) beim Monaco-Grand-Prix 1980.

Wenn er seine Stimme erhebt, tritt im Kreis seiner Zuhörer andächtige Stille ein. Seinem Präsidentenamt allein verdankt er diesen Akt der Höflichkeit nicht. Max Mosley zählt zu jener, nur scheinbar ausgestorbenen, Kategorie britischer Gentlemen, die allein durch ihr Auftreten Respekt fordern.

Als oberster FIA-Funktionär lenkt „Mr. President" die Geschicke des internationalen Automobil-Weltverbandes, der Automobilclubs à la ADAC oder AvD aus 119 Ländern vereinigt. Wird er im Jahr 2001 wiedergewählt, geht er in seine dritte Amtszeit. Damit schreibt der distinguierte Engländer auch ein längeres Kapitel Motorsportgeschichte, denn die FIA legt die Regeln fest und überwacht sie streng.

Mosley ist für dieses Amt wie geschaffen. Er ist ein kluger Kopf mit diplomatischem Feingefühl, der nebenbei eine Hand voll gängiger Kultursprachen fließend beherrscht. Schnell und analytisch denkt er. Er ist nicht gerade jedermanns Wunschgegner bei verbalen Auseinandersetzungen…

An der politischen Front für die Interessen der Autofahrer zu kämpfen, ist seine wichtigste Aufgabe. Dabei fasst er auch heiße Eisen wie die Sicherheitsfrage und den Umweltschutz offensiv an. Und wenn es seine Zeit erlaubt, dann schaut er als oberster Kriegsherr der Formel-1-Schlachten während der Wochen-enden auch immer wieder auf den Grand-Prix-Pisten vorbei. Als ehemaliger Rennfahrer ist „Max I." dann in seinem Element.

Ron Dennis spendiert dem ehemaligen Rennfahrer Max Mosley eine Fahrt im McLaren-Zweisitzer. Chauffeur ist Ex-GP-Pilot Martin Brundle.

1940 in London geboren, geht der Spross britischen Hochadels in England, Frankreich und Deutschland zur Schule. An der Oxford Universität studiert er anschließend Physik und Jura. 1964 wird Mosley, der es aufgrund des familiären Reichtums nicht nötig hätte, auch nur einen Finger zum Zwecke des Broterwerbs zu krümmen, als Anwalt zugelassen. Zu diesem Zeitpunkt ist er bereits verheiratet – später wird er Vater von zwei Söhnen.

Rennsport als Vergnügen

Parallel zum Job bei Gericht ist er sportlich aktiv. Beim Militär wurde Mosley als Mitglied des „Territorial Army Parachute Regiment" zum Fallschirmspringer ausgebildet – jetzt lässt er sich aus Spaß vom Himmel fallen. Zu seinen eher irdischen Vergnügen zählt der Rennsport. Bei kleineren Club-Veranstaltungen räumt er gewaltig ab. Und sein Talent, in Verbindung mit dem imposanten finanziellen Background, reicht aus, bis in die Formel 2 aufzusteigen. Regelmäßig kämpft er bei den Läufen zur Europameisterschaft gegen die großen Stars dieser Epoche. Als Jim Clark im April 1968 in Hockenheim tödlich verunglückt, gehört auch Mosley zu den Startern. Und noch heute schwärmt er davon, dass er einmal den unvergessenen Graham Hill niederkämpfen konnte. Als er 30 Jahre später von McLaren eine Freifahrt im Doppelcockpit des zweisitzigen Silberpfeils erhält, feuert er seinen Chauffeur Martin Brundle an, eine schnelle Runde zu drehen, die zum Ergattern eines Startplatzes ausreichen würde.

Eine Karriere als Politiker – als Rechtsradikaler spielte Vater Oswald auf diesem Parkett in den dreißiger Jahren in England eine eher unrühmliche Rolle – scheitert. 1969 beendet er auch seine Aktivitäten als Rennfahrer und als niedergelassener Anwalt. Max Mosley hat ein neues Business entdeckt: Gemeinsam mit drei Freunden gründet er die Rennwagen-Firma March – das M steht für Mosley –, die ganz groß einsteigt. Schon 1970 wagt sich das junge Team in die Formel 1.

Am Tag der Team-Präsentation beweist er seine Cleverness. Es ist bitter kalt und die Boliden werden der Presse und geladenen Gästen im Freien vorgestellt. Nicht nur verweichlichte Zeitgenossen sind gut beraten, sich wegen des Frostes zu vermummen. Mäntel, Jacken und Mützen prägen das Bild. Nur Max Mosley tritt, wie aus dem Ei gepellt, in einem schicken Anzug an. Er will gegenüber potentiellen Sponsoren durch die korrekte Kleidung Eindruck schinden. Eine Lungenentzündung riskiert der Gastgeber nicht: Unter dem feinen Zwirn trägt er die feuerfeste Unterwäsche, die er auch als Rennfahrer angelegt hatte. Lange Ärmel, lange Unterhose – Mosleys Körpertemperatur fällt nicht um ein einziges Grad Celsius…

Sicherheit in der F1 ist für Mosley das Wichtigste. Gespräche mit Fahrern geben Anregungen.

Aber im GP-Geschäft tritt der kluge Mann nicht nur als Team-Eigner auf. Schnell freundet er sich mit seinem Kollegen Bernie Ecclestone – dem Boss des Rennstalls Brabham – an. Ecclestone, der die Geschicke der Formel-1-Konstrukteurs-Vereinigung FOCA leitet, braucht einen guten Anwalt. Da kommt ihm der gewiefte Kenner aller Paragraphen gerade recht. Mosley macht die zahlreichen Verträge, die Ecclestone abschließt, juristisch wasserdicht. Als 1981 das legendäre erste Concorde-Agreement ausgehandelt wird, ist Mosley maßgeblich an der Formulierung dieses wichtigen Papiers beteiligt.

Mosley ist es inzwischen längst leid, das finanzschwache March-Team über Wasser zu halten. Ende 1977 steigt er aus. Jetzt bereitet er seine Funktionärs-Karriere vor. 1986 wird er in die „Manufacturers' Commission" der FISA (damals noch existierende Sportabteilung der FIA) gewählt. Ein wichtiger Schritt ist getan. Fünf Jahre später löst er den Franzosen Jean-Marie Balestre als FISA-Präsidenten ab. 1993 gewinnt er die Wahl zum FIA-Präsidenten. Der Mann ist ein Senkrechtstarter.

Als waschechter Brite liebt er es, in Gummistiefeln und Barbour-Jacke durch die Felder zu streifen. Jagd und Golfspiel – das ist seine Freizeitwelt. Als frisch gebackener FIA-Präsident hat er die scheinbar blendende Idee, Hobby und Beruf miteinander zu verknüpfen. Am Tag seiner Wahl 1993 will er die Verwandtschaft in einem der Schlösser der Familie besuchen. Bei dieser Gelegenheit macht er einen Abstecher zur RAC-Rallye. Aber ein Kontrolleur stoppt ihn. Acht britische Pfund soll er berappen, dann hat er Einlass! Mosley zahlt still. Wenig später gibt es ein Donnerwetter. Die lokalen Funktionäre werden eingenordet, weil sie den mächtigen FIA-Präsidenten bei seiner eigenen Veranstaltung nicht mit offenen Armen empfangen haben.

In der Formel 1 passiert ihm das nicht. Max Mosley ist natürlich Träger eines Dauertickets für Strecke und Fahrerlager – des goldenen permanenten Passes.

Auch im Schnee fühlt sich Mosley wohl. Der Familienvater steigt gern aufs Snowboard.

TECHNIK 2000
JAGD NACH NEUERUNGEN

Die Formel 1 wird immer komplizierter – und teurer. Die Regelhüter der FIA versuchen zwar rigoros, die Kostenexplosion zu bremsen, indem Materialien wie beispielsweise Beryllium ab 2001 verboten werden. Doch den Teams fällt meist schnell etwas Neues ein und die Kostenspirale dreht sich weiter. Auch für die Saison 2000 haben die Ingenieure wieder tief in die Trickkiste gegriffen.

An der Nase sollt ihr sie erkennen: Jaguar verfolgt die gleiche Linie wie McLaren – mit flacher, bis zum Cockpit stetig ansteigender Linie.

Deutlicher Unterschied zu oben: Ferrari baut eine hohe Nase, die bis zur Vorderachse ansteigt und danach wieder leicht bis zum Cockpit abfällt.

Das Bessere ist der Feind des Guten. Die Ingenieure der elf Formel-1-Teams zogen auf der Jagd nach Sekundenbruchteilen wieder einmal alle Register. Aber die Luft ist dünn. Die Möglichkeiten des Reglements scheinen inzwischen weitgehend ausgereizt.

Bescheidener Handlungsspielraum besteht zur Zeit noch in den Bereichen Aerodynamik und Motor. Die Abtriebswerte verbessern, den Schwerpunkt der Gesamtkonstruktion absenken und die Fahrbarkeit des Motors optimieren – auf diese Sektoren konzentrierten sich die Teams.

Ein Blick auf die Boliden der jüngsten Generation zeigt: Die rechteckigen Stirnflächen der Monocoques sind – nach Demontage der „Nase" wird das klar sichtbar – deutlich kleiner geworden. Für normale Schraubenfedern fehlt es am nötigen Raum. Alle Konstrukteure setzen deshalb auf Drehstabfedern, die in den oberen Ecken der Stirnflächen erkennbar sind. Jordan arbeitet vorn mit einem dritten – zentral angeordneten – Federelement, das bei Höchstgeschwindigkeit das Einnicken der Frontpartie an einer exakt definierten Stelle abriegelt. Die winzigen Dämpfer stehen grundsätzlich innerhalb des Bugraums der Überlebenszelle.

Im Bereich der vorderen Radaufhängungen werden zwei Denkrichtungen der Konstrukteure erkennbar. Während die Mehrheit der Ingenieure die Spurstangen in die oberen

Querlenker integriert, wählen andere – zum Beispiel Jordans Mike Gascoyne – freiliegende Spurstangen. Im ersten Fall steht der aerodynamische Vorteil im Vordergrund. Die Gegner dieses Konzepts nehmen den zusätzlichen Luftwiderstand bewusst in Kauf, versprechen sich unterm Strich aber wegen des Absenkens des Schwerpunkts wiederum Vorteile. Das Beispiel macht deutlich, wie kompliziert die Suche nach Verbesserungen geworden ist.

Aerodynamik ist alles

Und noch mehr Interessantes gibt es auf dem Gebiet der vorderen Radaufhängungen zu beobachten. Nachdem das Pullrod-System bereits „ausgestorben" schien, setzt Arrows jetzt wieder auf diese Zugstreben. Der Vorteil: Die Zugstreben sind weitaus geringer dimensioniert als die stärker belasteten Schubstreben des Pushrod-Systems und bringen deshalb aerodynamische Vorteile.

Ebenfalls aus dem Windtunnel stammen die neuen – seitlich des Piloten-Kopfs sichtbaren – „Luftkanäle". Auf sie vertrauen Ferrari, McLaren, Jordan und Minardi. Am konsequentesten verfolgte Jordan diesen Weg der aerodynamischen Optimierung, indem zur äußeren Begrenzung dieser „Kanäle" lediglich schmale Flossen gewählt wurden.

Ansichtssache: Mike Gascoyne setzt auf einen niedrigen Schwerpunkt vor optimaler Aerodynamik.

Der Querschnitt der „Schnauzen" wird immer kleiner. Innerhalb der schmalen Röhre stehen die Dämpfer für die vordere Radaufhängung.

Deutlich zu erkennen sind die bei Jordan mit „Flossen" begrenzten Luftkanäle rechts und links vom Kopf Trullis zur Verbesserung des Luftstroms.

Selbstverständlich wurden während des Winters bei allen Teams die Frontflügel überarbeitet. Darüber hinaus unterzog Ferrari die komplette „Nase" einer aerodynamischen Kur. Sie ist nicht nur noch höher als 1999 – das Gesäß des Piloten liegt inzwischen mehr als 20 Zentimeter unterhalb der Füße –, sondern auch weit weniger mächtig. An ihrer Unterseite wurde sie gewaltig ausgeschält. Ferrari beschreitet damit konsequent einen anderen Weg als Hauptkonkurrent McLaren und hat auch mit diesem Konzept Erfolg.

Auf einen anderen Detailtrick verfiel McLarens Technischer Direktor Adrian Newey. Obwohl die modernen Motoren mit extremen

Schornsteine zur Kühlung

Betriebstemperaturen arbeiten – das Wasser kann problemlos auf 135°, das Öl auf 125° erhitzt werden –, bleibt die Kühlung von größter Bedeutung. Newey setzte deshalb kleine „Schornsteine" auf die Seitenkästen. Unterdruck sorgt für den notwendigen Zug in den Kaminen. Die Folge: Die Heißluft strömt optimal ab und wird strömungsgünstig in den Fahrtwind integriert.

Die Phantasie der Techniker wird auch im Bereich der kleinen Zusatzflossen am hinteren Ende des Sidepods deutlich. Nahezu jedes Team fand eine unterschiedliche Lösung, um den Luftstrom in dieser Zone zu kontrollieren. Eher einheitlich werden aerodynamische Details im Frontbereich gelöst. Hier, wo das „Auto auf den Wind trifft", liegt der Schlüssel einer effizienten Aerodynamik.

Gute Lösungen werden gern von der Konkurrenz übernommen. So kopierte Prost die riesigen Deflektoren à la McLaren. Und auch Minardi-Konstrukteur Gustav Brunner – das schmale Budget der Italiener erlaubt keine aufwendigen eigenen Windkanalversuche – rüstete die Modelle vom Typ M02 mit den großen „Brettern" aus.

Möglicherweise entscheidend für den Kampf um die WM ist die jeweilige Philosophie der Techniker. Völlig neue Wege beschritt auf diesem Sektor McLaren. Erstmals hält die Truppe von Ron Dennis einige Trümpfe im Ärmel zurück, um bei Bedarf nachrüsten zu können. Schon seit Saisonbeginn setzt man

Adrian Newey gilt als Wegbereiter bei technischen Neuerungen. Er wird von vielen kopiert.

Die „Schornsteine" oberhalb der McLaren-Kühler erzeugen einen Unterdruck und saugen dadurch verstärkt heiße Luft aus dem Wageninneren.

Riesige Leitbleche à la McLaren verwendet Gustav Brunner für die 2000er Minardi-Konstruktion.

in Woking auf die neuartige Modulbauweise. Aber damit liegen die 2000er Karten noch nicht auf dem Tisch. Das neue Siebenganggetriebe soll schon bald in einer Kohlefaser-Gearbox eingesetzt werden, und durch einen Schaltmechanismus mit integrierten Schaltklauen soll das Einlegen der einzelnen Gänge noch schneller möglich sein.

Was die Motoren betrifft, sind die Grenzen des zur Zeit Machbaren erreicht. Leistungssteigerungen im Bereich von einem bis zu zwei Prozent gelten als Fabelwerte. Obwohl Gerüchte von Motoren mit einer Power von 850 PS kursieren, liegen die tatsächlichen Werte vermutlich unterhalb dieser Größenordnung. Doch die Ingenieure halten die wahren PS-Leistungen ihrer Motoren so geheim wie irgend möglich. Die winterlichen Modifikationen betrafen vielmehr das Gewicht, die Abmessungen und die Fahrbarkeit. Auch Mercedes, Ferrari und Honda folgen jetzt dem Trend, den Ford im Vorjahr kreiert hatte: Auf Laufbüchsen wird bei den Zylindern verzichtet. Das erhöht die Kosten enorm, der Motor wird zum Einwegartikel.

Um den Schwerpunkt abzusenken, arbeiten die Motoren-Ingenieure mit neuen – natürlich streng geheimen – Zylinderwinkeln. Jeder Millimeter, um den die Massen abgesenkt werden, zählt. So beträgt der Zylinderwinkel des Mugen-V10 72°. Dem neuen Honda, vorläufig exklusiv von BAR eingesetzt, wird ein Winkel von 80° nachgesagt. Der verantwortliche Ingenieur – Takefumi Hosaka – beantwortet jede Frage zu diesem Thema natürlich lediglich mit einem freundlichen Lächeln...

Die sehr komplexen Gesamtkonstruktionen verlangen auch nach einem optimalen Abfluss der Auspuffgase. Während einige Teams, wie Sauber, gerade erst auf die „MAN-Lösung" umgerüstet haben – im Lkw-Stil werden die Gase nach oben abgeleitet –, scheint McLaren schon wieder einen Schritt weiter zu sein: Die MP4-15 verfügen über ein untenliegendes Mono-Endrohr! Dieser letzte Schrei der Abgas-Aerodynamiker macht sich auch akustisch bemerkbar. Die Silberpfeile tönen wie die Trompeten von Jericho. Es bleibt abzuwarten, ob sie damit die Mauern der Ferrari-Festung zum Einsturz bringen.

COUNTDOWN VOR DEM START

Die wichtigste Frage eines jeden Grand-Prix-Wochenendes wird 30 Minuten vor dem Start geklärt. Und diese Frage lautet: Wer darf, wer darf nicht? Die Rede ist von der Startaufstellung, in der es kurz vor Rennbeginn zugeht wie in einem Ameisenhaufen.

Das ganze Wochenende über ist die streng abgeschirmte Welt des Fahrerlagers eine undurchschaubare Mixtur aus Insidern und Adabeis, aus Arbeitstieren und Müßiggängern, aus Wichtigen, ganz Wichtigen und Wichtigtuern, aus richtigen VIPs und Möchtegern-VIPchen. Keiner weiß exakt, wo die Trennungslinien verlaufen, wer zu welcher Gruppe gehört. Bis am Rennsonntag die Formel-1-Piloten Richtung Vorstart rollen. Jetzt endlich gibt es eine Antwort, zumal noch auf dem weltöffentlichen Präsentierteller frei Haus geliefert.

30 Minuten vor dem Start wird von der Rennleitung der Startplatz freigegeben. Für die 22 Starter. Und für eine bunte Mischung von Menschen, die jetzt wirklich arbeiten müssen und Leuten, die einfach nur im Wege stehen. Auf die Start- und Zielgerade dürfen nur die ausgesuchtesten Kartenträger. Die, die eine ganz spezielle Erlaubnis dafür haben. Wenn es heute schon schwer ist, eine Fahrerlagerkarte zu ergattern, dann ist die Grid-Erlaubnis erst der wahre Ritterschlag.

Promis müssen die Güteklasse eines Boris Becker haben, um jetzt vorgelassen zu werden. Nicht, dass der dort etwas zu suchen hätte, aber darum geht es gar nicht. Es geht ums Sehen und Gesehen werden. Denn nirgendwo kann man Kumpel Schumi vor garantiert mitlaufenden Kameras so jovial und pressewirksam einen Klaps auf den Helm geben, wie in den letzten Minuten vor dem Start.

Das denkt sich auch der versammelte Mercedes-Vorstand, wenn der in Bataillonsstärke die erste Reihe belagert – da wo ihr Mann Häkkinen meistens steht und wo es jetzt gilt, die silbergraue Flagge zu zeigen.

Pech hat natürlich DaimlerChrysler-Vorständler Jürgen Hubbert, wenn Flavio Briatore einherstolziert. Nicht, dass der Supertec-Chef irgend jemanden besonders interessieren würde, aber da der Pfau in letzter Zeit mehr oder weniger mit Naomi Campbell liiert ist, nutzt letztere die entscheidenden Minuten vor dem Start, um bei Flavio untergehakt ein klein wenig zu posen. Da schwenken die Fotoobjektive ruckartig weg von Häkkinen Richtung Naomi.

Fotografen nutzen diese wenigen Minuten, um in konzentrierter Form all die Leute zu schießen, von denen es am Montag heißen wird, dass sie auch da waren. Und nebenbei kann man noch nette Erinnerungsfotos von Konstrukteuren machen, die schein-

Hier verliert man leicht den Überblick: Eine halbe Stunde vor dem Start gleicht die Startaufstellung einem Ameisenhaufen. Musikkapelle, Journalist

Techniker checken nochmal alle Computersysteme, Ventilatoren blasen kalte Luft in die Kühler.

Die Piloten fahren mit alten Reifen zu ihrem Startplatz. Die Rennreifen werden in Heizdecken zur Startaufstellung gebracht und erst dort kurz vor der Formationsrunde montiert.

bar unauffällig durch die Startaufstellung schlendern, um endlich mal die Konkurrenz aus nächster Nähe studieren zu können.

Noch mehr Stress haben jetzt nur noch die Fernsehleute. Während die Kommentatoren bereits in ihren kleinen Ställen sitzen und sich warm reden, ist nun die Zeit der echten Frontschweine. Die dürfen keine Angst vor großen Tieren haben und stellen in den entscheidenden Minuten der Riesenanspannung die wichtigen Fragen des Wochenendes.

Für RTL ist der Mann ganz vorne Kai Ebel. Über den weiß Jordan-Pilot Frentzen: „Der Kai hat in diesem Moment eine unheimlich undankbare Aufgabe. Der muss Leute, die partout jetzt mit ihren Gedanken allein sein

Die Prominenz lässt es sich nicht nehmen, die Fahrer zu begrüßen. Innenminister Otto Schily nutzt am Nürburgring 1999 die Gelegenheit zu einem kurzen Plausch mit Ralf Schumacher.

ridgirls, Wichtige und Unwichtige – und dazwischen die Techniker, die ihren Job machen müssen.

VIPs beim Gridwalk: Becker und Westernhagen.

„Frontmann" Kai Ebel von RTL beim Interview mit Frentzen. Kurz vor dem Start ein harter Job.

Alesi (l.) betrachtet 1999 die Arbeit der Sauber-Techniker an seinem Auto. Jeder Handgriff sitzt.

Erschwerte Bedingungen bei Stewart: Damit niemand den Ford-Motor sieht, wird er abgedeckt.

wollen, vor die Kamera holen und dann zu Sachen befragen, die sie entweder nicht beantworten dürfen oder können. Fragen zum Beispiel nach der Boxenstrategie, nach der Reifenwahl, nach der Taktik. Ich verlege mich dann aufs Grinsen statt aufs Umdrehen und Weggehen, da ich Kai gut leiden kann und ich weiß, wie hart sein Job in diesen Minuten ist. Ich würde mich nicht trauen, mich unmittelbar vor dem Start anzureden…"

Jetzt noch schnell zu Michael Schumacher. Physiotherapeut Balbir Singh steht mit einem großen Sonnenschirm an Schumis Startplatz, doch Michael steht immer noch nicht auf seinem Startplatz.

Denn Schumi ist ein Meister der FIA-Regel 136, Absatz 2: Wer mehr als eine Erkundungsrunde von der Box Richtung Startaufstellung fahren will, muss vor der Startformation langsam Richtung Boxengasse abbiegen. So lassen sich schnell zwei, drei Zusatzrunden zum Kennenlernen von Strecke und Auto rausschinden. Doch aufgepasst: 15 Minuten vor dem Start ist Schluss damit. Wer zu diesem Zeitpunkt noch nicht auf der Strecke ist, muss als letzter aus der Boxengasse starten.

Das Startprozedere wird mit Schildern und mit akustischen Signalen angekündigt. Zehn Minuten, noch fünf, noch drei, dann eine, dann 15 Sekunden, bevor der Start zur Formationsrunde freigegeben wird.

Beim Zehn-Minuten-Signal müssen alle außer den Fahren, den Offiziellen, und der engsten Team-Crew das Startfeld verlassen

Nachtanken am Start erlaubt

haben. Kommt das Fünf-Minuten-Signal, müssen alle Räder aufgezogen sein. Bei wem das nicht der Fall ist, der wird zur Strafe in die letzte Reihe verbannt.

Ebenfalls bis zum Fünf-Minuten-Signal ist ein allerletztes Nachtanken erlaubt. Allerdings nur aus druckfreien Behältern mit maximal zwölf Litern Inhalt.

Das Gegenteil vom Tanken ist für die meisten Fahrer 14 bis 13 Minuten vor der Formation-Lap erledigt. Wie die Lemminge ziehen sie zu diesem Zeitpunkt weg von den Autos Richtung Fahrerlager. Wer meint, dass der Start wichtig ist, liegt falsch. Denn spätestens jetzt entscheidet sich die allerwichtigste Frage eines jeden Rennwochenendes: Wer zieht den Kürzeren? Mit anderen Worten, die Fahrer gehen noch mal pinkeln.

Deutschlands wohl berühmtester Wasser-Lasser ist Ferrari-Star Michael Schumacher, durch den das Last-Minute-Strullen erst bekannt wurde: „Ich hatte schon immer eine Sextaner-Blase. Aber es ist auch eine Sicherheitsfrage. Je voller die Blase, desto größer ist die Gefahr, dass sie bei einem schweren Unfall platzt." Fakt ist: vom offiziellen FIA-Driver-Meeting abgesehen, gibt es nirgendwo mehr Formel-1-Fahrer an einem Ort anzutreffen, als kurz vor dem Start auf der Fahrerlagertoilette.

Zum Fünf-Minuten-Signal müssen dann auch die engsten Helfer der Fahrer das Startfeld verlassen. Ralf Schumachers Mann Franz Tost, stets mit einem Ersatz-Helm bewaffnet, hat sein eigenes Timing: „In der Regel gehe ich bereits sechs Minuten bevor es losgeht."

Ganz anders Frentzens Physiotherapeut Andy Kos bei seinem Premiererennen 1999 in Melbourne. Keiner hatte ihm so richtig gesagt, wie der Ablauf ist. Und da Andy ein Treuer ist, blieb er.

Zum Ein-Minuten-Signal müssen die Motoren gestartet werden, danach müssen endgültig alle Mechaniker weg sein. Andy stand immer noch mit seinem Sonnenschirm da. Und Frentzen fing jetzt richtig an zu schwitzen. Reden konnte er bei dem Lärm mit Andy nicht. Zu heftig mit den Armen gestikulieren aber auch nicht, denn wer jetzt Armzeichen macht, deutet Startschwierigkeiten an, was mit der gelben Flagge geahndet wird.

Es ging aber noch mal alles gut. Denn da Andy nicht nur ein Treuer sondern auch ein Aufmerksamer ist, merkte er schnell, dass er plötzlich auf dem Startfeld der einzige ohne Auto war – also höchste Zeit zum Rückzug, bevor die grünen Lichter erleuchten. Denn das ist nun mal für alle das ultimative Zeichen, dass endlich die Formationsrunde freigegeben ist. Wer jetzt noch auf der Strecke ist, ist wichtiger als alle Beckers, Hubberts und Campbells zusammen. Zumindest für die nächsten 90 Minuten. Und erst recht für alle Motorsportfans.

Benetton-Fahrer Giancarlo Fisichella bespricht mit einem Renningenieur die letzten Details.

Geschafft: Alle Teammitglieder befinden sich hinter der Boxenmauer und warten auf das Erlöschen der roten Ampel, dem Zeichen für den Start.

RÜCKBLICK SAISON 1999

Die Fangemeinde erlebte 1999 eine verrückte 50. Formel-1-Saison. Das Team, das vor dem ersten Rennen den meisten Wirbel veranstaltete, landete am Ende ohne einen einzigen Punkt auf dem letzten Rang. Dabei war BAR angetreten, Rennen zu gewinnen. Der Zweikampf Michael Schumacher gegen Mika Häkkinen endete bereits in Silverstone, als sich der Kerpener ein Bein brach. Dafür mischte plötzlich Jordan-Pilot Heinz-Harald Frentzen im Titelkampf mit – neben Häkkinen und Eddie Irvine, der bei Ferrari durch Schumis Unfall zur Nummer eins aufstieg.

Das Duell des Jahres lautete ab Saisonmitte Eddie Irvine auf Ferrari gegen Mika Häkkinen im McLaren. Der Finne hatte am Ende die Nase vorn.

Die 50. Saison der Fahrer-Weltmeisterschaft wird als ein Rennjahr der großen Überraschungen in die Grand-Prix-Geschichte eingehen. 1999 war gespickt mit unvorhersehbaren Ereignissen und endete beinahe mit einer Jahrhundert-Sensation. Denn dass Eddie Irvine als Spitzenreiter des Zwischenklassements zum Finale nach Suzuka reisen würde, hatte vor Saisonbeginn garantiert niemand auf seiner Rechnung.

Vor dem Start in das Jubiläumsjahr stapelte McLaren-Boss Ron Dennis tief. Einen Tag vor Beginn des Trainings kündigte der Brite im Restaurant „The Stokehouse" – draußen im Melbourner Stadtteil St. Kilda – keine Großtaten an: „Unser neues Auto ist schnell, aber noch nicht zuverlässig. Während der Tests gelang es uns nicht, eine volle GP-Distanz ohne Pannen abzuspulen." Tatsächlich hatte der Rennstall von Titelverteidiger Mika Häkkinen ernsthaft überlegt, ob man nicht besser mit dem bewährten Vorjahres-Material antreten solle. Dieser Plan wurde jedoch zu den Akten gelegt. Dem unreifen MP4-14 blieb die Feuertaufe im Albert Park nicht erspart.

Und es passierte, was „Prophet" Dennis vorhergesagt hatte: Zunächst beherrschten die beiden Silberpfeil-Piloten Mika Häkkinen und David Coulthard das Qualifying. Ja, der neue McLaren war verdammt schnell. Anschließend führten sie das Rennen an. Aber noch vor „Halbzeit" strandete das Duo wegen technischer Probleme. Nein, zuverlässig waren die Flundern wirklich nicht.

Auch Michael Schumachers Ferrari F399 fehlte es noch an der notwendigen Haltbarkeit. Von Defekten gebeutelt, verlor der Kerpener eine Runde auf die Spitze und wurde als Achter und damit Letzter abgewinkt. Als Sieger ließ sich Schumis Teamkollege Eddie Irvine feiern. Der Nordire, gemäß australischer Zeitungsmeldungen so cool, dass er sogar beim Bungee-Springen einschläft, sicherte sich damit den ersten F1-Siegerpokal seiner Karriere. Kaum jemand erwartete, dass er seine Silbersammlung vor Einbruch des Winters wesentlich erweitern könnte…

Runde zwei des Championats im brasilianischen São Paulo sah den finnischen Titelverteidiger als Sieger. Aber auch dort mischte ein Außenseiter eindrucksvoll mit: Lokalmatador Rubens Barrichello führte das Rennen im Cockpit seines Stewart-Ford 23 Runden lang an. Ein explodierender Motor beendete die Show von „Rubinho" wenig später. Nicht nur der Brasilianer war anschließend enttäuscht. BAR-Supertec, das neue Team, erlebte in Interlagos ein rabenschwarzes Wochenende: Ricardo Zonta zog sich im Training schwere Fußverletzungen zu, die ihn bis in den Juni hinein außer Gefecht setzten. Und

Debakel für BAR

Erst Wut dann Verzweiflung: Nach seinem Fahrfehler in Monza war Mika Häkkinen total am Boden. HH Frentzen holte seinen zweiten Saisonsieg.

Nach Ferraris erstem Doppelsieg in Monaco feierte das Team ausgelassen den historischen Triumph. Durch den Erfolg war das Team mit Michael Schumacher eindeutig auf Titelkurs.

Star Jacques Villeneuve wurde wegen eines Regelverstoßes in die letzte Startreihe verbannt. Noch schlimmer konnte es BAR wohl kaum treffen. Mit dieser Frage konfrontiert, antwortete Boss Craig Pollock am Vorabend des Rennens: „Mal abwarten. Vielleicht legt Jacques ja beim Start versehentlich den Rückwärtsgang ein."

Nach dem São Paulo-Triumph wähnte sich McLaren-Mercedes auf der Siegerstraße. In Imola prahlte einer der Mercedes-Männer: „Wir könnten Nick Heidfeld ins Auto setzen und würden auch dann Michael Schumacher schlagen." Damit nahm er den Mund etwas zu voll. Schumi, der bisher nur sechs WM-Punkte heimfahren konnte, gewann den ersten der beiden Heim-GP von Ferrari.

Und der rote Trend setzte sich in Monaco fort: Michael Schumacher und Eddie Irvine landeten einen eindrucksvollen Doppelsieg. Voreilig drängte die Presse den Rheinländer daraufhin in die Rolle des Titel-Favoriten. Der Routinier winkte ab: „Die Saison ist noch lang. Niemand kann vorhersagen, wie sie enden wird."

In Barcelona änderte sich das Bild erneut. Die Silberpfeile antworteten auf den Ferrari-Doppelschlag von Monte Carlo ihrerseits mit einem Doppelsieg. Aber das Ergebnis spiegelte keineswegs ein neues Kräfteverhältnis wider. Ausgerechnet auf der spanischen „McLaren-Piste" hatte Schumi beste Karten. Wenn er sich dem Duo aus Woking trotzdem ge-

Das gefällt Formel-1-Guru Bernie Ecclestone: Trotz Michael Schumachers Verletzung blieb die Serie dank Ferraris Eddie Irvine spannend.

schlagen geben musste, dann lag das am Pech des Deutschen, der die entscheidenden Sekunden hinter Villeneuve verlor. Überholen ist auf der katalanischen Piste unmöglich. Trotz der Niederlage blickte Schumacher optimistisch in die Zukunft: „Jetzt kommen die Strecken, die uns liegen."

Dieser Ankündigung ließ der Deutsche in Montréal Taten folgen. Sicher hatte er seinen Rivalen Häkkinen im Griff, als er seinen roten Boliden in der Zieleingangskurve aus der Kontrolle verlor. Eine Betonmauer beendete die Fahrt des Ex-Champions. Ein kleiner Trost: Auch Jacques Villeneuve, Damon Hill und Ricardo Zonta – allesamt Weltmeister (der Brasilianer in der Sportwagenklasse) – tappten in dieselbe Falle. Während Häkkinen zehn WM-Punkte einstrich, formulierte Michael Schumacher seine Hoffnungen: „Jedes Jahr mache ich einen Fehler – hoffentlich ist das in dieser Saison auch so."

In Magny-Cours, wo Qualifying und Rennen durch starken Regen „gewürzt" wurden, ließ sich Schumi tatsächlich nichts zuschulden kommen. Aber die Bordelektronik seines aufgeweichten Ferrari spielte verrückt – mehr als Platz fünf war nicht erreichbar. Die technischen Probleme bedeuteten keineswegs „freie Fahrt" für Häkkinen. Der Finne wurde als Zweiter abgewinkt – hinter Überraschungssieger Heinz-Harald Frentzen. Der war außer sich vor Freude: „Mal sehen, es kommen noch einige Strecken, wo der Jordan sicherlich vorn mithalten kann."

14 Tage später endete das Duell Schumacher contra Häkkinen. In Silverstone versagten im Verlauf der Startrunde die Bremsen des Ferrari mit Startnummer drei. Den Aufprall gegen die Pistenbegrenzung bezahlte Pilot Schumacher mit einem Bruch des rechten Unterschenkels. Die fällige Zwangspause sollte erst in Malaysia enden.

Fans und Fachleute erwarteten anschließend einen Durchmarsch des McLaren-Finnen. Aber der fand im Sommer der Dramen keinen Rhythmus: Radverlust in Silverstone. Eine Karambolage mit dem eigenen Teamkollegen in Österreich. Ein geplatzter Reifen in Hockenheim. Während Häkkinen litt, triumphierte David Coulthard und anschließend zweimal Eddie Irvine. Schumachers „Stellvertreter" machte einen Bombenjob, auch wenn er in Hockenheim nur deshalb gewann, weil ihm Mika Salo, Ferraris neue Nummer drei, großzügig den Vortritt ließ.

Erst auf dem Hungaroring fasste Häkkinen wieder Tritt. Mit einem überraschend blassen Irvine hatte der Skandinavier leichtes

Verzicht auf Stallregie

Spiel. Der Ungarn-Sieg machte Ron Dennis & Co. übermütig. Um Widersacher Irvine zu blamieren, verzichtete das Silberpfeil-Management in Spa – gegen die Einwände von Mercedes-Sportchef Norbert Haug – auf Stallregie: DC durfte vor Häkkinen gewinnen. Der Finne war stocksauer. Hatte er mit der Unterstützung des Teamchefs gerechnet? Mit versteinerter Miene flüsterte er nach 15 Sekunden Bedenkzeit: „Die nächste Frage bitte."

In Monza antwortete Häkkinen auf die Niederlage in den Ardennen mit dem Gasfuß. Souverän fuhr er dem möglichen Sieg entgegen. Dann galt es, einen Schock zu verdauen. Wegen eines Schaltfehlers landete der Favorit im Aus. Während der Unglücksrabe von einem Weinkrampf geschüttelt in die Knie ging, ließ sich „HHF" nicht zweimal bitten, den Grand Prix von Italien überlegen heimzufahren.

Auf der GP-Piste des Nürburgrings schien der Monza-Sieger seine Leistung wiederholen zu können. Aber der Bordcomputer stellte eigenmächtig den Motor des gelben Spitzenreiters aus. Die Pannenursache konnte nie ermittelt werden. Merkwürdiges tat sich auch bei Ferrari: Als Irvine die Reifen wechseln lassen wollte, lagen nur drei neue Pneus bereit... Unberechenbares Wetter sorgte danach für ein „Überraschungs-Podium", auf dem sich Johnny Herbert, Jarno Trulli und Rubens Barrichello mit Champagner duschen durften. Es fehlte nicht viel und Ralf Schumacher hätte ganz oben gestanden, aber eine Schraube im rechten Hinterreifen ließ den Traum vom ersten Sieg wie eine Seifenblase platzen.

Mit genagelten Knochen meldete sich Michael Schumacher in Sepang wieder dienstfähig. Und das Comeback wurde zur Triumphfahrt. Mit spielerischer Leichtigkeit führte Schumi Regie und verhalf Irvine zu Saisonsieg Nummer vier. Doch dann wurde das rote Duo wegen illegaler Windabweiser disqualifiziert. Der deutsche F1-Heimkehrer zuckte mit den Schultern: „Das Team tut mir leid, aber solche Dinge passieren im Motorsport." Er konnte mit der Disqualifikation leben, denn er selbst will Ferrari den Fahrer-Titel schenken – im Jahr 2000. 145 Stunden nach Ende des Rennens legte die FIA den Rückwärtsgang ein und hob die Disqualifikation auf!

Suzuka musste die Antwort auf die Frage nach dem Champion ´99 bringen. Mit vier Punkten Vorsprung vor Häkkinen reiste Irvine nach Japan. Eine Sensation lag zum Greifen nah in der Luft. Aber am Tag der Entscheidung fuhr der Nordire ohne Mumm. Und Schumacher zeigte kein Interesse, dem Teamkollegen ein zweites Mal den Weg zu ebnen... Häkkinen siegte und verteidigte seinen Titel damit erfolgreich. Irvine schmollte und Schumi sprach von einem „gerechten Ausgang des Championats".

Nürburgring '99: Den spektakulärsten Unfall des Jahres überstand Sauber-Pilot Pedro Diniz nahezu unverletzt. Der Überrollbügel war abgerissen.

Überraschung in Magny-Cours: Dank perfekter Boxen-Strategie siegte Jordan-Mann Heinz-Harald Frentzen im spannendsten Rennen der Saison.

ENDSTAND FORMEL 1 WM 1999

Fahrerwertung

	Fahrer	Team	Australien	Brasilien	San Marino	Monaco	Spanien	Kanada	Frankreich	England	Österreich	Deutschland	Ungarn	Belgien	Italien	Europa	Malaysia	Japan	Endstand
1.	Mika Häkkinen (FIN)	McLaren-Mercedes	–	10	–	4	10	10	6	–	4	–	10	6	–	2	4	10	76
2.	Eddie Irvine (GB)	Ferrari	10	2	–	6	3	4	1	6	10	10	4	3	1	–	10	4	74
3.	Heinz-Harald Frentzen (D)	Jordan-Mugen-Honda	6	4	–	3	–	0	10	3	3	4	3	4	10	–	1	3	54
4.	David Coulthard (GB)	McLaren-Mercedes	–	–	6	–	6	0	–	10	6	2	6	10	2	–	–	–	48
5.	Michael Schumacher (D)	Ferrari	0	6	10	10	4	–	2	–	ng	ng	ng	ng	ng	ng	6	6	44
6.	Ralf Schumacher (D)	Williams-Supertec	4	3	–	–	2	3	3	4	–	3	0	2	6	3	–	2	35
7.	Rubens Barrichello (BR)	Stewart-Ford	2	–	4	0	dq	–	4	–	–	–	2	0	3	4	2	0	21
8.	Johnny Herbert (GB)	Stewart-Ford	–	–	–	–	–	2	–	0	0	0	0	–	–	10	3	0	15
9.	Giancarlo Fisichella (I)	Benetton-Supertec	3	–	2	2	0	6	–	0	0	–	–	0	–	–	0	0	13
10.	Mika Salo (FIN)	BAR-Supertec/Ferrari	ng	ng	0	–	0	ng	ng	ng	0	6	0	0	4	–	ng	ng	10
11.	Jarno Trulli (I)	Prost-Peugeot	–	–	–	0	1	–	0	0	0	–	0	0	–	6	–	–	7
12.	Damon Hill (GB)	Jordan-Mugen-Honda	–	–	3	–	0	–	–	2	0	–	1	1	0	–	–	–	7
13.	Alexander Wurz (A)	Benetton-Supertec	–	0	–	1	0	–	–	0	2	0	0	0	–	–	0	0	3
14.	Pedro Paulo Diniz (BR)	Sauber-Petronas	–	–	–	–	–	1	–	1	1	–	–	–	–	–	–	0	3
15.	Jean Alesi (F)	Sauber-Petronas	–	–	1	–	–	–	–	–	0	–	–	0	0	–	0	1	2
16.	Olivier Panis (F)	Prost-Peugeot	–	1	–	–	–	0	0	0	0	1	0	0	0	0	–	–	2
17.	Marc Gené (E)	Minardi-Ford	–	0	0	–	–	0	–	0	0	0	0	0	–	1	0	–	1
18.	Pedro de la Rosa (E)	Arrows	1	–	–	–	0	–	0	–	–	–	0	–	–	–	–	0	1
19.	Alessandro Zanardi (I)	Williams-Supertec	–	–	0	0	–	–	0	–	–	–	0	0	–	0	–	–	0
20.	Toranosuke Takagi (J)	Arrows	0	–	–	0	0	–	dq	–	–	–	–	0	0	0	–	–	0
21.	Jacques Villeneuve (CDN)	BAR-Supertec	–	–	–	–	–	–	–	–	–	–	–	0	0	0	–	0	0
22.	Ricardo Zonta (BR)	BAR-Supertec	–	–	ng	ng	ng	–	0	–	0	–	0	–	–	0	–	0	0
23.	Luca Badoer (I)	Minardi-Ford	–	ng	0	–	–	0	0	–	0	0	0	–	–	–	–	–	0
24.	Stéphane Sarrazin (F)	Minardi-Ford	ng	–	ng	ng	ng	ng	ng	ng	ng	ng	ng	ng	ng	ng	ng	ng	0

– = Ausfall/nicht gewertet; **0** = außerhalb der Punkte; **dq** = disqualifiziert; **ng** = nicht gestartet

Konstrukteurswertung

	Team	Australien	Brasilien	San Marino	Monaco	Spanien	Kanada	Frankreich	England	Österreich	Deutschland	Ungarn	Belgien	Italien	Europa	Malaysia	Japan	Endstand
1.	Ferrari	10	8	10	16	7	4	3	6	10	16	4	3	5	0	16	10	128
2.	McLaren-Mercedes	–	10	6	4	16	10	6	10	10	2	16	16	2	2	4	10	124
3.	Jordan-Mugen-Honda	6	4	3	3	0	0	10	5	3	4	4	5	10	–	1	3	61
4.	Stewart-Ford	2	–	4	0	–	2	4	0	0	0	2	0	3	14	5	0	36
5.	Williams-Supertec	4	3	0	0	2	3	3	4	–	3	0	2	6	3	0	2	35
6.	Benetton-Supertec	3	0	2	3	0	6	–	0	2	0	0	0	–	–	0	0	16
7.	Prost-Peugeot	–	1	–	0	1	0	0	0	0	1	0	0	0	6	–	1	9
8.	Sauber-Petronas	–	–	1	–	–	1	–	1	1	0	–	0	0	–	0	1	5
9.	Arrows	1	0	–	–	0	0	0	0	–	–	0	–	–	–	–	0	1
10.	Minardi-Ford	–	0	0	–	–	0	0	0	0	0	0	0	–	1	0	–	1
11.	BAR-Supertec	–	–	0	–	0	–	0	–	0	–	0	0	0	0	–	0	0

Das Punktesystem in der Formel 1: Der Sieger erhält 10 Punkte, der Zweite 6, der Dritte 4, der Vierte 3, der Fünfte 2, der Sechste 1. Die Teams erhalten die Zähler beider Fahrer gutgeschrieben.

Willkommen in Australien. Die sechs jungen Damen von Hauptsponsor Qantas, der australischen Airline, empfangen Besucher mit offenen Armen.

1. Lauf — 12. März 2000

Startaufstellung

Mika Häkkinen (FIN)
McLaren-Mercedes
1.30,556 Min.

David Coulthard (GB)
Mc-Laren-Mercedes
1.30,910 Min.

Michael Schumacher (D)
Ferrari
1.31,076 Min.

Rubens Barrichello (BR)
Ferrari
1.31,102 Min.

Heinz-Harald Frentzen (D)
Jordan-Mugen-Honda
1.31,359 Min.

Jarno Trulli (I)
Jordan-Mugen-Honda
1.31,504 Min.

Eddie Irvine (GB)
Jaguar
1.31,514 Min.

Johnny Herbert (GB)
Jaguar
1.33,638 Min.

Ralf Schumacher (D)
Williams-BMW
1.32,220 Min.

Jenson Button (GB)
Williams-BMW
1.33,828 Min.

Giancarlo Fisichella (I)
Benetton-Playlife
1.31,992 Min.

Alexander Wurz (A)
Benetton-Playlife
1.32,776 Min.

Nick Heidfeld (D)
Prost-Peugeot
1.33,024 Min.

Jean Alesi (F)
Prost-Peugeot
1.33,197 Min.

Mika Salo (FIN)
Sauber-Petronas
1.32,018 Min.

Pedro Diniz (BR)
Sauber-Petronas
1.33,378 Min.

Jos Verstappen (NL)
Arrows
1.32,477 Min.

Pedro de la Rosa (E)
Arrows
1.32,323 Min.

Gastón Mazzacane (ARG)
Minardi-Ford
1.34,705 Min.

Marc Gené (E)
Minardi-Ford
1.33,261 Min.

Ricardo Zonta (BR)
BAR-Honda
1.33,117 Min.

Jacques Villeneuve (CDN)
BAR-Honda
1.31,968 Min.

GROSSER PREIS VON AUSTRALIEN

Gewohntes Bild zum Saisonstart in Melbourne: Das McLaren-Duo Häkkinen/Coulthard bildet die erste Reihe, dahinter die beiden Ferrari von Schumacher und Barrichello. Als dritte Kraft etabliert sich erneut die Jordan-Truppe. Doch während sowohl silber als auch gelb auf der Strecke bleibt, feiern die Roten „down under" einen umjubelten Doppelsieg.

1. Lauf

12. März 2000

GROSSER PREIS VON AUSTRALIEN

Melbourne

Das Warten hat ein Ende, die Formel-1-freie Zeit ist vorbei. Nach vielen tausend Testkilometern der Teams zählt ab sofort nur die Performance auf der Rennstrecke. Die Favoritenrollen sind an McLaren und Ferrari vergeben. Dahinter kämpft ein dicht gedrängtes Feld um den Platz, den Jordan 1999 so bravourös erobert hat und 2000 natürlich verteidigen will. Die meisten Rennställe haben die Etats noch einmal zum Teil kräftig aufgestockt. Erfolg um jeden Preis, denn nur der Erfolg zählt.

Die Formel 1 kann schon mal einen gewissen hintergründigen Humor haben. Da wird den ganzen Winter über wie verrückt investiert, konstruiert, getestet und verfeinert, bis endlich der sehnsüchtig erwartete Saisonauftakt kommt und dann sieht alles aus wie immer. Nach 60 Minuten Abschlusstraining liest sich die Startaufstellung wie eine gelungene Mischung der vorjährigen Fahrer- und Konstrukteurswertungen. In Melbourne steht Weltmeister Mika Häkkinen auf der Pole, Teamkollege David Coulthard komplettiert die erste Reihe. Hinter den beiden teilen sich einträchtig die beiden Ferrari-Stars Michael Schumacher und Rubens Barrichello Startreihe zwei. Und in der dritten Reihe steht der WM-Dritte Heinz-Harald Frentzen vor seinem neuen Teamkollegen Jarno Trulli.

Es ist Frentzen zu verdanken, dass er beim Start zumindest etwas Bewegung in das strikte silber-rot-gelbe Farbschema bringt. Der Mönchengladbacher kommt so gut in die Gänge, dass er Barrichello einsacken kann und sich sogar neben Landsmann Schumacher zu setzen weiß. Der allerdings macht mit ein, zwei Zackbewegungen klar, dass jetzt Schluss ist mit Vorfahren.

Ganz vorne hat Häkkinen die teamübliche Reihenfolge betont. Im Klartext bedeutet das: Häkkinen vor Coulthard. Hinter den beiden nun also Schumacher und Frentzen, dann, gefolgt von Trulli, Rubens Barrichello. Dem Brasilianer schwant, dass er heute viel Arbeit bekommen wird. „Es war ein Jammer, dass mein Start nicht besser war. So steckte ich hinter Frentzen fest und das auf einem Kurs, auf dem man so gut wie nicht überholen kann. Obwohl ich mindestens eineinhalb Sekunden schneller hätte fahren können."

Das Rennen ist noch keine sieben Runden alt, da ist das erste Team-Drama komplett. Nachdem Jaguar-Fahrer Johnny Herbert bereits in der ersten Runde mit Kupplungsschaden ausrollte – „Das war das schlimmste Wochenende meiner Karriere." – wird Teamkollege Eddie Irvine in der siebten Runde jäh aus dem Rennen gerissen. Arrows Pilot Pedro de la Rosa kracht in die Planken: „Die Lenkung brach ohne jegliche Vorwarnung." Irvine fährt erste Reihe Mitte: „Ich lag unmittelbar hinter Pedro, als der in die Mauer abbog. Ich bekam einen Riesenschreck und ging vom Gas, was in einem Dreher endete." Irvines Motor stirbt dabei ab – das war es.

Zwei Jaguar weniger und drei Mercedes in Front. Denn um de la Rosas Arrows-Reste besser entsorgen zu können, wird das Mercedes-Safety-Car mit Bernd Mayländer am Steuer an die Front geschickt. Es ist dies der letzte große Auftritt der Stuttgarter, denn nur eine Runde nach Beendigung der Safety-Car-Phase, in der elften Runde, beginnt das Silberpfeil-Drama. Der zweitplatzierte David Coulthard kommt leicht qualmend an die Box. Wenig später fährt der Schotte zwar wieder raus, doch das ist nicht mehr als der Versuch, dem Unausweichlichen doch noch ein Schnippchen zu schlagen.

Denn obwohl die erste Startreihe zu diesem Rennen so wunderbar silberfarben aussah, wusste man bei der McLaren-Mercedes-Führung, dass dieses Rennen nicht zu gewinnen ist. Nicht umsonst war während des freien Trainings am Samstagmorgen bei beiden McLaren-Fahrern der Motor gewechselt worden. Die Zeit, die man zum Wechsel benötigte – simultane 42 Minuten – war Spitze, der Anlass zu diesem Wechsel war eine Katastrophe.

Aus für die Silberpfeile

Ein Materialdefekt im Bereich der pneumatischen Ventilsteuerung machte krass klar, dass man einen Schwung schlechter Motoren eingepackt hatte. Deswegen kommt nun DCs Ausfall nicht überraschend. Ebensowenig wie der von Häkkinen in der 19. Runde. Aus die Maus, der Traum vom Silberpfeil-Sieg ist ausgeträumt, es führt Ferrari-Star Michael Schumacher mit souveränen 16,5 Sekunden vor

In den Trainings bahnt sich für das Prost-Team ein Debakel an – Ausfälle en masse. Immerhin kommt Neuling Nick Heidfeld ins Ziel, Alesi fällt aus.

seinem Landsmann Heinz-Harald Frentzen, dem Barrichello folgt. Eng wie ein Schatten, mehr aber auch nicht.

Man könnte sagen, dass die Luft raus ist aus dem Rennen. Dankbar registrieren die Fans deswegen kleine Einlagen, wie zum Beispiel die von Grand-Prix-Neuling Nick Heidfeld, der zuerst jede Menge Probleme mit dem Prost AP03 hat und in deren Folge einen völlig chaotischen Boxenstopp einlegt. „Beim Start hat das Getriebe gesponnen und einfach „Neutral" eingelegt. Dann gab es Schwierigkeiten mit den Bremsen. Die wurden so stark, dass ich an die Box musste. Leider konnte ich dem Team diesen Stopp nicht ankündigen, weil der Funk ausgefallen war. Was ich allerdings nicht merken konnte – im Gegensatz zum völligen Ausfall der Cockpitanzeigen."

Wegen des Funk-Problems hatte bei Prost keiner gewusst, dass Heidfeld zum Stopp reinkommt. Nicht nur, dass keine Reifen bereit lagen, es war überhaupt nichts bereit. Auch stand keiner da, der Nick im Getümmel anzeigte, wo überhaupt die Prost-Box anzusteuern sei. „Als ich die Benetton-Box sah, dachte ich upps, jetzt bist du gleich zu weit gefahren."

Über 111 Sekunden dauerte der völlig verpfuschte Boxenstopp – dafür kann der Mönchengladbacher jedoch sein erstes Formel-1-Rennen – wenn auch als letzter – so doch immerhin beenden.

Jubel im Schumacher-Lager: Michael siegt erstmals in Australien, Bruder Ralf wird Dritter.

Fußmarsch: frühes Aus für Champ Häkkinen.

Das hätte sich auch der andere Mönchengladbacher im Formel-1-Feld gewünscht. Zumal für den dann ein zweiter Platz drin gewesen wäre. Heinz-Harald Frentzen hält den drängelnden Barrichello hoch konzentriert hinter sich und bietet nicht den kleinsten Fehler als Überholmöglichkeit an. Als der führende Schumi in der 30. Runde zum Spritfassen Richtung Ferrari-Box steuert, führt HH sogar. Zwei Runden später ist Frentzens Schatten Rubens mit Tanken dran. Der im Vergleich zu Schumi 3,2 Sekunden kürzere Stopp signalisiert, dass man bei Ferrari auf eine Zwei-Stopp-Strategie gewechselt hat. Barrichello kommentiert später: „Ich stand ständig mit Ross im Kontakt. Von ihm heißt es ja immer, er sei der Strategie-Meister. Jetzt weiß ich, dass er es wirklich ist."

Die Ross Brawn-Idee ist klar: Barrichellos kurzer Stopp soll ein Überholmanöver bewirken, wenn Frentzen zum längeren Halt seiner Ein-Stopp-Strategie einkehrt. Dann hat Barrichello endlich freie Fahrt, die um so schneller sein wird, weil Barrichello dann ja auch noch mit einem sehr leichten Auto unterwegs sein wird. All das müsste reichen, um auch nach einem zweiten Stopp noch vor Frentzen zu bleiben.

Viele Beobachter verstehen diesen Schachzug nicht ganz und sehen ihn als erstes Indiz dafür, dass man Barrichello bewusst mit einem zweiten Stopp gegen Teamkollege Schumacher einbremsen will. Ron Dennis spricht gar vom „offensichtlichen Opferlamm".

Umso bedauerlicher ist, dass es unüberprüfbar bleibt, ob dieser Strategiewechsel tatsächlich als Frentzen-Konter tauglich ist.

Gerhard Berger, Dr. Mario Theißen und Patrick Head (v. l.) sind vor dem Rennen noch skeptisch.

Jordan unzuverlässig

Der nutzt erst einmal die wenigen Runden vor seinem Stopp und gibt richtig Gas. In dieser Phase ist er über zwei Sekunden schneller als Teamkollege Jarno Trulli, der bis zu seinem Motorendefekt Rang drei behauptet.

Klar ist, die Jordan sind schnell, klar wird aber auch, dass sie nicht zuverlässig sind. Denn auch Frentzen erwischt es knüppeldick: „Dass der Boxenstopp wegen eines nicht richtig aufgesetzten Tankstutzens nicht klappte, spielte letztendlich keine Rolle, weil unmittelbar nach dem Stopp ein Hydraulik-Leck für den Ausfall des Getriebes sorgte. Ein Jammer, denn ich glaube, dass ich Rubens hätte hinter mir halten können."

Schumacher führt vor Barrichello, der jetzt mit Riesenschritten Zeit auf den Führenden gut macht. In sechs Runden verkürzt der Brasilianer von 15,3 Sekunden auf nur noch eine. Was viele entweder für sich anbahnende Schumi-Probleme oder gar für eine faustdicke Sensation halten, ist aber nichts anderes als der Ausdruck verschiedener Strategien. Folgerichtig lässt sich Schumacher auch ohne Gegenwehr überholen: „Ich wusste ja, dass wir unterschiedlich schwer unterwegs sind und dass Rubens noch mal an die Box muss. Da schone ich doch lieber mein Auto."

Das Auto „schonen" war in diesem Rennen eines von Schumachers Hauptanliegen. An die Anfangsphase erinnert er sich: „Ich konnte Mika locker folgen, obwohl ich in erster Linie Sprit und Reifen sparen wollte. Ich wollte unbedingt das Auto schonen." Sätze, die McLaren-Chef Ron Dennis vor Wut schnauben lassen: „Bis zu dem Zeitpunkt, als wir die Probleme bekamen, ging es auch bei uns nur darum, Benzin zu sparen und zurückzustecken. Und trotzdem haben wir die Führung ausgebaut. Es lag alles in unserer Hand. Wenn nun Schumacher sagt, dass er hinter uns nur auf unseren Ausfall gewartet habe, ist das lächerlich. Will er damit tatsächlich sagen, er ließe sich freiwillig zurückfallen, um damit die Sache für sich schwerer zu machen? Das nehm ich ihm nicht ab. Was Schumacher da sagt ist nichts anderes als kompletter Bullshit." Schumacher allerdings strotzt vor Selbstbewusstsein: „Es ist schade, dass die beiden McLaren bereits so früh ausgefallen sind. Ich wäre gerne mit ihnen zu Ende gefahren, um ihnen zeigen zu können, wie schnell unser Auto ist."

Ron Dennis wütend

Mit solchen Worten wird sich Michael Schumacher nicht allzu viele Freunde machen. Umso besser für ihn, dass das Siegertreppchen fest in seiner Hand war. Denn neben Teamkollege Rubens steht da auch noch Bruder Ralf – und das ist wirklich eine faustdicke Sensation. Nach mehr als mäßigen Wintertests mit nicht einer einzigen durchgefahrenen Renndistanz als Vorbereitung kommt die neue BMW-Williams-Ehe nach Australien und stapelt demzufolge tief. BMW-Motorsportdirektor Gerhard Berger: „Wenn wir ankommen, sind wir hochzufrieden." Tatsächlich ist die BMW-Premiere – ähnlich wie das Honda-Debüt, das beide BAR Piloten im Ziele auf Platz vier und sechs sieht – ein großer Erfolg. Debütant Jenson Button fährt ein tolles Rennen und liegt, als er erst kurz vor Schluss wegen eines Motorschadens ausfällt, in den Punkten. Und Ralf schafft es tatsächlich aufs Treppchen. Wofür er sich bei der BMW-Direktion fast entschuldigt: „Ich schwöre, ich habe nichts riskiert und bin wirklich langsam gefahren."

Großer Preis von Australien in Melbourne

Distanz: 58 Runden à 5,303 km (307,574 km)
Rundenrekord (1997): Heinz-Harald Frentzen (D), Williams-Renault, in 1.30,585 Min. (210,71 km/h)
Schnellste Runde 2000: Rubens Barrichello (BR), Ferrari, in 1.31,481 Min. (208,685 km/h)
Schnitt des Siegers 2000: 196,254 km/h
Wetter: sonnig, heiß. **Zuschauer:** 124.300

Rennergebnis:

1. Michael Schumacher (D)	Ferrari	1:34.01,987 h
2. Rubens Barrichello (BR)	Ferrari	- 11,415 s
3. Ralf Schumacher (D)	Williams-BMW	- 20,009 s
4. Jacques Villeneuve (CDN)	BAR-Honda	- 44,447 s
5. Giancarlo Fisichella (I)	Benetton-Playlife	- 45,165 s
6. Ricardo Zonta (BR)	BAR-Honda	- 46,468 s
7. Alexander Wurz (A)	Benetton-Playlife	- 46,915 s
8. Marc Gené (E)	Minardi-Ford	- 1 Runde
9. Nick Heidfeld (D)	Prost-Peugeot	- 2 Runden

Mika Salo als Sechster im Ziel, später aber wegen Unregelmäßigkeiten am Frontflügel disqualifiziert.

Ausfälle:

Button (46. Runde, Motor), Diniz (41., Getriebe), Mazzacane (40., Getriebe), Frentzen (39., Hydraulik), Trulli (35., Motor), Alesi (27., Hydraulik), Häkkinen (18., defekte Ventil-Pneumatik), Verstappen (16., Lenkdefekt, Aufgabe), Coulthard (11., defekte Ventil-Pneumatik), de la Rosa (6., Lenkdefekt, Unfall), Irvine (6., Unfall), Herbert (1. Kupplung)

WM-Stand nach 1 Rennen:

1. Michael Schumacher (10 Punkte), 2. Rubens Barrichello (6), 3. Ralf Schumacher (4), 4. Jacques Villeneuve (3), 5. Giancarlo Fisichella (2), 6. Ricardo Zonta (1)

Konstrukteurs WM nach 1 Rennen:

1. Ferrari (16 Punkte), 2. Williams-BMW (4), 3. BAR-Honda (4), 4. Benetton-Playlife (2)

So kamen sie 1999 ins Ziel

1. Lauf – 7. März 1999. Wetter: sonnig, warm. 120.000 Zuschauer
1. Startreihe: Mika Häkkinen (Pole), David Coulthard

Pl. Fahrer	Team	Zeit/Rückstand
1. Eddie Irvine (GB)	Ferrari	1:35.01,659 h
2. Heinz-Harald Frentzen (D)	Jordan-Mugen-Honda	1,026 s
3. Ralf Schumacher (D)	Williams-Supertec	7,012 s
4. Giancarlo Fisichella (I)	Benetton-Playlife	33,418 s
5. Rubens Barrichello (BR)	Stewart-Ford	54,697 s
6. Pedro de la Rosa (E)	Arrows	1.24,316 m

Nach dem ersten Grand Prix des Jahres haben wir dieses Buch abgeschlossen. Auf den folgenden Seiten stelllen wir Ihnen die weiteren Rennstrecken vor – mit Tabellen zum Selbsteintragen der Ergebnisse.

Pech für Frentzen: Nach starker Fahrt muss er seinen defekten Jordan vorzeitig im Gras parken.

2. Lauf 26. März 2000

GROSSER PREIS VON BRASILIEN

AUTODROMO CARLOS PACE, SÃO PAULO

Distanz: 71 Runden à 4,309 km (305,939 km)
Rundenrekord (1997): Jacques Villeneuve (CDN), Williams-Renault, in 1.18,397 Min. (197,089 km/h)
Schnellste Runde 1999: Mika Häkkinen (FIN), McLaren-Mercedes, in 1.18,448 Min. (196,961 km/h)
Schnitt des Siegers 1999: 192,994 km/h

2. Lau f 26. März 2000

GROSSER PREIS VON BRASILIEN

São Paulo

Lokalmatador Rubens Barrichello verzückte 1999 die brasilianischen Fans, als er die Führung übernahm. Doch der Stewart-Pilot fiel nach einem Motorschaden aus. So konnte Mika Häkkinen nach anfänglichen Problemen seinen ersten Saisonsieg sicherstellen. Michael Schumacher holte wie sein finnischer Rivale in São Paulo die ersten WM-Zähler der Saison.

RTL

SENDEZEITEN

SAMSTAG, 25. MÄRZ
16.45 Uhr Zeittraining

SONNTAG, 26. MÄRZ
14.15 Uhr Warm Up
17.45 Uhr Countdown
19.00 Uhr Das Rennen
20.45 Uhr Highlights

Rückblick 1999

2. Lauf – 11. April 1999
Wetter: heiter, warm, windig. 60.000 Zuschauer
1. Startreihe: Mika Häkkinen (Pole), David Coulthard

Pl. Fahrer	Team	Zeit/Rückstand
1. Mika Häkkinen (FIN)	McLaren-Mercedes	1:36.03,785 h
2. Michael Schumacher (D)	Ferrari	4,925 s
3. Heinz-Harald Frentzen (D)	Jordan-Mugen-Honda	1 Runde
4. Ralf Schumacher (D)	Williams-Supertec	1 Runde
5. Eddie Irvine (GB)	Ferrari	1 Runde
6. Olivier Panis (F)	Prost-Peugeot	1 Runde

Die letzten fünf Sieger

1999 Mika Häkkinen (FIN)	McLaren-Mercedes
1998 Mika Häkkinen (FIN)	McLaren-Mercedes
1997 Jacques Villeneuve (CDN)	Williams-Renault
1996 Damon Hill (GB)	Williams-Renault
1995 Michael Schumacher (D)	Benetton-Renault

Die Eröffnungsphase der Saison stellt selbst die großen Teams vor einen Härtetest. Nur zwölf Tage nachdem in Melbourne die schwarzweiß-karierte Flagge geschwenkt wurde, drehen die Piloten bereits in São Paulo die ersten Trainingsrunden. Nicht nur auf den Pisten ist der GP-Sport ein Wettlauf gegen die Uhr…

Das Layout der Rennstrecke von Interlagos wirkt auf den ersten Blick unscheinbar. Doch dieser Circuit hat seine Tücken. Der „Linkskurs" – gegen den Uhrzeigersinn befahren – verlangt den Piloten alles ab. Die Nackenmuskeln werden in ungewohnter Weise strapaziert. Zwei Faktoren erschweren den Job im Cockpit noch darüber hinaus: Der Asphalt ist äußerst wellig und wird im Inneren der kaum gefederten Kohlefaserröhren zum „Waschbrett". Dazu kommen meist subtropische Temperaturen – die 71 Runden werden für jeden Fahrer zur Schwerstarbeit.

Aus Sicht der Fahrer haben die Kurven „Senna S" und „Juncao" Schlüsselstellen-

Charakter. Der Ausgang muss jeweils optimal erwischt werden, um genügend „Anlauf" für die folgenden schnellen Streckenabschnitte zu haben. Wegen dieser flat-out-Passagen und der winkligen Kurven ist gleichermaßen Mut und stilistisches Können gefordert.

Grundsätzlich fällt es den Ingenieuren nicht leicht, in Abstimmung mit den Fahrern das ideale Set-up auszutüfteln. Das gilt, wegen der unebenen Piste, für den Bereich Federn und Dämpfer und, aufgrund der unterschiedlichen Kurvenradien, für die Aerodynamik. Erfahrungsgemäß leiden die Boliden in Brasilien an Untersteuern sowie Grip- und Traktionsproblemen.

Solange die FIA keine entscheidenden Änderungen des technischen Reglements beschließt, bleibt das Überholen auf dem Autodromo José Carlos Pace recht schwierig. Überraschungsattacken sind allerdings am Ende der Start-und-Ziel-Geraden und vor der Linkskurve „Subida do Lago" möglich.

Tipps für Fans

São Paulo zählt nicht zu den Hochburgen des Tourismus. Das riesige Meer grauer Hochhäuser ist eine Business-Metropole, deren Einwohnerzahl mit 17 Millionen der Bevölkerung von Nordrhein-Westfalen entspricht! Die Rennstrecke liegt im Südwesten des Molochs. Wer weite Wege scheut, sollte ein Hotel in Interlagos oder Morumbi – in diesem Stadtteil liegt das Grab des legendären Ayrton Senna – wählen. Downtown-Pendler sollten Fahrtzeiten von mehr als zwei Stunden für den einfachen Weg einkalkulieren.

Stehplätze gibt es nicht. Was die Wahl einer guten Tribüne betrifft, steht Start-und-Ziel bei den Fans hoch im Kurs. Ideal sind die Außenblöcke zu Beginn der Geraden und an deren Ende, wo eingangs von „Senna S" auf der Bremse schon so manches Duell entschieden wurde.

Für die Einreise deutscher Schlachtenbummler ist nur der Reisepass, kein Visum, erforderlich. DM können meist nur bei Banken und großen Hotels in die Landeswährung Real umgetauscht werden, US-Dollars überall. Anders als Rio de Janeiro ist die Stadt frei von Gangstern, die sich auf Touristen spezialisiert haben. Wegen der üblichen Großstadtkriminalität sollte allerdings darauf verzichtet werden, den Familienschmuck anzulegen...

Kartenverkauf

Autodromo José Carlos Pace
Avenida Senador Teotonio Vilelia 259
São Paulo
Brasilien
Ticket-Hotline
Tel. 0055-11-32666464
Internet: www.gpbrasil.com.br

Preise

ca. 80,– bis 570,– DM
1 Real = ca. 1,10 DM

Rennreport zum Ausfüllen

Startaufstellung Top sechs

Pole ______ 2. ______
3. ______ 4. ______
5. ______ 6. ______

Pole-Zeit _.__,___ Min.

Wetter

Training

☐ ☐ ☐ ☐

Rennen

☐ ☐ ☐ ☐

Zieleinlauf

Pl.	Fahrer	Punkte
1.		10
2.		6
3.		4
4.		3
5.		2
6.		1
7.		
8.		
9.		
10.		
11.		
12.		
13.		
14.		
15.		

Fahrer-WM nach 2 Läufen

Pl.	Fahrer	Punkte
1.	M. Schumi	20
2.		
3.		
4.		
5.		
6.		
7.		
8.		
9.		
10.		
11.		
12.		
13.		
14.		
15.		

Ausfälle und Notizen

Konstrukteurs-WM nach 2 Läufen

Pl.	Team	Punkte
1.		
2.		
3.		
4.		
5.		
6.		
7.		
8.		

3. Lauf — 9. April 2000

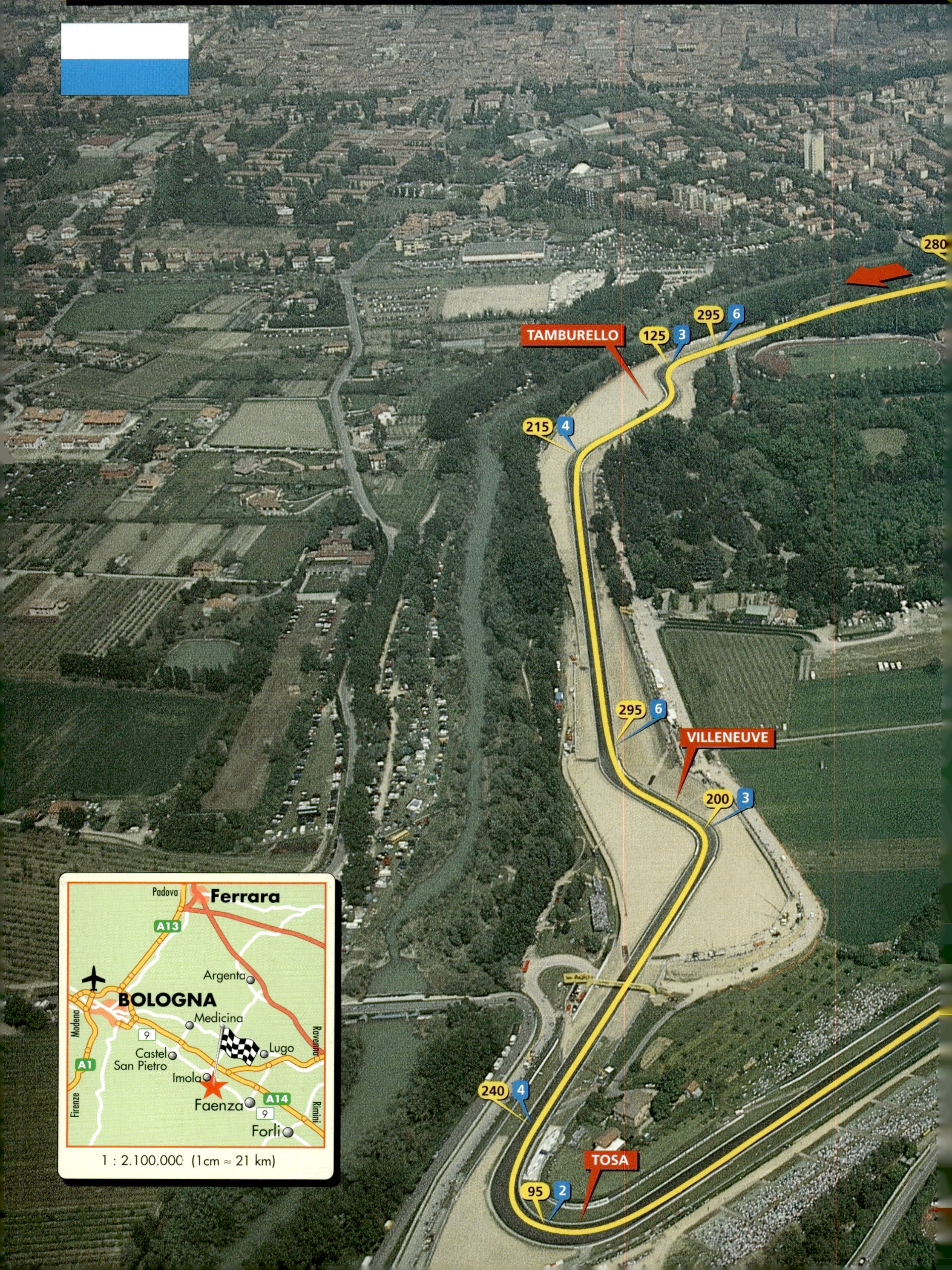

GROSSER PREIS VON SAN MARINO

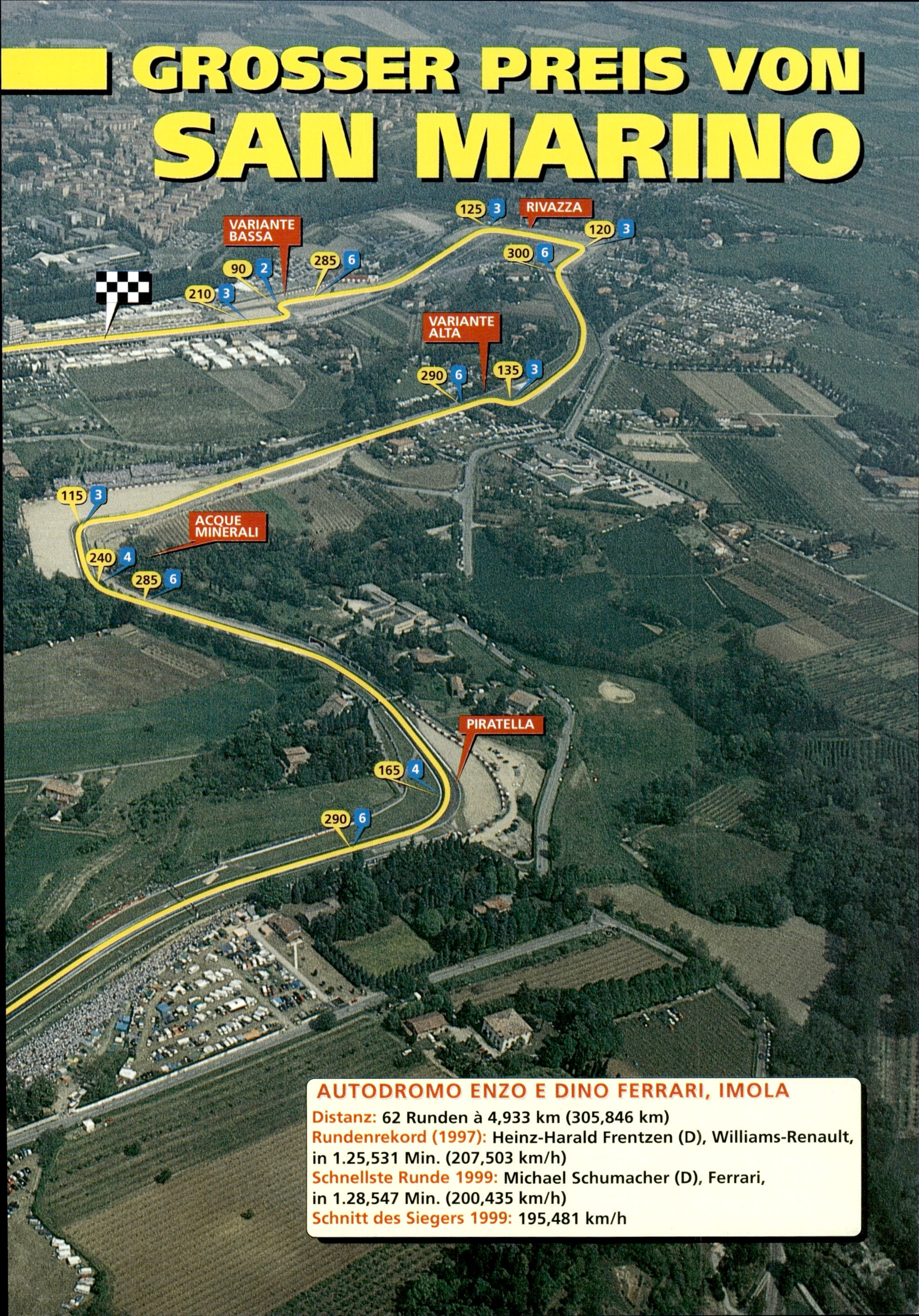

AUTODROMO ENZO E DINO FERRARI, IMOLA

Distanz: 62 Runden à 4,933 km (305,846 km)
Rundenrekord (1997): Heinz-Harald Frentzen (D), Williams-Renault, in 1.25,531 Min. (207,503 km/h)
Schnellste Runde 1999: Michael Schumacher (D), Ferrari, in 1.28,547 Min. (200,435 km/h)
Schnitt des Siegers 1999: 195,481 km/h

3. Lauf

9. April 2000

GROSSER PREIS VON SAN MARINO

Imola

McLaren-Pilot Mika Häkkinen fiel 1999 durch einen Fahrfehler aus und machte den Weg frei für einen umjubelten Sieg von Michael Schumacher.

Die Formel 1 tritt im Autodromo Enzo e Dino Ferrari an. Das bedeutet: Europa-Auftakt der Saison, Heim-Grand-Prix für Ferrari und auch Gedenken an Ayrton Senna, der hier vor sechs Jahren sein Leben ließ.

Aufgrund zahlreicher Brems-Schikanen hat der Kurs am südlichen Rand der Po-Ebene seinen ursprünglich flüssigen Charakter längst verloren. Stop-and-Go heißt die Devise. Die Folgen der Umbauarbeiten stellen die Ingenieure vor neue Aufgaben. Weil die Anzahl der Kurven zugenommen hat, wird deutlich mehr Wert auf Abtrieb gelegt als früher. Die Schikanen mit ihren schnellen Richtungswechseln erfordern darüber hinaus perfekt ausbalancierte Boliden. Was den Motor betrifft, so ist das Ansprechverhalten – beim Beschleunigen aus den langsamen Ecken – wichtiger als ein paar zusätzliche PS. Wie zuvor schon in Interlagos wird gegen den Uhrzeigersinn gefahren.

Als besonders anspruchsvoll stufen nahezu alle Piloten die Linkskurve „Piratella", die relativ schnelle Schikane „Variante Alta" und den unangenehm welligen Eingang der „Rivazza", die bergab mit einer Geschwindigkeit von mehr als 300 km/h angefahren wird, ein.

Überholen ist auch in Imola ausgesprochen schwierig. Sogar das Überrunden von Nachzüglern ist nicht einfach – David Coulthard bekam das erst im Vorjahr zu spüren... In Zweikampf-Situationen sollten aber auf jeden Fall im Cockpit des Vordermannes die Alarmglocken läuten: Mit der Brechstange und etwas Glück lassen sich auf dieser Piste Positionswechsel erzwingen.

RTL

SENDEZEITEN

SAMSTAG, 8. APRIL
12.45 Uhr Zeittraining

SONNTAG, 9. APRIL
9.15 Uhr Warm Up
13.00 Uhr Countdown
14.00 Uhr Das Rennen
15.45 Uhr Highlights

Rückblick 1999

3. Lauf – 2. Mai 1999
Wetter: sonnig und warm. 90.000 Zuschauer
1. Startreihe: Mika Häkkinen (Pole), David Coulthard

Pl. Fahrer	Team	Zeit/Rückstand
1. Michael Schumacher (D)	Ferrari	1:33.44,792 h
2. David Coulthard (GB)	McLaren-Mercedes	4,265 s
3. Rubens Barrichello (BR)	Stewart-Ford	1 Runde
4. Damon Hill (GB)	Jordan-Mugen-Honda	1 Runde
5. Giancarlo Fisichella (I)	Benetton-Playlife	1 Runde
6. Jean Alesi (F)	Sauber-Petronas	1 Runde

Die letzten fünf Sieger

1999 Michael Schumacher (D)	Ferrari
1998 David Coulthard (GB)	McLaren-Mercedes
1997 Heinz-Harald Frentzen (D)	Williams-Renault
1996 Damon Hill (GB)	Williams-Renault
1995 Damon Hill (GB)	Williams-Renault

Tipps für Fans

Wer nach Imola reist, der schlägt mehrere Fliegen mit einer Klappe: Zur Adria ist es nicht allzu weit. In Ravenna kommen, dank der weltberühmten byzantinischen Mosaike, selbst anspruchsvollste Kunstliebhaber auf ihre Kosten. Und der Gran Premio verspricht in Ferrari-Land ohnehin eine einzigartige Atmosphäre. Traditionell sind die Tribünen recht früh ausverkauft. Spätestens wenn Ferrari in São Paulo vielversprechend abschneidet, gehen die letzten Tickets über den Tresen.

Als Alternative bieten sich gute Stehplätze an. Hier gilt natürlich das Sprichwort vom „frühen Vogel" – nur wer rechtzeitig an der

Top-Model Naomi Campbell ist Villeneuve-Fan.

Piste ist, kann sich einen Claim mit guter Übersicht abstecken. Alte Imola-Hasen aufgepasst: Im Bereich des beliebten „Feldherrnhügels" nahe der „Variante Bassa" wurde eine Tribüne errichtet. Jeder, der während des Wochenendes keinen überdachten Sitzplatz hat, sollte daran denken, dass sich Bella Italia Anfang April empfindlich kalt und naß zeigen kann.

Der malerische Marktplatz im kleinen Städtchen Imola ist ein Treffpunkt für alle Rennfans. Wer auch abends GP-Luft schnuppern möchte: Ferrari steigt traditionell im Hotel „Molino Rosso" (unmittelbar an der Autobahnauffahrt Imola) ab. Auch in den Hotels „Royal Carlton", „Jolly" und „Donatello e dei Congressi" nächtigen regelmäßig einige der Superlizenzinhaber. Das klassische Restaurant der Szene heißt „Naldi". Wer aus Imola zum Autodromo fährt, muss hinter der kleinen Brücke über den Santerno rechts abbiegen, dann findet er auf der linken Straßenseite das „Naldi".

Kartenverkauf

Consorzio San Marino 2000
Palazzo del Turismo
Contrada Omagnano, 20
SM – 47890 San Marino A-1
Repubblica di San Marino
Tel. 00378-549-88543132
Fax 00378-549-885433
Internet: www.formula1.sm

Preise

ca. 70,– bis 550,– DM
1000 Lire = ca. 1,– DM

Rennreport zum Ausfüllen

Startaufstellung Top sechs

Pole ____ 2. ____
3. ____ 4. ____
5. ____ 6. ____

Pole-Zeit _.__,___ Min.

Wetter

Training

☐ ☐ ☐ ☐

Rennen

☐ ☐ ☐ ☐

Zieleinlauf

Pl.	Fahrer	Punkte
1.		10
2.		6
3.		4
4.		3
5.		2
6.		1
7.		
8.		
9.		
10.		
11.		
12.		
13.		
14.		
15.		

Fahrer-WM nach 3 Läufen

Pl.	Fahrer	Punkte
1.	M. Schumi	30
2.		
3.		
4.		
5.		
6.		
7.		
8.		
9.		
10.		
11.		
12.		
13.		
14.		
15.		

Ausfälle und Notizen

Konstrukteurs-WM nach 3 Läufen

Pl.	Team	Punkte
1.		
2.		
3.		
4.		
5.		
6.		
7.		
8.		

4. Lauf 23. April 2000

GROSSER PREIS VON ENGLAND

SILVERSTONE CIRCUIT

Distanz: 60 Runden à 5,141 km (308,460 km)
Rundenrekord (1997): Michael Schumacher (D), Ferrari, in 1.24,475 Min. (219,047 km/h)
Schnellste Runde 1999: Mika Häkkinen (FIN), McLaren-Mercedes, in 1.28,309 Min. (209,536 km/h)
Schnitt des Siegers 1999: 199,970 km/h

4. Lauf

23. April 2000

GROSSER PREIS VON ENGLAND

Silverstone

Silverstone 1999: Kurz nach dem Start raste Michael Schumacher in einen Reifenstapel. Mit gebrochenem Bein wurde der Deutsche geborgen.

Silverstone – WM-Tradition pur. Hier wurden am 13. Mai 1950 die allerersten Championats-Punkte vergeben. Aber trotz der stolzen Vergangenheit wird die vertraute Atmosphäre diesmal fehlen: Das Silverstone-Rennen im April, das ist wie Ostern im September.

Für sieben der elf aktuellen Formel-1-Teams rangiert der vierte Lauf der Saison als Home-Grand Prix. Doch aufgrund des frühen Datums hält sich der damit verbundene Heimvorteil in Grenzen. Nur ein geringer Prozentsatz der früher üblichen Testmeilen kann rechtzeitig abgespult werden.

Die Rennstrecke auf dem Gelände eines ehemaligen Militärflughafens ist seit ihrem letzten Umbau ein gelungener Mix aus schnellen und langsamen Kurven. Beim Austüfteln des Set-up legen die Ingenieure ganz besonderen Wert auf aerodynamischen und mechanischen Grip. Die Mischung des perfekt eben aufgetragenen Asphalts kommt den Ingenieuren bei diesem Wunsch entgegen.

Die Fahrer können gleich an mehreren Stellen wertvolle Zehntelsekunden gut machen. Da ist der Streckenabschnitt „Maggotts/Becketts" – eine Links-Rechts-Links-Rechts-Kombination, deren Eingang optimal erwischt werden muss, um die flüssigste Linie zu finden. Bei Geschwindigkeiten von knapp 190 km/h treten in dem Geschlängel seitliche Fliehkräfte von knapp über vier g auf. Die körperliche Belastung wird zur Folter. „Abbey" ist tückisch, weil aus der Cockpit-Perspektive der Scheitelpunkt des Linksknicks nicht eingesehen werden kann. Die folgende „Bridge Corner", die mehr als 250 km/h erlaubt, erfordert am Limit eine gehörige Portion Mut. Überholen? Wenn überhaupt, dann vor „Luffield".

RTL

SENDEZEITEN

SAMSTAG, 22. APRIL
13.45 Uhr Zeittraining

SONNTAG, 23. APRIL
9.15 Uhr Warm Up
13.00 Uhr Countdown
14.00 Uhr Das Rennen
15.40 Uhr Highlights

Rückblick 1999

8. Lauf – 11. Juli 1999
Wetter: sonnig und warm. 90.000 Zuschauer
1. Startreihe: Mika Häkkinen (Pole), Michael Schumacher

Pl. Fahrer	Team	Zeit/Rückstand
1. David Coulthard (GB)	McLaren-Mercedes	1:32.30,144 h
2. Eddie Irvine (GB)	Ferrari	1,829 s
3. Ralf Schumacher (D)	Williams-Supertec	27,411 s
4. Heinz-Harald Frentzen (D)	Jordan-Mugen-Honda	27,789 s
5. Damon Hill (GB)	Jordan-Mugen-Honda	38,606 s
6. Pedro Diniz (BR)	Sauber-Petronas	53,643 s

Die letzten fünf Sieger

1999 David Coulthard (GB)	McLaren-Mercedes
1998 Michael Schumacher (D)	Ferrari
1997 Jacques Villeneuve (CDN)	Williams-Renault
1996 Jacques Villeneuve (CDN)	Williams-Renault
1995 Johnny Herbert (GB)	Benetton-Renault

Tipps für Fans

Tief in der englischen Provinz gelegen, ist Silverstone das ideale Ziel für Camper. Wer auf Zelt, Caravan oder Motorhome zurückgreifen kann, löst nicht nur das Übernachtungsproblem. Ab Freitag sind die Straßen rund um den Circuit morgens und abends hoffnungslos verstopft. Alle, die trotzdem nicht auf eine Hotel-Unterkunft in Northampton, Oxford oder gar London verzichten möchten, sollten sich eine gute regionale Straßenkarte kaufen. Es gibt da nämlich ein paar Schleichwege... Flugreisende ersparen sich den nervtötenden Heathrow-Traffic-Jam, wenn sie auf die Airports Stansted oder Luton ausweichen.

Ob Schlafsack oder Hotel: Silverstone-Besucher erleben hautnah die einzigartige Motorsport-Begeisterung der Briten. Die Fans auf der Insel gelten weltweit als die fachkundigsten. Keinesfalls sollte auf den Besuch der kleinen Shops an der Strecke verzichtet werden. Speziell der gut sortierte Buchladen mit vielen Raritäten ist einen Abstecher wert.

Nach Feierabend den Piloten aufzulauern, ist während des Silverstone-Weekend problematisch. Viele Fahrer wohnen privat, weil ihre Teamchefs und Konstrukteure im Umkreis leben. Als Restaurant-Tipps der PS-Branche gelten das „Le Manoir aux 4 Saisons" (Manor House, Church Road, Great Milton, Oxford), das „Lombard" (180 Lifford Lane, A441, Kings Norton, Birmingham) und das indische Restaurant „Jaipur" (502 Eldergate, Station Square, Milton Keynes). Vorsicht: Großbritannien zählt nicht zu „Euroland" – das britische Pfund ist recht teuer.

Pech für Mika Häkkinen: Der Finne verlor sein linkes Hinterrad und musste aufgeben.

F1-Dompteur Bernie Ecclestone und Rennarzt Sid Watkins besprachen Schumachers Unfall.

Kartenverkauf

Silverstone Circuits Limited
Northamptonshire NN12 8TN
Great Britain
Tel. 0044-1327-857271
Ticket-Hotline: 0044-1327-850260
Fax 0044-1327-857663
Internet: www.silverstone-circuit.co.uk

Preise

ca. 280,– bis 1200,– DM
1 £ = ca. 3,20 DM

Rennreport zum Ausfüllen

Startaufstellung Top sechs

Pole ______ 2. ______
3. ______ 4. ______
5. ______ 6. ______

Pole-Zeit _.__,___ Min.

Wetter

Training

☐ ☐ ☐ ☐

Rennen

☐ ☐ ☐ ☐

Zieleinlauf

Pl. Fahrer	Punkte
1.	10
2.	6
3.	4
4.	3
5.	2
6.	1
7.	
8.	
9.	
10.	
11.	
12.	
13.	
14.	
15.	

Fahrer-WM nach 4 Läufen

Pl. Fahrer	Punkte
1. Coulthard	10
2.	
3.	
4.	
5.	
6.	
7.	
8.	
9.	
10.	
11.	
12.	
13.	
14.	
15.	

Ausfälle und Notizen

Konstrukteurs-WM nach 4 Läufen

Pl. Team	Punkte
1.	
2.	
3.	
4.	
5.	
6.	
7.	
8.	

5. Lauf 7. Mai 2000

GROSSER PREIS VON SPANIEN

1 : 1.200.000 (1cm ≈ 12 km)

CIRCUIT DE CATALUNYA, BARCELONA

Distanz: 65 Runden à 4,730 km (307,323 km)
Rundenrekord (1997): Giancarlo Fisichella (I), Jordan-Peugeot, in 1.22,242 Min. (209,960 km/h)
Schnellste Runde 1999: Michael Schumacher (D), Ferrari, in 1.24,982 Min. (200,287 km/h)
Schnitt des Siegers 1999: 195,608 km/h

5. Lauf

7. Mai 2000

GROSSER PREIS VON SPANIEN

Barcelona

Die Piloten reisen stets mit sehr gemischten Gefühlen nach Spanien. Aufgrund der winterlichen Testfahrten kennen sie zwar einerseits jeden Zentimeter der Rennstrecke bei Granollers – andererseits fehlt deshalb verständlicherweise der rechte „Appetit" auf den katalanischen Kurs.

Wegen der vielen langgezogenen schnellen Kurven und der entsprechend hohen Durchschnittsgeschwindigkeit ist die Aerodynamik von besonderer Bedeutung. Außerdem stehen die Reifen im Mittelpunkt der Abstimmungsarbeiten. Die Reifenwahl sowie die Einstellung von Sturz und Spur verursachen bei den Ingenieuren trotz der gespeicherten Test-Daten regelmäßig Kopfschmerzen. Schon kleine Witterungsänderungen sorgen für große Probleme. Speziell der linke vordere Pneu wird mörderisch gefordert. Falls die Techniker dieses Problem nicht in den Griff bekommen, zahlen die Fahrer die Zeche mit zeitraubendem Untersteuern. In Barcelona ist der Schlüssel zum Sieg aus Gummi.

Das Rennen der vergangenen Saison entschied sich bereits am Start. Jacques Villeneuve konnte Michael Schumacher überholen. In der Folge kam der schnellere Ferrari-Pilot nicht am BAR des Kanadiers vorbei und verlor damit den Anschluss an das McLaren-Duo an der Spitze. Häkkinen und Coulthard fuhren den ersten Doppelsieg des Jahres für McLaren-Mercedes heraus.

RTL

SENDEZEITEN

SAMSTAG, 6. MAI
12.45 Uhr Zeittraining

SONNTAG, 7. MAI
9.15 Uhr Warm Up
13.00 Uhr Countdown
14.00 Uhr Das Rennen
15.45 Uhr Highlights

Rückblick 1999

5. Lauf – 30. Mai 1999
Wetter: bewölkt, warm. 81.000 Zuschauer
1. Startreihe: Mika Häkkinen (Pole), Eddie Irvine

Pl. Fahrer	Team	Zeit/Rückstand
1. Mika Häkkinen (FIN)	McLaren-Mercedes	1:34.13,665 h
2. David Coulthard (GB)	McLaren-Mercedes	6,238 s
3. Michael Schumacher (D)	Ferrari	10,845 s
4. Eddie Irvine (GB)	Ferrari	30,182 s
5. Ralf Schumacher (D)	Williams-Supertec	1.27,208 m
6. Jarno Trulli (I)	Prost-Peugeot	1 Runde

Die letzten fünf Sieger

1999 Mika Häkkinen (FIN)	McLaren-Mercedes
1998 Mika Häkkinen (FIN)	McLaren-Mercedes
1997 Jacques Villeneuve (CDN)	Williams-Renault
1996 Michael Schumacher (D)	Ferrari
1995 Michael Schumacher (D)	Benetton-Renault

Das Layout der Rennstrecke wirkt auf den ersten Blick wenig anspruchsvoll. Tatsächlich aber erfordert die Piste neben der akkuraten Wahl der Ideallinie – überall lauern versteckte Einladungen zu Flüchtigkeitsfehlern – auch totale Fitness. Die Belastung durch die Fliehkräfte in den schnellen Kurven ist überdurchschnittlich. Champion Mika Häkkinen gibt dem Circuito acht von zehn möglichen „Schwierigkeits-Sternen".

Weil in der Praxis Überholmanöver – selbst am Ende der langen Start-und-Zielgeraden – nicht möglich sind, werden die direkten Duelle durch die Boxenstopp-Strategie entschieden.

Tipps für Fans

Dank zahlreicher guter Tribünen steht die Strecke bei den Fans hoch im Kurs. Besonders beliebt sind die Sitzplätze im Bereich der Kurve „Banc de Sabadell". Speziell aus Deutschland – zu den vom Sommerurlaub her vertrauten Mittelmeerstränden ist es nicht weit – reisen alljährlich zigtausende Zuschauer an. Die Tour ist absolut „Schwiegermutter-tauglich" und eignet sich deshalb auch für Familienausflüge. Allein schon Barcelona mit seinen zahlreichen Sehenswürdigkeiten, wie der Sagrada Familia, rechtfertigt die Anreise(kosten). Mit Barcelona und Girona gibt es in der Umgebung gleich zwei große Flughäfen. Die Hotel-Kapazitäten zwischen Barcelona im Süden und Lloret de Mar im Norden sind gewaltig. Entlang der Küste sind auch bereits zahlreiche Campingplätze geöffnet. Wer aus Barcelona anreist, erreicht die Rennstrecke stressfrei per S-Bahn. Haltestelle: „Circuit de Catalunya Montmeló".

Aufgrund der zahlreichen sehr guten Hotels stehen Autogrammjäger immer wieder vor „Ortungs-Problemen". Ratsam ist es in jedem Fall, im „Ritz Palace" (Gran Via Cts. Catalanes 668; Barcelona), im „Barcelona Hilton" (Avenida Diagonal 589-591; Barcelona) und im „Campanile" (Carretera N-150, km 6,7; Barbera del Vallès) vorbeizuschauen. Beliebte Restaurants in der Nähe sind das „El Trabuc" (Carretera el Masnou 2 km; Granollers) mit seiner katalanischen Küche, das „Europa" (Anselm Clavé 1; Granollers), das „La Balsa" (Enfanta Isabel 4; Barcelona) und das „El Asador de Aranta" (Londres 94; Barcelona) mit seinen Grill-Spezialitäten.

Kartenverkauf

Circuit de Catalunya
Apartat de Correus 27
E – 08160 Montmeló (Barcelona)
Tel. 0034-93-5719708
Fax 0034-93-5723061
Internet: www.race.es

Preise

ca. 118,– bis 530,– DM
100 Ptas = ca. 1,18 DM

Rennreport zum Ausfüllen

Startaufstellung Top sechs

Pole ____ 2. ____
3. ____ 4. ____
5. ____ 6. ____

Pole-Zeit _.__,___ Min.

Wetter

Training

☐ ☐ ☐ ☐

Rennen

☐ ☐ ☐ ☐

Zieleinlauf

Pl. Fahrer	Punkte
1.	10
2.	6
3.	4
4.	3
5.	2
6.	1
7.	
8.	
9.	
10.	
11.	
12.	
13.	
14.	
15.	

Fahrer-WM nach 5 Läufen

Pl. Fahrer	Punkte
1. M Hakkinen	10
2.	
3.	
4.	
5.	
6.	
7.	
8.	
9.	
10.	
11.	
12.	
13.	
14.	
15.	

Ausfälle und Notizen

Konstrukteurs-WM nach 5 Läufen

Pl. Team	Punkte
1.	
2.	
3.	
4.	
5.	
6.	
7.	
8.	

6. Lauf 21. Mai 2000

NÜRBURGRING

Distanz: 67 Runden à 4,556 km (305,252 km)
Rundenrekord (1997): Heinz-Harald Frentzen (D), Williams-Renault, in 1.18,805 Min. (208,128 km/h)
Schnellste Runde 1999: Mika Häkkinen (FIN), McLaren-Mercedes, in 1.21,282 Min. (201,786 km/h)
Schnitt des Siegers 1999: 177,034 km/h

GROSSER PREIS VON EUROPA

6. Lauf

21. Mai 2000

GROSSER PREIS VON EUROPA

Nürburgring

Pech für Heinz-Harald Frentzen. Der Deutsche führte 1999 das Rennen lange an, ehe ihn ein Defekt direkt nach seinem Boxenstopp ausrollen ließ.

Ferraris Strategen Jean Todt (l.) und Ross Brawn: Das Team blamierte sich bis auf die Knochen.

RTL

SENDEZEITEN

SAMSTAG, 20. MAI

12.45 Uhr Zeittraining

SONNTAG, 21. MAI

9.15 Uhr Warm Up

13.00 Uhr Countdown

14.00 Uhr Das Rennen

15.45 Uhr Highlights

Rückblick 1999

14. Lauf – 26. September 1999
Wetter: wechselhaft mit Schauern. 142.000 Zuschauer
1. Startreihe: Heinz-Harald Frentzen (Pole), David Coulthard

Pl. Fahrer	Team	Zeit/Rückstand
1. Johnny Herbert (GB)	Stewart-Ford	1:41.54,314 h
2. Jarno Trulli (I)	Prost-Peugeot	22,618 s
3. Rubens Barrichello (BR)	Stewart-Ford	22,865 s
4. Ralf Schumacher (D)	Williams-Supertec	39,507 s
5. Mika Häkkinen (FIN)	McLaren-Mercedes	1.02,950 m
6. Marc Gené (E)	Minardi-Ford	1.05,154 m

Die letzten fünf Sieger

1999 Johnny Herbert (GB)	Stewart-Ford
1998 Mika Häkkinen (FIN)	McLaren-Mercedes
1997 Jacques Villeneuve (CDN)	Williams-Renault
1996 Jacques Villeneuve (CDN)	Williams-Renault
1995 Michael Schumacher (D)	Benetton-Renault

Der Europa-GP ist das erste von zwei Formel-1-Gastspielen des Jahres auf deutschem Boden. Schauplatz ist der Grand-Prix-Kurs des legendären Nürburgrings. Den einheimischen Fans wird es diesmal noch schwerer fallen, ihre Sympathien gerecht zu verteilen, denn dank des Aufstiegs von „Quick" Nick Heidfeld in die Königsklasse tritt ja 2000 ein schwarz-rot-goldenes Quartett an. Auf der 1984 eingeweihten 4,5-km-Piste gab es in der Vergangenheit zwei Siege eines deutschen Piloten, die Michael Schumacher 1994 und 1995 heimfahren konnte. Statistisch gesehen ist der Erfolg Nummer drei inzwischen längst überfällig…

Gerade weil die Streckenführung keine extremen Herausforderungen kennt, ist es schwierig, das richtige Set-up zu finden. Da wirklich schnelle Passagen fehlen, kann mit relativ viel Flügel gefahren werden. Im Visier der Ingenieure stehen Begriffe wie Traktion, Balance und eine aerodynamische Kompromisslösung, die in den Kurven ausreichend Abtrieb erzeugt, ohne aber auf den Geraden als „Bremsfallschirm" zu wirken.

Die Motoren sind zwangsläufig in der langen Bergauf-Passage im Anschluss an die Dunlop-Kehre gefordert. Wer seine Hausaufgaben auf diese Schwerpunkte konzentriert, hat theoretisch gute Karten. Theoretisch, denn wenn am Renntag das Wetter – wie zuletzt 1999 – verrückt spielt, dann verlieren alle Hochrechnungen ihren Wert. Ähnlich wie auf dem belgischen Ardennenkurs von Spa-Francorchamps müssen die Techniker grundsätzlich mit den Eifel-typischen Wetterkapriolen rechnen.

Weil eine richtige „Mut-Kurve" fehlt, kann Boden nur im Bereich der wenigen Schlüsselstellen gutgemacht werden. Ausgangs der Dunlop-Kehre gilt es, möglichst viel Schwung mit in die folgende Steigung zu nehmen. Ausgefeilt sauber muss die Veedol-Schikane durchfahren werden. Der Links-Rechts-Knick, der nicht mehr als 100 km/h verträgt, wird aus knapp 300 km/h angebremst! Hier – und eingangs des Castrol-S – kann überholt werden. Vorausgesetzt, das Opfer zeigt sich ansatzweise kooperativ…

Tipps für Fans

Der Prototyp des Nürburgring-Besuchers zeltet irgendwo im Dunstkreis der Nürburg-Ruine aus dem zwölften Jahrhundert. Während des GP-Wochenendes darf auf dem 20,8 Kilometer langen Rest der Nordschleife gecampt werden. Kälte und Regen werden gegebenenfalls ignoriert. Das Bettenangebot in der Region ist dem GP-Ansturm nicht gewachsen. Ausweichmöglichkeiten gibt es bis Bad Neuenahr, Bonn, Koblenz und Neuwied.

Kenner des GP-Kurses haben keine Zweifel: Die beste Tribüne liegt in Höhe der Schikane „Castrol-S". Das ist jene blind angebremste Kurven-Kombination, in der 1997 unmittelbar nach dem Start der Jordan von Ralf Schumacher auf dem Ferrari des älteren Bruders landete…

Das Gros der VIPs mit und ohne Superlizenz logiert in Rufweite des Fahrerlagers im Hotel Dorint. Dort, wo früher die mächtige überdachte Holztribüne stand. Autogrammjäger werden allerdings vor dem Haupteingang abgefangen. Die Maßnahme ist verständlich: Das Management will ein Chaos in der Lobby des Hotels verhindern.

Auch das „Kurfürstliche Schloss-Hotel" in Daun zählt zu den renommierten Adressen. Und natürlich existiert unverändert das legendäre Haus „Zum wilden Schwein" in Adenau, wo in der ersten Silberpfeil-Ära Mercedes-Rennleiter Alfred Neubauer mit Rudolf Caracciola und Co. abstieg.

Kartenverkauf
Nürburgring GmbH
Abteilung Kartenvorverkauf
53520 Nürburg
F1-Tickethotline:
Tel. 02691-923060
Fax 02691-923066
Internet: www.nuerburgring.de

Preise
170,– bis 690,– DM

Rennreport zum Ausfüllen

Startaufstellung Top sechs

Pole ________ 2. ________
3. ________ 4. ________
5. ________ 6. ________

Pole-Zeit _.__,___ Min.

Wetter

Training

Rennen

Zieleinlauf

Pl.	Fahrer	Punkte
1.		10
2.		6
3.		4
4.		3
5.		2
6.		1
7.		
8.		
9.		
10.		
11.		
12.		
13.		
14.		
15.		

Fahrer-WM nach 6 Läufen

Pl.	Fahrer	Punkte
1.		
2.		
3.		
4.		
5.		
6.		
7.		
8.		
9.		
10.		
11.		
12.		
13.		
14.		
15.		

Ausfälle und Notizen

Konstrukteurs-WM nach 6 Läufen

Pl.	Team	Punkte
1.		
2.		
3.		
4.		
5.		
6.		
7.		
8.		

7. Lauf 4. Juni 2000

GROSSER PREIS VON MONACO

CIRCUIT DE MONTE CARLO

Distanz: 78 Runden à 3,370 km (262,860 km)
Rundenrekord und schnellste Runde 1999: Mika Häkkinen (FIN), McLaren-Mercedes, in 1.22,259 Min. (147,354 km/h)
Schnitt des Siegers 1999: 143,864 km/h

7. Lauf

4. Juni 2000

GROSSER PREIS VON MONACO

Monte Carlo

Nach ihrem Blitzstart feierten die Ferrari-Piloten Schumacher und Irvine einen grandiosen Doppelsieg. Es war der erste für die Scuderia in Monaco.

Monte Carlo – das Rennen rund um das weltberühmte Casino des Zwergstaates nimmt eine Sonderstellung ein. Nirgendwo sonst müssen die Teams so viel improvisieren wie im Fürstentum. Und noch weitere Faktoren machen diesen WM-Lauf zum Juwel des F1-Kalenders: Das einmalige Flair der Grimaldi-Gemeinde, die lange Tradition des Rennens und die atemberaubende Streckenführung.

Durchschnittsgeschwindigkeiten von weniger als 150 km/h verraten schon auf den ersten Blick: Abtrieb ist gefragt. Auf der winkeligen und teilweise unebenen Piste wird maximal ein Tempo von circa 280 km/h erreicht – und das auch lediglich einmal pro Runde. Die Fahrbarkeit des Motors ist wichtiger als schiere Power. Die Techniker konzentrieren sich auf das „low speed handling“ der Boliden. Weil leichte Leitplanken-Kontakte einkalkuliert werden, rüsten die meisten Teams ihre Rennwagen mit verstärkten Radaufhängungen aus.

Die Piloten begegnen der Herausforderung mit einer Art Hass-Liebe. Niemand will den GP von Monaco missen, jeder will ihn irgendwann einmal gewinnen und alle sind froh, wenn das Rennen vorüber ist. Seitdem mit halbautomatischen Getrieben gefahren wird und die unzähligen Schaltvorgänge keinerlei körperliche Anstrengung mehr bedeuten, ist der WM-Lauf physisch anspruchslos. Psychisch stellt er allerdings die ultimative Herausforderung des Jahres dar. Nur an drei Stellen gibt es Notausgänge. Wer sich im Bereich anderer Streckenabschnitte auch nur den kleinsten Fehler erlaubt, der landet in den Leitplanken. Monaco, das bedeutet: Konzentration pur! Wegen der stark eingeschränkten Überholmöglichkeiten kommt dem Qualifying eine ganz besondere Bedeutung zu. Eigentlich können Plätze nur durch ein kluges Timing des Boxenstopps gutgemacht werden. Weil Reifen- und Spritverbrauch gering sind, reicht ein Service-Halt aus. Zwei Stopps à la Irvine 1999 sind eine rare Ausnahme.

RTL

SENDEZEITEN

SAMSTAG, 3. JUNI
12.45 Uhr Zeittraining

SONNTAG, 4. JUNI
9.15 Uhr Warm Up
13.00 Uhr Countdown
14.00 Uhr Das Rennen
16.00 Uhr Highlights

Rückblick 1999

4. Lauf – 16. Mai 1999
Wetter: sonnig und warm. 130.000 Zuschauer
1. Startreihe: Mika Häkkinen (Pole), Michael Schumacher

Pl. Fahrer	Team	Zeit/Rückstand
1. Michael Schumacher (D)	Ferrari	1:49.31,812 h
2. Eddie Irvine (GB)	Ferrari	30,476 s
3. Mika Häkkinen (FIN)	McLaren-Mercedes	37,483 s
4. Heinz-Harald Frentzen (D)	Jordan-Mugen-Honda	54,009 s
5. Giancarlo Fisichella (I)	Benetton-Playlife	1 Runde
6. Alexander Wurz (A)	Benetton-Playlife	1 Runde

Die letzten fünf Sieger

1999 Michael Schumacher (D)	Ferrari
1998 Mika Häkkinen (FIN)	McLaren-Mercedes
1997 Michael Schumacher (D)	Ferrari
1996 Olivier Panis (F)	Ligier-Mugen-Honda
1995 Michael Schumacher (D)	Benetton-Renault

Tipps für Fans

Für die Fans ist die viertägige GP-Party ein ganz besonderer Leckerbissen. Ein großer Monaco-Vorteil: Die Tribünen stehen sehr nah an der Piste. Empfehlenswert ist die gigantische K-Tribüne, die – vor dem Hintergrund der prächtigen Hafenkulisse – beste Übersicht bietet. Die Stehplätze am Hang des Schloß-Felsens oberhalb der Kurven „Rascasse“ und „Anthony Noghes“ sind besser

Für Ralf Schumacher war vorzeitig Schluss (o).

als ihr Ruf. Hier gilt natürlich: Wer zuerst kommt, mahlt zuerst…

Da die meisten F1-Piloten ihren Wohnsitz in dem klimatisch angenehmen Steuerparadies haben, findet man die Asse nicht in den großen Hotels der Stadt. Superlizenzinhaber, die auf eine Herberge angewiesen sind, favorisieren das „Grand Hotel" (früher Loews), das „Hermitage" und natürlich das ehrwürdige „Paris" am Casino-Platz. Zuschauer sollten in Frankreich oder Italien nach Unterkünften Ausschau halten. Entlang der Küste bieten sich zwischen San Remo und Cannes zahlreiche Möglichkeiten an. Dank der guten Bahnverbindung ist das Pendeln zur Piste kein Problem und außerdem absolut ohne lästige Verkehrsstaus. Vom Bahnhof in Monaco sind sämtliche Tribünen bequem per pedes erreichbar.

Kartenverkauf

Comité d'Organisation
Grand Prix Automobile de Monaco
Boîte Postale 464
MC – 98012 Monaco Cédex
Tel. 00377-93152600
Fax 00377-93258008
Internet: www.monaco.mc

Preise

ca. 75,– bis 660,– DM
100,– FF = ca. 30,– DM

Rennreport zum Ausfüllen

Startaufstellung Top sechs

Pole ~~Coulthard~~ Schumi
2. Coulthard Trulli
3. Coulthard
4. Frenzen
5. Häkkinen
6.

Pole-Zeit _.__,___ Min.

Wetter

Training

☒ sonnig ☐ heiter ☐ bewölkt ☐ Regen

Rennen

☒ sonnig ☐ heiter ☐ bewölkt ☐ Regen

Zieleinlauf

Pl.	Fahrer	Punkte
1.		10
2.		6
3.		4
4.		3
5.		2
6.		1
7.		
8.		
9.		
10.		
11.		
12.		
13.		
14.		
15.		

Fahrer-WM nach 7 Läufen

Pl.	Fahrer	Punkte
1.		
2.		
3.		
4.		
5.		
6.		
7.		
8.		
9.		
10.		
11.		
12.		
13.		
14.		
15.		

Ausfälle und Notizen

Konstrukteurs-WM nach 7 Läufen

Pl.	Team	Punkte
1.		
2.		
3.		
4.		
5.		
6.		
7.		
8.		

8. Lauf — 18. Juni 2000

CIRCUIT GILLES VILLENEUVE, MONTRÉAL

Distanz: 69 Runden à 4,421 km (305,049 km)
Rundenrekord (1998): Michael Schumacher (D), Ferrari, in 1.19,379 Min. (200,501 km/h)
Schnellste Runde 1999: Eddie Irvine (GB), Ferrari, in 1.20,382 Min. (197,999 km/h)
Schnitt des Siegers 1999: 180,155 km/h

GROSSER PREIS VON KANADA

8. Lauf

18. Juni 2000

GROSSER PREIS VON KANADA

Montréal

Montréal – der erste Übersee-Abstecher der Formel 1 nach fünf europäischen Läufen. Die Multi-Kulti-Metropole empfängt den Grand-Prix-Zirkus alljährlich begeistert. Die Liebe beruht auf Gegenseitigkeit: Der WM-Lauf in Kanada zählt bei den Aktiven mit zu den Saison-Höhepunkten. Aufgrund der ungewöhnlich frühen Termine der Rennen in Silverstone und in der Eifel wird in der Provinz Québec zudem „Halbzeit" des Rennjahres gefeiert – sofern das bei 17 Grand Prix möglich ist…

Ähnlich wie die Piste von Imola erlaubt der Circuit Gilles Villeneuve keine flüssige Fahrweise. Recht viel Abtrieb, Grip und ausgezeichnete Bremsen sind gefragt. Bei der Abstimmung muss einkalkuliert werden, dass im Verlauf der Ideallinie wiederholt gnadenlos über die Kerbs geräubert wird. Aufgrund der zahlreichen Beschleunigungsphasen ist auch der Spritverbrauch von überdurchschnittlicher Bedeutung. Zusätzliche Tücken sind der verschmutzte Asphalt – die Rennstrecke auf der Insel Notre Dame ist kein permanenter Kurs – und das unberechenbare Wetter. Brütende Hitze und eiskalter Regen sind im Juni in Québec gleichermaßen wahrscheinlich.

Trotz der zahlreichen Kurven gilt die Piste nicht als körperliche Herausforderung, denn pro Runde gibt es genügend Vollgas-Passagen zum Ausruhen. Aus Sicht der Piloten ist der Start eine ganz besonders große Aufgabe: Die Linkskurve, die den Beschleunigungsspurt jäh unterbricht, stellt eine böse Klippe dar. Crashs in den Vorjahren sprechen eine deutliche Sprache. Eine weitere Falle ist der Ausgang der Schikane vor Start-und-Ziel. Hier fuhren 1999 gleich mehrere Weltmeister gegen den harten Beton der Pistenbegrenzung. Zu den Schlüsselstellen zählt die Haarnadelkurve am Casino, deren Ausgang optimal erwischt werden muss, um auf der anschließenden langen Geraden möglichst früh die Topspeed zu erreichen. Ein großer Vorteil der Anlage: Hier kann überholt werden!

Tipps für Fans

Für Fans eignet sich ein Besuch des Großen Preises von Kanada natürlich als Höhepunkt eines Urlaubs in Nordamerika. Aufgrund der relativ günstigen Atlantik-Tarife der Fluggesellschaften – viele innereuropäische Flüge sind erheblich teurer – ist allerdings auch ein verlängertes Wochenende in Montréal nicht unrealistisch. Von den beiden internationalen Flughäfen ist „Dorval" der angenehmere – „Mirabel" liegt sehr, sehr weit vor den Toren der Großstadt.

Selbstverständlich mangelt es nicht an Hotels. Aber Vorsicht: Im Sommer sind die

Kartenverkauf

GPF1
PO Box 248
Place d'Armes Postal Station
Montréal, Québec, H2Y 3G7
Canada
Tel. 001-514-3500000
Fax 001-514-3504709
Internet: www.grandprix.ca

Preise

ca. 72,– bis 550,– DM
1,– Can$ = ca. 1,45 DM

RTL

SENDEZEITEN

SAMSTAG, 17. JUNI
18.55 Uhr Zeittraining

SONNTAG, 18. JUNI
14.15 Uhr Warm Up
17.45 Uhr Countdown
19.00 Uhr Das Rennen
20.55 Uhr Highlights

Rückblick 1999

6. Lauf – 13. Juni 1999
Wetter: sonnig und warm. 105.000 Zuschauer
1. Startreihe: Michael Schumacher (Pole), Mika Häkkinen

Pl. Fahrer	Team	Zeit/Rückstand
1. Mika Häkkinen (FIN)	McLaren-Mercedes	1:41.35,727 h
2. Giancarlo Fisichella (I)	Benetton-Playlife	0,781 s
3. Eddie Irvine (GB)	Ferrari	1,796 s
4. Ralf Schumacher (D)	Williams-Supertec	2,391 s
5. Johnny Herbert (GB)	Stewart-Ford	2,804 s
6. Pedro Diniz (BR)	Sauber-Petronas	3,710 s

Die letzten fünf Sieger

1999 Mika Häkkinen (FIN)	McLaren-Mercedes
1998 Michael Schumacher (D)	Ferrari
1997 Michael Schumacher (D)	Ferrari
1996 Damon Hill (GB)	Williams-Renault
1995 Jean Alesi (F)	Ferrari

Der 99er Kanada-GP verlief äußerst turbulent. Drei Formel-1-Weltmeister fuhren in die gleiche Mauer und schieden aus. David Coulthard und Eddie Irvine lieferten sich rundenlang ein packendes Duell.

meisten Häuser sehr früh ausgebucht und die Preise sind gesalzen. Dafür können die Kosten für einen Leihwagen gespart werden – die Strecke hat einen eigenen U-Bahn-Anschluss.

Die besten Tribünen liegen im Bereich der Casino-Kurve, in Höhe der Schikane bei Start-und-Ziel und an der „Virage Senna". Dort gab es in den vergangenen Jahren die meiste „Action".

Die Teams steigen normalerweise gern in den Hotels „Le Grand" (Rue Université), „Ritz Carlton" (Rue Sherbrooke), „Hilton International" (Place Bonaventure) oder „Méridien" (Complexe Desjardins) ab. Parallel zu den vielen Hotels wimmelt es von guten Restaurants. In F1-Kreisen sind unter anderem das „Chez la Mère Tucker" (1175, Place du Frère André) und das „Chez Pausé" (1657 Sainte Catherine) in.

Rennreport zum Ausfüllen

Startaufstellung Top sechs

Pole Schumacher
2. Coulthard
3. Barrichello
4. Häkkinen
5. Frentzen
6. Villeneuve

Pole-Zeit 1.18,546 Min.

Zieleinlauf

Pl.	Fahrer	Punkte
1.	M. Schumacher	10
2.	R. Barrichello	6
3.	G. Fisichella	4
4.	M. Häkkinen	3
5.	J. Verstappen	2
6.	J. Trulli	1
7.	D. Coulthard	
8.	R. Zonta	
9.	A. Wurz	
10.	P.P. Diniz	
11.	J. Button	
12.	G. Mazzacane	
13.		
14.		
15.		

Ausfälle und Notizen

Ausfälle:
- J. Herbert
- H.H. Frentzen
- N. Heidfeld
- J. Alesi
- M. Salo
- P. de la Rosa

Wetter

Training [x] sonnig [ ] heiter [ ] bewölkt [ ] Regen

Rennen [x] sonnig [ ] heiter [ ] bewölkt [x] Regen

Fahrer-WM nach 8 Läufen

Pl.	Fahrer	Punkte
1.	M. Schuma.	56
2.	D. Coulthard	34
3.	M. Häkkinen	32
4.	R. Barrichello	28
5.		
6.		
7.		
8.		
9.		
10.		
11.		
12.		
13.		
14.		
15.		
16.		
17.		
18.		
19.		
20.		

Konstrukteurs-WM nach 8 Läufen

Pl.	Team	Punkte
1.		
2.		
3.		
4.		
5.		
6.		
7.		
8.		
9.		
10.		

GOLF
260 4
80 2
180°
205 4
ESTORIL
205 3
215 4
NÜRBURGRIN
260
240 4
GRANDE COURBE
275 5
LYCEE
la Charité sur-Loire
Auxerre
151
7
Orléans
Bourges
Fourchambault
Nevers
76
la Guerche-sur l'Aubois
Magny-Cours
71
Sancoins
St. Pierre-le-Moûtier
St. Amand-Mont-Rond
144
Clermont-Ferrand
Moulins
1 : 2.100.000 (1cm ≈ 21 km)

GROSSER PREIS VON FRANKREICH

CIRCUIT DE NEVERS MAGNY-COURS

Distanz: 72 Runden à 4,251 km (306,072 km)
Rundenrekord (1992): Nigel Mansell (GB), Williams-Renault, in 1.17,070 Min. (198,521 km/h)
Schnellste Runde 1999: David Coulthard (GB), McLaren-Mercedes, in 1.19,227 Min. (193,115 km/h)
Schnitt des Siegers 1999: 154,965 km/h

9. Lauf

2. Juli 2000

GROSSER PREIS VON FRANKREICH

Magny-Cours

Oben: Den Regen-GP 1999 gewann Jordan-Pilot Frentzen (M.) nach einer taktischen Meisterleistung seines Teams. Häkkinen (l.) wurde Zweiter vor Stewart-Mann Barrichello.

Links: Den Wetterkapriolen fielen zahlreiche Fahrer zum Opfer. Benetton-Pilot Giancarlo Fisichella „schwamm" ins Kiesbett.

RTL

SENDEZEITEN

SAMSTAG, 1. JULI

12.45 Uhr Zeittraining

SONNTAG, 2. JULI

9.15 Uhr Warm Up

13.00 Uhr Countdown

14.00 Uhr Das Rennen

15.45 Uhr Highlights

Rückblick 1999

7. Lauf – 27. Juni 1999
Wetter: bedeckt mit Schauern. 107.000 Zuschauer
1. Startreihe: Rubens Barrichello (Pole), Jean Alesi

Pl. Fahrer	Team	Zeit/Rückstand
1. Heinz-Harald Frentzen (D)	Jordan-Mugen-Honda	1:58.24,343 h
2. Mika Häkkinen (FIN)	McLaren-Mercedes	11,092 s
3. Rubens Barrichello (BR)	Stewart-Ford	43,432 s
4. Ralf Schumacher (D)	Williams-Supertec	45,457 s
5. Michael Schumacher (D)	Ferrari	47,881 s
6. Eddie Irvine (GB)	Ferrari	48,901 s

Die letzten fünf Sieger

1999 Heinz-Harald Frentzen (D)	Jordan-Mugen-Honda
1998 Michael Schumacher (D)	Ferrari
1997 Michael Schumacher (D)	Ferrari
1996 Damon Hill (GB)	Williams-Renault
1995 Michael Schumacher (D)	Benetton-Renault

Der französische WM-Lauf genießt das zweifelhafte Image des Einöd-Grand-Prix. Das entspricht der Wahrheit. Vergessen wird: Zeltweg, der Nürburgring und Silverstone liegen ähnlich abgeschieden… Und aufgrund der mächtigen Tribünen sowie der modernen und großzügigen Infrastruktur des Start-und-Ziel-Geländes lässt die Anlage innerhalb der Umzäunung keine Gedanken an provinzielle Rückständigkeit aufkommen. Charakteristisch für den Circuit sind der absolut ebene Asphalt und die großzügig dimensionierten Auslaufzonen im Bereich der dramatisch schnellen Passagen.

Auch in Magny-Cours gilt, dass die optimale Abstimmung viel Abtrieb verlangt, aber parallel ist auch Topspeed gefragt. Ausgesprochen empfindlich reagieren die Boliden hier auf die möglichen großen Temperaturschwankungen. Dabei fällt – interessanterweise mehr als auf anderen Pisten – auf, dass die Rennwagen bei ansteigender Hitze von Celsius-Grad zu Celsius-Grad langsamer werden. Mit Blick auf den drohenden Reifenverschleiß beim Beschleunigen aus den langsamen Ecken „Adelaide", „180°" und „Lycée" legen die Techniker sehr viel Wert auf die Traktion.

Fahrerische Qualitäten sind in der „Grande Courbe" und der anschließenden Rechtskurve „Estoril" gefragt. Der Grenzbereich der „Grande Courbe" verträgt annähernd 300 km/h. Die Piloten brauchen einen extrem sensiblen Gasfuß, um das Auto auf der Ideallinie zu halten. Im Kurvenausgang muss gebremst und heruntergeschaltet werden, damit der Eingang des langgezogenen Rechtsbogens „Estoril" optimal angepeilt wird. Stilistisches Können und Mut werden verlangt. Auch „Imola" ist nichts für schwache Nerven, weil der Scheitelpunkt erst sehr spät ins Visier kommt. Auf trockenem Asphalt ist das Überholen ausgesprochen schwierig. „Adelaide" bietet sich trotz der Crash-Gefahr an und vor Start-und-Ziel sind Überraschungsattacken möglich.

Tipps für Fans

Fans sollten auf jeden Fall mit dem eigenen Pkw anreisen. Die Pariser Flughäfen liegen drei Autostunden im Norden… Weil die Bettenkapazität der Region für den Ansturm nicht ausreicht, ist es ratsam zu campen. Wer in der GP-Atmosphäre auf den Geschmack kommt, sich selbst ans Steuer eines Flitzers zu wagen, der kann sich auf der nahegelegenen (ausgeschilderten) Kart-Piste austoben.

Mit Recht begehrte Tribünenplätze: Die Haupttribüne gegenüber den Boxen – im linken Bereich aus Perspektive der Zuschauer. Die Tribüne folgt dem Radius der Kurve „Lycée". So sind die oberhalb liegende Schikane, das Bergabstück und die Zieleingangskurve im Blickfeld. Daneben empfehlen sich die Sitzplätze in Höhe der Bremszone vor der Haarnadelkurve „Adelaide".

Einige Teams logieren in angemieteten Loire-Schlössern. Andere – traditionell auch McLaren – im „Holiday Inn" direkt an der Piste. Andere Adressen der PS-Branche: Das „Chateau de la Rocherie" in Varenne-Vauzelles und das „La Renaissance" in Magny-Cours, wo auch Gourmets nicht enttäuscht werden. Regionale Spezialitäten werden im „Le puits de Saint-Pierre" (21, rue Mirangron, Nevers) serviert. Wer Grill-Gerichte liebt, ist im Restaurant „Le d´Artagnan" gut aufgehoben.

Kartenverkauf

Circuit de Nevers Magny-Cours
GPF1 Réservations
BP 18
F – 58470 Magny-Cours
Tel. 0033-153-827597 o. 0033-386218000
Fax 0033-386218080
Internet: www.magnyf1.com

Preise

ca. 140,– bis 510,– DM
100,– FF = ca. 30,– DM

Rennreport zum Ausfüllen

Startaufstellung Top sechs

Pole ______ 2. ______
3. ______ 4. ______
5. ______ 6. ______

Pole-Zeit _.__,___ Min.

Zieleinlauf

Pl.	Fahrer	Punkte
1.	Coulthard	10
2.	Häkkinen	6
3.	Barrichello	4
4.	Villneuve	3
5.	R. Schumacher	2
6.	Trulli	1
7.	Frentzen	
8.	Button	
9.	Fisichella	
10.	Salo	
11.	Diniz	
12.	Heidfeld	
13.	Irvine	
14.	Alesi	
15.	Gene	

Ausfälle und Notizen

Wetter

Training ☐ ☒ ☐ ☐
Rennen ☐ ☒ ☐ ☐

Fahrer-WM nach 9 Läufen

Pl.	Fahrer	Punkte
1.	Schumacher	56
2.	Coulthard	44
3.	Häkkinen	38
4.	Barrichello	32
5.	Fisichella	18
6.	Schumacher	14
7.	Villneuve	8
8.	Trulli	6
9.	Frentzen	5
10.	Button	3
11.	Irvine	3
12.	Salo	3
13.	Verstappen	2
14.	Zonta	1
15.	de la Rosa	1
16.		
17.		
18.		
19.		
20.		

Konstrukteurs-WM nach 9 Läufen

Pl.	Team	Punkte
1.	Ferrari	88
2.	McLaren	82
3.	Benetton	18
4.	BMW-Willi.	17
5.	Jordan	11
6.	BAR-Honda	9
7.	Jaguar	3
8.	Sauber-P.	3
9.	Arrows	3
10.		

10. Lauf 16. Juli 2000

A1-RING, SPIELBERG

Distanz: 71 Runden à 4,326 km (307,146 km)
Rundenrekord (1997): Jacques Villeneuve (CDN), Williams-Renault, in 1.11,814 Min. (216,709 km/h)
Schnellste Runde 1999: Mika Häkkinen (FIN), McLaren-Mercedes, in 1.12,107 Min. (215,629 km/h)
Schnitt des Siegers 1999: 208,587 km/h

GROSSER PREIS VON ÖSTERREICH

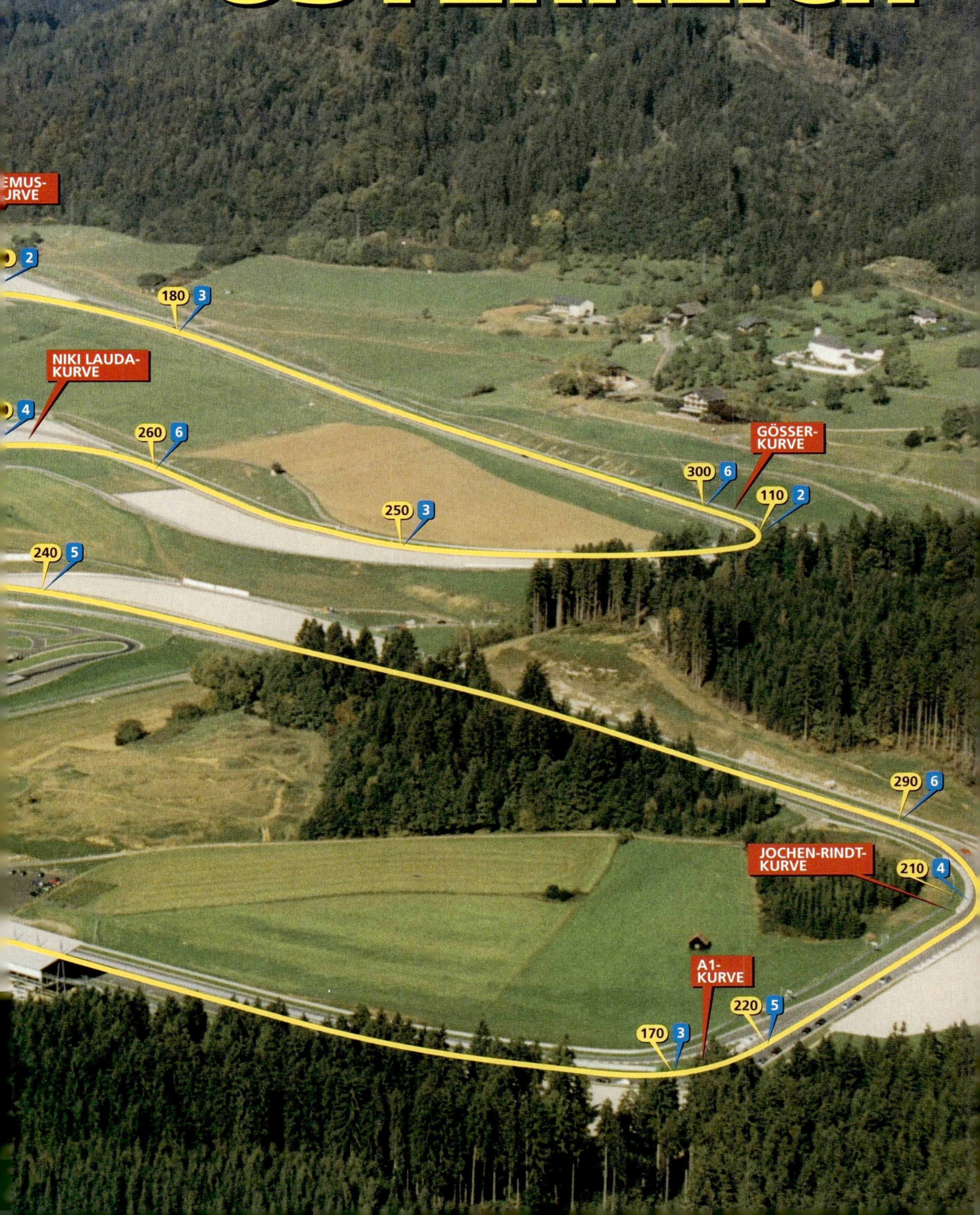

10. Lauf

16. Juli 2000

GROSSER PREIS VON ÖSTERREICH

Spielberg

Start zu einem turbulenten Rennen. In Kurve zwei rempelte David Coulthard 1999 McLaren-Teamkollege Häkkinen von der Bahn. Der kämpfte sich von letzter Stelle vor auf Rang drei.

RTL

SENDEZEITEN

SAMSTAG, 15. JULI
12.45 Uhr Zeittraining

SONNTAG, 16. JULI
9.15 Uhr Warm Up
13.00 Uhr Countdown
14.00 Uhr Das Rennen
15.40 Uhr Highlights

Rückblick 1999

9. Lauf – 25. Juli 1999
Wetter: bedeckt und kühl. 55.000 Zuschauer
1. Startreihe: Mika Häkkinen (Pole), David Coulthard

Pl. Fahrer	Team	Zeit/Rückstand
1. Eddie Irvine (GB)	Ferrari	1:28.12,438 h
2. David Coulthard (GB)	McLaren-Mercedes	0,313 s
3. Mika Häkkinen (FIN)	McLaren-Mercedes	22,282 s
4. Heinz-Harald Frentzen (D)	Jordan-Mugen-Honda	52,803 s
5. Alexander Wurz (A)	Benetton-Playlife	1.06,358 m
6. Pedro Diniz (BR)	Sauber-Petronas	1.10,933 m

Die letzten fünf Sieger

1999 Eddie Irvine (GB)	Ferrari
1998 Mika Häkkinen (FIN)	McLaren-Mercedes
1997 Jacques Villeneuve (CDN)	Williams-Renault
1986 Alain Prost (F)	McLaren-TAG-Porsche Turbo
1985 Alain Prost (F)	McLaren-TAG-Porsche Turbo

Die Alpen-Republik verdankt ihren WM-Lauf einem deutschen Rennfahrer mit Wohnsitz in Österreich: Dank der Erfolge von Jochen Rindt verwirklichten die Österreicher ihre Pläne vom Bau einer permanenten Rennstrecke. Der aktuelle A1-Ring ist eine modernisierte und verkürzte Variante dieses Österreichrings aus dem Jahr 1969. Nach den Umbauarbeiten erhielt der Kurz-Kurs zunächst ausgesprochen schlechte Noten. Aber die Kritiker wurden schnell eines Besseren belehrt: Alle Rennen seit dem Debüt 1997 verliefen bisher abwechslungsreich und geradezu dramatisch spannend.

Hinter Monte Carlo und dem Hungaroring rangiert die Piste als Nummer drei der Downforce-Strecken. Charakteristisch sind drei recht lange Geraden, die jeweils in sehr enge Kurven münden. Als Besonderheit – der Circuit liegt in der Steiermark – gelten die beachtlichen Höhenunterschiede. Ausgezeich-

nete Bremsen und Traktion ist gefragt. Regelmäßig treten Balance-Probleme auf, weil sich in dieser Beziehung unterschiedliche Wetterlagen stark bemerkbar machen. Die Motor-Ingenieure müssen durch eine Feinjustierung des Sprit/Luft-Gemischs auf die relativ sauerstoffarme Höhenlage reagieren.

Die Piloten begrüßen den Auftritt in den Alpen, weil die neue Anlage entgegen allen ursprünglichen Erwartungen gleich mehrere Möglichkeiten zu Überholmanövern bietet. In den Bremszonen vor den Kurven „Castrol", „Remus" und „Gösser" ist schon so manches Duell entschieden worden. Vor der Remus-Kurve flogen zuletzt zuweilen auch die Fetzen – glücklicherweise ist das der langsamste Streckenabschnitt der Piste. Stets müssen die Fahrer bei ihrer Fahrweise beachten, dass hier – obwohl die Strecke nur zwei Linkskurven aufweist – der rechte Vorderreifen ungeheuerlich strapaziert wird. Als recht

Rennreport zum Ausfüllen

Startaufstellung Top sechs

Pole Häkkinen 2. Coulthard
3. Barrichello 4. Schumacher
5. Trulli 6. Zonta

Pole-Zeit 1.10,410 Min.

Zieleinlauf

Pl.	Fahrer	Punkte
1.	Häkkinen	10
2.	Coulthard	6
3.	Barrichello	4
4.	Villeneuve	3
5.	Button	2
6.	Salo	1
7.	Herbert	
8.	Gene	
9.	Diniz	
10.	Wurz	
11.	Burti	
12.	Mazzacane	
13.		
14.		
15.		

Ausfälle und Notizen

M. Schumacher
R. Schumacher
HH. Frentzen
J. Trulli
N. Heidfeld
J. Alesi

Wetter

Training ☐ sonnig ☐ heiter ☒ bewölkt ☐ Regen
Rennen ☐ sonnig ☒ heiter ☐ bewölkt ☐ Regen

Fahrer-WM nach 10 Läufen

Pl.	Fahrer	Punkte
1.	Schumacher	56
2.	Coulthard	50
3.	Mika H.	48
4.	Barrichello	36
5.	Fisichella	18
6.	R. Schumacher	14
7.	Villeneuve	11
8.	Trulli	6
9.	Frentzen	5
10.	Button	5
11.	Salo	4
12.	Irvine	3
13.	Verstappen	2
14.	Zonta	1
15.	de la Rosa	1
16.		
17.		
18.		
19.		
20.		

Konstrukteurs-WM nach 10 Läufen

Pl.	Team	Punkte
1.	McLaren	98
2.	Ferrari	92
3.	BMW Will.	18
4.	Benetton	18
5.	BAR Honda	12
6.	Jordan	11
7.	Sauber	4
8.	Jaguar	3
9.	Arrows	3
10.		

BAR erlebte auch in Zeltweg ein Debakel. Beide Autos fielen im Rennen aus. Zonta kam immerhin noch in die Wertung – als 15. und Letzter…

Fairer Umgang zwischen den Rivalen: Häkkinen gratulierte Irvine 1999 zu dessen drittem Sieg.

schwierig gilt die Gösser-Kurve, weil von annähernd 300 km/h bergab auf unter 100 km/h abgebremst werden muss. Auch die Zieleingangskurve hat es in sich: Die Ideallinie führt über die Kerbs, und eine Kompression zwingt die Boliden in die Federn.

Tipps für Fans

Kaum ein anderer europäischer Grand Prix bietet sich derart gut als Urlaubsziel an wie dieses Rennen. Die Region ist tauglich für Sommerausflüge, Ferien auf dem Bauernhof und Bergwanderer, die sich nicht mit Reinhold Messner messen möchten. Zuschauern bieten sich beste Übersichtsmöglichkeiten, wenn sie Tickets im Bereich der Castrol-Kurve, auf der Nord-Tribüne (entweder ganz rechts oder ganz links), im Scheitelpunkt der Gösser-Kurve oder rechts der Haupttribüne wählen. Hotels sind relativ rar, aber privat werden sehr viele Fremdenzimmer vermietet und die Campingmöglichkeiten sind ausreichend dimensioniert.

Zu den Szene-Hotels zählen das „Grand Prix" und der Gasthof „Schönberghof" – beide in Spielberg. Wer sich als Camper nicht selbst versorgt oder sich nicht an den zahlreichen Buden auf „Steckerl-Fische", „Würstl" und die obligatorischen „Brathendl" stürzt, kann seine Schillinge auch ins „A1-Restaurant" (an der Piste), das „Steirerschlössel" (Hauptstraße 100, Zeltweg), das „Lucullus" (Gaalerstraße 4, Knittelfeld) oder den „Gaalerhof" (Schatenberg 53, Knittelfeld) tragen.

Kartenverkauf

Grand Prix Tickets
Sonnenring 1
A – 8724 Spielberg
Tel. 0043-3512-70930
Fax 0043-3512-73205
Internet: www.gpt.at

Preise

ca. 170,– bis 600,– DM
100,– ÖS = ca. 14,– DM

GPT
Grand Prix Tickets
TM
by Christof Ammann
Action pur!
tehplatz – Tribünen – und Paddock Club Karten
ir ALLE Grand Prix der Saison 2000! Kostenlose Infos anfordern
Deutschland: Tel. 0043-3512-709-0 • Fax 0043-3512-73205 aus Österreich: Tel. 03512-709-0 • Fax 03512-73205
riftlich: Grand Prix Tickets • Sonnenring 1 • A-8724 Spielberg e-mail: tickets@gpt.at http://www.gpt.at

11. Lauf 30. Juli 2000

HOCKENHEIMRING

Distanz: 45 Runden à 6,825 km (307,125 km)
Rundenrekord (1991): Riccardo Patrese (I), Williams-Renault, in 1.41,590 Min. (241,524 km/h)
Schnellste Runde 1999: David Coulthard (GB), McLaren-Mercedes, in 1.45,270 Min. (233,331 km/h)
Schnitt des Siegers 1999: 224,723 km/h

GROSSER PREIS VON DEUTSCHLAND

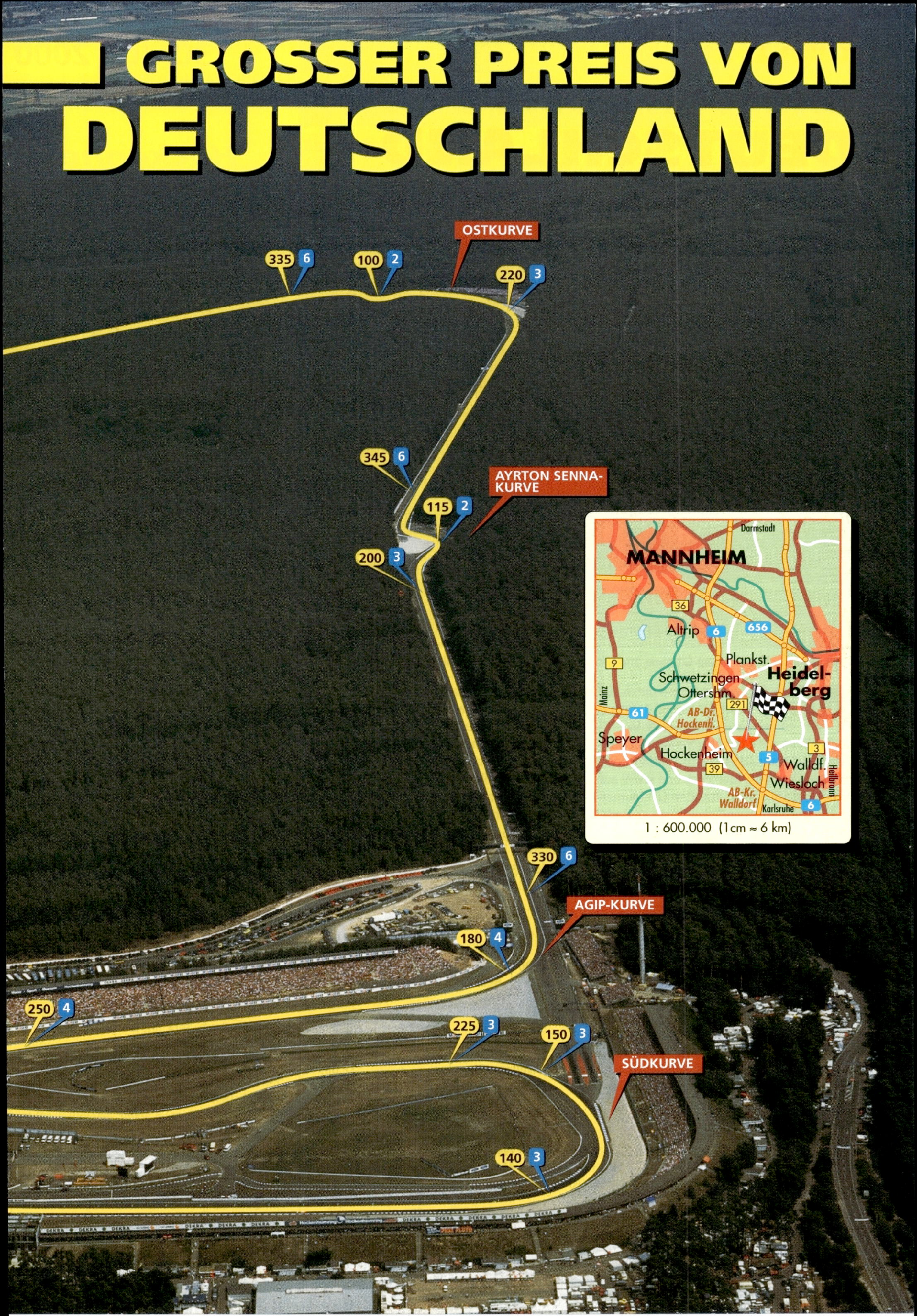

1 : 600.000 (1cm ≈ 6 km)

12. Lauf 13. August 2000

HUNGARORING, BUDAPEST

Distanz: 77 Runden à 3,975 km (306,075 km)
Rundenrekord (1992): Nigel Mansell (GB), Williams-Renault, in 1.18,308 Min. (182,418 km/h)
Schnellste Runde 1999: David Coulthard (GB), McLaren-Mercedes, in 1.20,699 Min. (177,236 km/h)
Schnitt des Siegers 1999: 172,524 km/h

GROSSER PREIS VON UNGARN

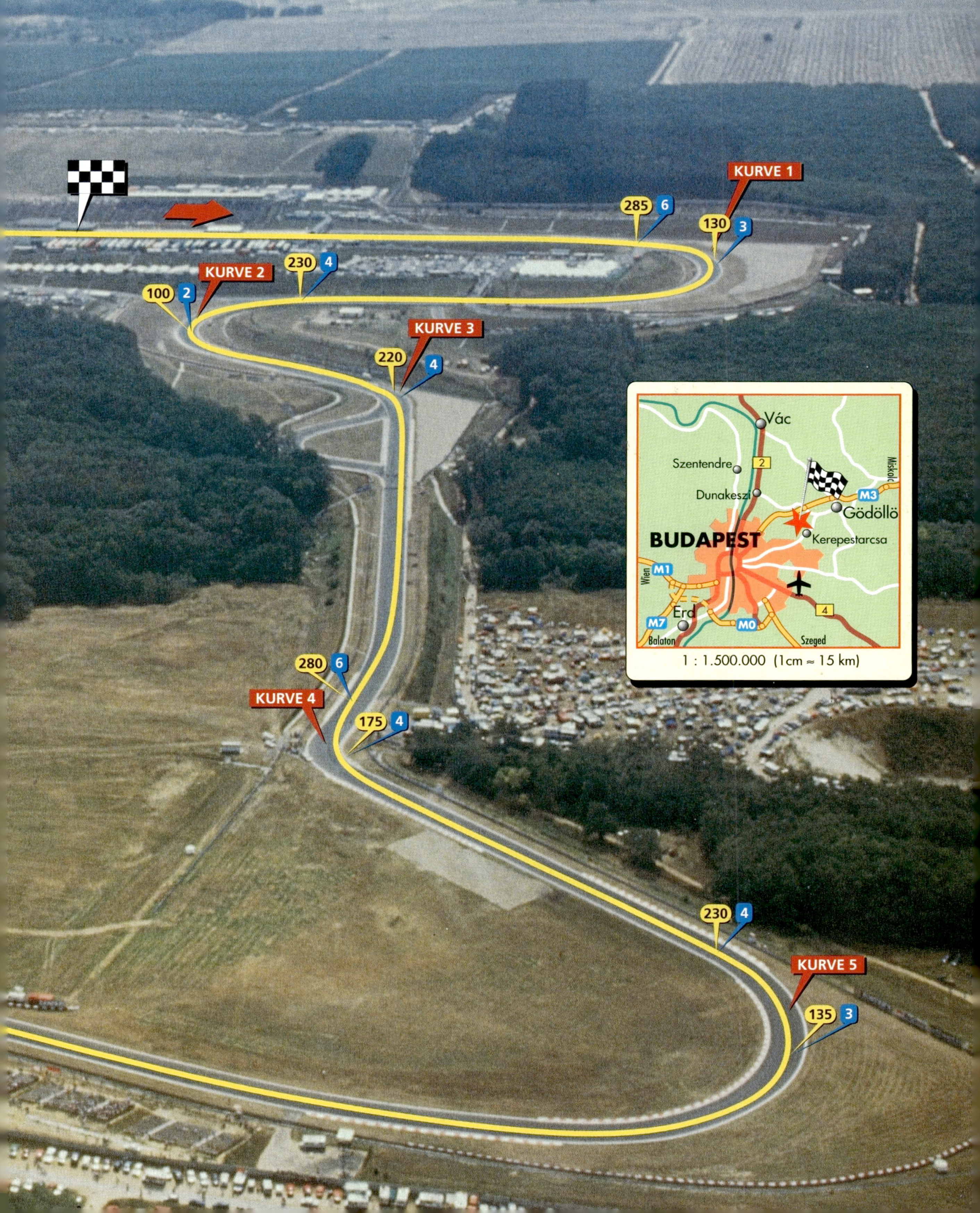

12. Lauf

13. August 2000

GROSSER PREIS VON UNGARN

Budapest

1999 war der Hungaroring fest in finnischer Hand. Rund 30.000 Nordeuropäer konnten sich über einen Sieg ihres Idols Mika Häkkinen freuen.

Unbestritten zählt der WM-Lauf im Südosten Europas zu den Höhepunkten der Saison. 1986, damals existierte noch der Eiserne Vorhang, war das Rennen eine Sensation: Die revolutionäre Begegnung des kommunistischen Landes mit dem „Kapitalisten-Sport" Formel 1 bedeutete das Aufeinanderprallen zweier Welten. Was sich bis heute gehalten hat, ist die unverwechselbare Atmosphäre, die den Kurs nahe der ungarischen Hauptstadt prägt.

Die Rennstrecke ist „twisty", mit Kurven gespickt. Längst hat sie den viel sagenden Beinamen „Monaco ohne Häuser". Da ist es keine Überraschung, dass die Ingenieure das Wort Abtrieb ganz besonders groß schreiben. Um das Potential der Rennwagen voll auszuschöpfen, ist viel Grip auf der Vorderachse notwendig. Dazu zwingen die vielen Richtungswechsel. Doch der Schuss kann leicht nach hinten losgehen. Dann leiden die Boliden an zu starkem Untersteuern und sind unfahrbar. Erschwert wird die Abstimmungsarbeit durch den unebenen Pistenbelag und den Schmutz, der freitags stets auf der Bahn liegt. Zahlreiche Runden müssen gedreht werden, um die Ideallinie zu „gummieren". Überholmöglichkeiten gibt es auf dem Hungaroring nur mittels Brechstange.

Von den Piloten wird ausgesprochen viel Geduld verlangt. Cool bleiben, auch wenn hier manchmal tropische Temperaturen herrschen. Wer sich im Qualifying keine gute Ausgangsposition erkämpfen konnte, der muss

David Coulthard überholte Ferrari-Ass Eddie Irvine nach rundenlangem Fight und wurde Zweiter.

RTL

SENDEZEITEN

SAMSTAG, 12. AUGUST
12.45 Uhr Zeittraining

SONNTAG, 13. AUGUST
9.15 Uhr Warm Up
13.00 Uhr Countdown
14.00 Uhr Das Rennen
15.55 Uhr Highlights

Rückblick 1999

11. Lauf – 15. August 1999
Wetter: heiter und warm. 110.000 Zuschauer
1. Startreihe: Mika Häkkinen (Pole), Eddie Irvine

Pl. Fahrer	Team	Zeit/Rückstand
1. Mika Häkkinen (FIN)	McLaren-Mercedes	1:46.23,536 h
2. David Coulthard (GB)	McLaren-Mercedes	9,706 s
3. Eddie Irvine (GB)	Ferrari	27,228 s
4. Heinz-Harald-Frentzen (D)	Jordan-Mugen-Honda	31,815 s
5. Rubens Barrichello (BR)	Stewart-Ford	43,808 s
6. Damon Hill (GB)	Jordan-Mugen-Honda	55,726 s

Die letzten fünf Sieger

1999 Mika Häkkinen (FIN)	McLaren-Mercedes
1998 Michael Schumacher (D)	Ferrari
1997 Jacques Villeneuve (CDN)	Williams-Renault
1996 Jacques Villeneuve (CDN)	Williams-Renault
1995 Damon Hill (GB)	Williams-Renault

im Rennen abwarten können. Druck auf den Vordermann ausüben, auf Fehler des Gegners warten – das ist die Devise. Darüber hinaus vertraut jeder auf die Cleverness seiner Pit-Crew, was die Boxenstopp-Strategie betrifft.

Tipps für Fans

Ein Besuch des Ungarn-GP lässt sich sehr gut mit einer Städtereise nach Budapest oder einem Urlaub am Balaton (Plattensee) verbinden. Die ungarische Metropole eignet sich optimal für die Errichtung des „Basislagers". Es gibt zahlreiche Hotels aller Preisklassen. Die Rennstrecke liegt 30 Autominuten vom Zentrum entfernt an der Autobahn M3 in Richtung Miskolc. Wer lieber näher an der Piste Quartier macht, kann eins der privaten Fremdenzimmer mieten oder campen.

Auch hier gilt natürlich, dass die teuersten Tribünen gegenüber der Boxenanlage liegen. Und wie immer: Es gibt bessere Angebote. Interessant sind die Sitzplätze in Höhe der „Kurve 6" und vor „Kurve 10". Aufgrund des hügeligen Geländes stellen die Stehplätze eine empfehlenswerte Alternative dar.

Zu den Top-Hotels zählen unter anderem das „Mariott" (Apaczai Cserelanos Utca 4), das „Hilton" (Hess Andras tér 1-3) und – im Stadtteil Buda – das „Mercure Buda" (Krisztena krt 41-43). Aufgrund der vielen guten Restaurants verteilen sich die Superlizenz-Inhaber, sofern sie nicht im Hotel speisen, auf zahlreiche Lokalitäten. Top-Noten bekamen zuletzt das Feinschmecker-Restaurant „Alàbardos" (Orszàghàsz utca 2 in Buda) und das – für seine einheimische Küche bekannte – „Fortuna" (Hess Andràs ter 4 in Buda).

Sehr attraktiv: Promotion-Girls aus Ungarn.

Kartenverkauf
GFG Importhandels GmbH
Modecenterstr. 22/B1/6
A – 1030 Wien
Tel. 0043-1-7969490
Fax 0043-1-796949077
Internet: www.hungaroring.hu

Preise
170,– bis 670,– DM
Landeswährung Forint

Rennreport zum Ausfüllen

Startaufstellung Top sechs

Pole ____________ 2. ____________
3. ____________ 4. ____________
5. ____________ 6. ____________

Pole-Zeit _.__,___ Min.

Zieleinlauf

Pl.	Fahrer	Punkte
1.		10
2.		6
3.		4
4.		3
5.		2
6.		1
7.		
8.		
9.		
10.		
11.		
12.		
13.		
14.		
15.		

Ausfälle und Notizen

Wetter

Training ☐ ☐ ☐ ☐

Rennen ☐ ☐ ☐ ☐

Fahrer-WM nach 12 Läufen

Pl.	Fahrer	Punkte
1.		
2.		
3.		
4.		
5.		
6.		
7.		
8.		
9.		
10.		
11.		
12.		
13.		
14.		
15.		
16.		
17.		
18.		
19.		
20.		

Konstrukteurs-WM nach 12 Läufen

Pl.	Team	Punkte
1.		
2.		
3.		
4.		
5.		
6.		
7.		
8.		
9.		
10.		

13. Lauf 27. August 2000

GROSSER PREIS VON BELGIEN

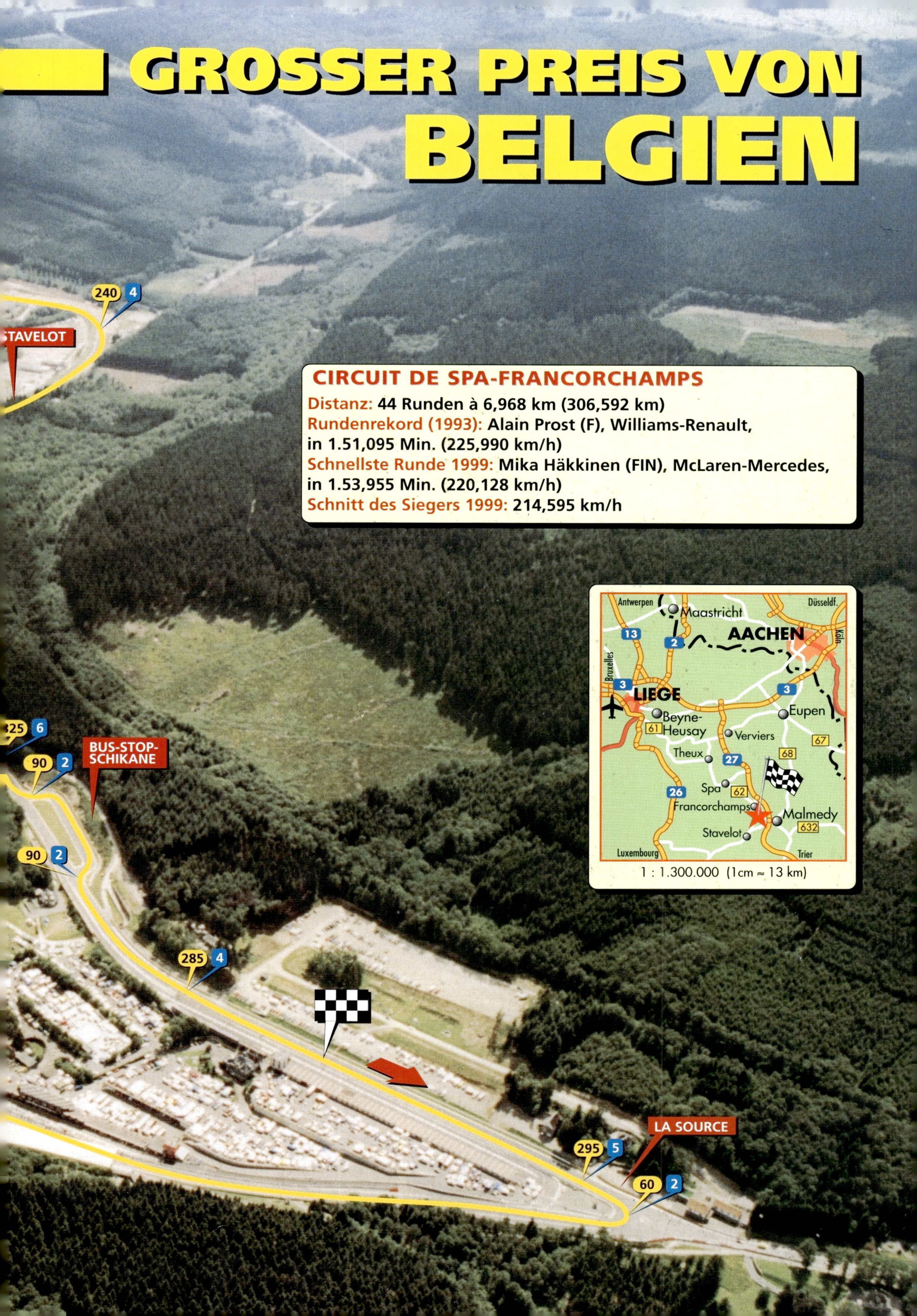

CIRCUIT DE SPA-FRANCORCHAMPS

Distanz: 44 Runden à 6,968 km (306,592 km)
Rundenrekord (1993): Alain Prost (F), Williams-Renault, in 1.51,095 Min. (225,990 km/h)
Schnellste Runde 1999: Mika Häkkinen (FIN), McLaren-Mercedes, in 1.53,955 Min. (220,128 km/h)
Schnitt des Siegers 1999: 214,595 km/h

1 : 1.300.000 (1cm ≈ 13 km)

13. Lauf

27. August 2000

GROSSER PREIS VON BELGIEN

Spa-Francorchamps

Die berühmte Senke „Eau Rouge" zählt zu den größten Herausforderungen der Formel-1-Piloten. Nur die Besten bleiben hier voll auf dem Gas.

RTL

SENDEZEITEN

SAMSTAG, 26. AUGUST
12.45 Uhr Zeittraining

SONNTAG, 27. AUGUST
9.15 Uhr Warm Up
13.00 Uhr Countdown
14.00 Uhr Das Rennen
15.35 Uhr Highlights

Rückblick 1999

12. Lauf – 29. August 1999
Wetter: heiter und warm. 90.000 Zuschauer
1. Startreihe: Mika Häkkinen (Pole), David Coulthard

Pl. Fahrer	Team	Zeit/Rückstand
1. David Coulthard (GB)	McLaren-Mercedes	1:25.43,057 h
2. Mika Häkkinen (FIN)	McLaren-Mercedes	10,469 s
3. Heinz-Harald-Frentzen (D)	Jordan-Mugen-Honda	33,433 s
4. Eddie Irvine (GB)	Ferrari	44,948 s
5. Ralf Schumacher (D)	Williams-Supertec	48,067 s
6. Damon Hill (GB)	Jordan-Mugen-Honda	54,916 s

Die letzten fünf Sieger

1999 David Coulthard (GB)	McLaren-Mercedes
1998 Damon Hill (GB)	Jordan-Mugen-Honda
1997 Michael Schumacher (D)	Ferrari
1996 Michael Schumacher (D)	Ferrari
1995 Michael Schumacher (D)	Benetton-Renault

In den Ardennen wartet alljährlich die größte Herausforderung des gesamten Kalenders auf die F1-Piloten. Nirgendwo wird soviel Können und Mut von den Fahrern verlangt wie in Spa-Francorchamps. Inmitten der großartigen Landschaft gilt es, beachtliche Höhenunterschiede zu überwinden und es mangelt nicht an Kurven, die für Adrenalinstöße sorgen. Wer hier siegt, setzt sich ein Denkmal.

Ein kurzer Blick auf das Layout der Rennstrecke zeigt, dass auch hier die richtige Balance zwischen Topspeed und Downforce gefunden werden muss. Daneben tüfteln die Ingenieure die geeignete Bodenfreiheit aus. In der Steigung bei „Eau Rouge" werden die Autos mit einer Kraft von vier g gegen den Berg gedrückt. Wer hier nicht ausreichend

Bodenfreiheit einkalkuliert, bekommt Probleme… Doch letztlich ist wieder einmal ein Kompromiss die optimale Lösung, denn das perfekte Set-up für „Eau Rouge" bringt im Gefälle zwischen „Malmedy" und „Stavelot" Nachteile. Auch die Bremsen und die Bremsstabilität der Rennwagen haben in den Ardennen einen hohen Stellenwert. Wer mit mehr als 300 km/h aus Richtung „Blanchimont" angeflogen kommt und eingangs der „Bus-Stop-Schikane" auf knapp 80 km/h verzögern muss, braucht wirksame Bremsen.

Um hier gut auszusehen, mobilisieren die Fahrer die letzten Reserven. Die Eau Rouge, die „Eigernordwand der Formel 1", ist eine anerkannte Mutprobe. Umfangreiche Modifikationen machten diesen Streckenabschnitt im Verlauf der letzten Jahre recht sicher. Unverletzt überstandene Unfälle von Jacques Villeneuve und Ricardo Zonta bewiesen dies erst im Vorjahr. Absolut vergleichbar, aber weniger berühmt, ist die lange Linkskurve Blanchimont. Weil es hier an maßstabsgerechten Auslaufzonen fehlt, haben alle großen Respekt vor dieser Vollgaspassage.

Tipps für Fans

Mit seinen zahlreichen Naturtribünen bietet die Anlage den Fans viel fürs Geld. Die weitaus teureren Sitzplätze können qualitativ nicht mithalten. Der individuell beste Standort sollte während des Trainings ausgekundschaftet werden. Leider ist der Boxenbereich neuerdings bereits donnerstags hermetisch abgeriegelt, was Autogrammsammlern das Leben schwer macht. Eine Chance besteht unverändert am Eingang des Tunnels, der zum VIP-Parkplatz führt. Selbstverständlich gibt es Campingplätze. Aber in der Umgebung bieten sich auch einige Hotels an. Wer Scheu vor Fremdsprachen hat, kann über das Hohe Venn nach Ostbelgien ausweichen. Dort wird Deutsch gesprochen. Und auch Aachen liegt in akzeptabler Pendelentfernung.

Nobelherbergen sucht man in der Region vergeblich. Zu den besseren Adressen zählen das „Hotel des Bruyères" und die „Hostellerie La Roannay" (beide in Francorchamps) sowie das Hotel „La Villa des Fleurs" (in Stavelot). Als Restaurants empfehlen sich das „Le Val d'Ambiève" (Route de Malmédy 7, Stavelot) und das „Le Roannay" (Route de Spa 155, Francorchamps).

Kartenverkauf
SPA Activities SPRL
55 Route du Circuit
B – 4970 Francorchamps
Tel. 0032-87-275146
Fax 0032-87-275551
Internet: www.spa-francorchamps.be

Preise
ca. 240,– bis 650,– DM
100,– BFr = ca. 4,84 DM

Rennreport zum Ausfüllen

Startaufstellung Top sechs

Pole ____________ 2. ____________
3. ____________ 4. ____________
5. ____________ 6. ____________

Pole-Zeit _.__,___ Min.

Zieleinlauf

Pl.	Fahrer	Punkte
1.		10
2.		6
3.		4
4.		3
5.		2
6.		1
7.		
8.		
9.		
10.		
11.		
12.		
13.		
14.		
15.		

Ausfälle und Notizen

Wetter

Training ☐ ☐ ☐ ☐

Rennen ☐ ☐ ☐ ☐

Fahrer-WM nach 13 Läufen

Pl.	Fahrer	Punkte
1.		
2.		
3.		
4.		
5.		
6.		
7.		
8.		
9.		
10.		
11.		
12.		
13.		
14.		
15.		
16.		
17.		
18.		
19.		
20.		

Konstrukteurs-WM nach 13 Läufen

Pl.	Team	Punkte
1.		
2.		
3.		
4.		
5.		
6.		
7.		
8.		
9.		
10.		

14. Lauf — 10. September 2000

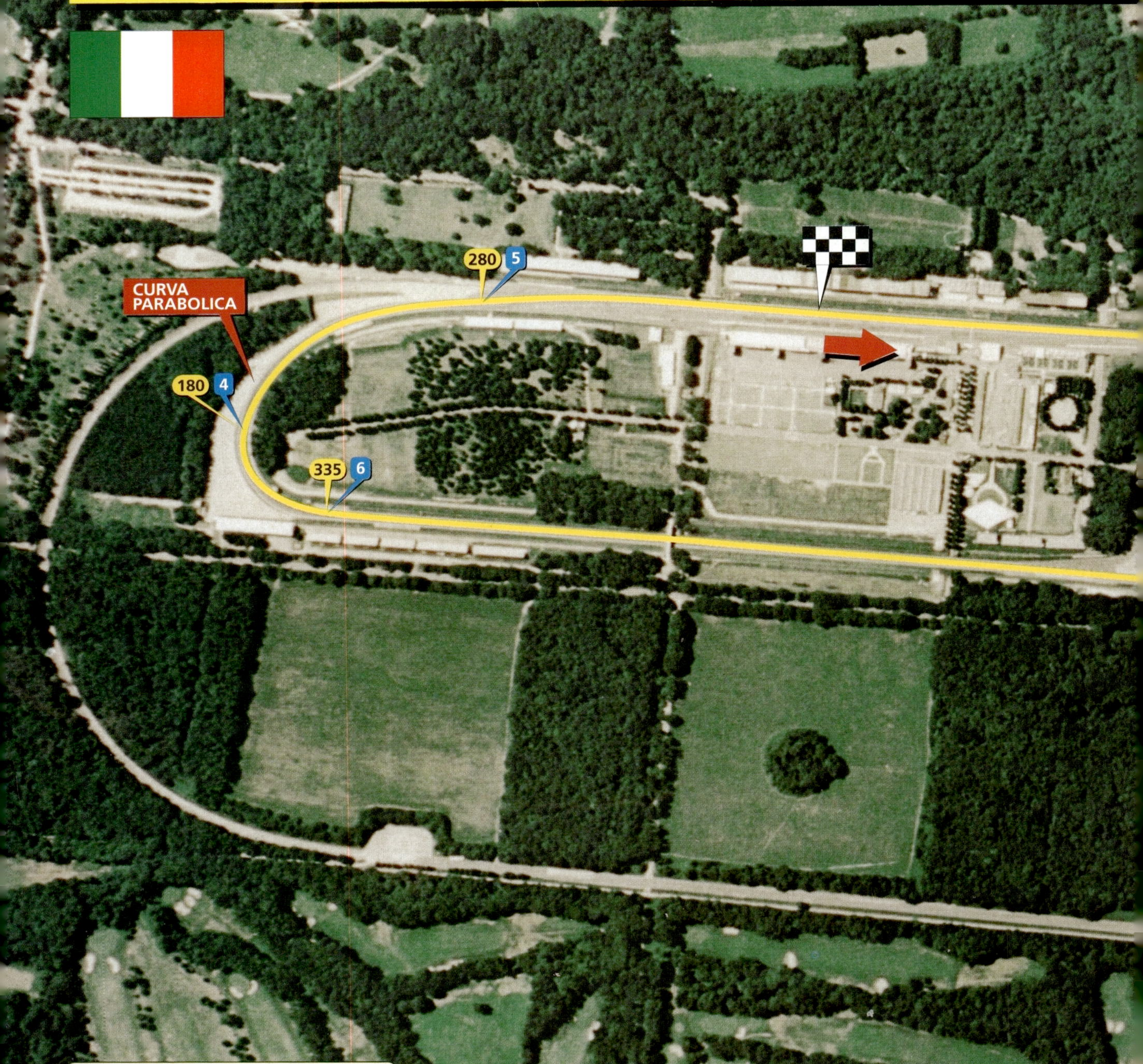

1 : 1.000.000 (1cm ≈ 10 km)

Autodromo di Monza

Distanz: 53 Runden à 5,783 km (306,499 km)
Rundenrekord (1997): Mika Häkkinen (FIN), McLaren-Mercedes, in 1.24,808 Min. (244,929 km/h)
Schnellste Runde 1999: Ralf Schumacher (D), Williams-Supertec, in 1.25,579 Min. (242,723 km/h)
Schnitt des Siegers 1999: 237,938 km/h

GROSSER PREIS VON ITALIEN

14. Lauf 10. September 2000

GROSSER PREIS VON ITALIEN

Monza

Schock für Mika Häkkinen und McLaren-Mercedes: Der Finne verschaltete sich 1999 und flog ab, nachdem er schon wie der sichere Sieger aussah.

Monza, die älteste permanente Rennstrecke Europas, empfängt die Formel 1. In den berühmten Kurven „Lesmo" oder „Parabolica" wurde bereits in den zwanziger Jahren Rennsportgeschichte geschrieben. Auf der schnellsten Piste des gesamten Kalenders verabschieden sich Michael Schumacher & Co. für dieses Jahr vom alten Kontinent. Hier fahren die Schnellsten trotz der Schikanen einen Rennschnitt von circa 240 km/h. Wie in Imola steht das GP-Wochenende ganz im Zeichen von Ferrari und den Anhängern der Scuderia.

Es ist ein offenes Geheimnis, dass bei der Wahl des Set-up während der beiden Trainingstage die Topspeed im Mittelpunkt steht. Die Heckflügel, witzeln die Ingenieure, sind hier nicht größer als die Flügel eines tiefgekühlten Brathähnchens. Die Piloten benötigen lediglich ein klein wenig Abtrieb, um auf der Bremse nicht die Balance zu verlieren. Aerodynamische und mechanische Traktion ist für das Beschleunigen aus den Schikanen notwendig. Und schließlich muss sich das Fahrwerk für wilde Ritte über die Kerbs eignen. Im Rahmen der Feinabstimmung wird regelmäßig Untersteuern – das speziell im Bereich der „Lesmo 1" und der „Parabolica" störend auftritt – bekämpft. Die Vollgas-Passagen fordern parallel von den Motoren die letzten Reserven.

Eines muss klar gesagt werden: Als besondere fahrerische Herausforderung empfindet keiner der Piloten diese Piste. Das bedeutet aber nicht, dass es hier keine Tücken gibt: Grip-Probleme lauern in den Lesmo-Kurven, der wellige Belag macht das Anbremsen der „Variante Ascari" zu einem heiklen Tanz und nur mit einem extrem sensiblen Gasfuß lässt sich die Vorderachse beim Einlenken in die „Parabolica" beruhigen. Trotz scheinbar idealer Bedingungen ist das Überholen ausgesprochen schwierig.

RTL

SENDEZEITEN

SAMSTAG, 9. SEPTEMBER
12.45 Uhr Zeittraining

SONNTAG, 10. SEPTEMBER
9.15 Uhr Warm Up
13.00 Uhr Countdown
14.00 Uhr Das Rennen
15.30 Uhr Highlights

Rückblick 1999

13. Lauf – 12. September 1999
Wetter: sonnig und warm. 140.000 Zuschauer
1. Startreihe: Mika Häkkinen (Pole), Heinz-Harald Frentzen

Pl. Fahrer	Team	Zeit/Rückstand
1. Heinz-Harald-Frentzen (D)	Jordan-Mugen-Honda	1:17.02,923 h
2. Ralf Schumacher (D)	Williams-Supertec	3,272 s
3. Mika Salo (FIN)	Ferrari	11,932 s
4. Rubens Barrichello (BR)	Stewart-Ford	17,630 s
5. David Coulthard (GB)	McLaren-Mercedes	18,142 s
6. Eddie Irvine (GB)	Ferrari	27,402 s

Die letzten fünf Sieger

1999 Heinz-Harald Frentzen (D)	Jordan-Mugen-Honda
1998 Michael Schumacher (D)	Ferrari
1997 David Coulthard (GB)	McLaren-Mercedes
1996 Michael Schumacher (D)	Ferrari
1995 Johnny Herbert (GB)	Benetton-Renault

Tipps für Fans

Die Fans werden für die Anreise reich belohnt: Im Königlichen Park von Monza feiern die Tifosi drei Tage lang Karneval – die Atmosphäre ist noch ausgeflippter als in Imola. Außerdem gibt es zahlreiche gute Tribünen. Mit Recht sind die Sitzplätze in Höhe der Doppelschikane nach Start-und-Ziel besonders beliebt. Der Wermutstropfen: Aufgrund des hohen Durchschnittstempos ist dieser WM-Lauf mit weniger als 80 Minuten Dauer der kürzeste des gesamten Kalenders.

Dank der Großstadt Mailand gibt es zahlreiche Hotelbetten in der Region. Trotzdem

Frentzen feierte mit Salo seinen zweiten Sieg.

muss rechtzeitig gebucht werden, denn Milano lockt permanent Reisende mit anderen Interessen – wie Shopping, Sightseeing oder Messe-Besuchen – an. Ausweichmöglichkeiten existieren bis hoch zum Comer See und Campingplätze sind auch vorhanden.

Seitdem der F1-Parkplatz per Brücke mit dem Fahrerlager verbunden ist, können die Superlizenzinhaber morgens und abends nicht mehr von den Fans abgefangen werden. Die Hotels – wie das „Palace“ (Piazza della Republica 20 in Mailand), das „De la Ville“, das „Royal Falcone“ oder das „Della Regione“ (alle Monza) – abzuklappern, ist wegen des Verkehrs ein mühsames Geschäft. Lohnenswerter ist ein Besuch des Restaurants „Fossati“ unweit der Piste – dort findet man immer einige Stars der Szene. Während des Essens wollen die allerdings nicht gestört werden…

Kartenverkauf

Autodromo Nazionale Monza SIAS Spa
Via Vedano 5, Parco di Monza
I – 20052 Monza
Tel. 0039-039-24821
Fax 0039-039-320324
Internet: www.monzanet.it

Preise

ca. 150,– bis 650,– DM
1000 Lire = ca. 1,– DM

Rennreport zum Ausfüllen

Startaufstellung Top sechs

Pole ______ 2. ______
3. ______ 4. ______
5. ______ 6. ______

Pole-Zeit _.__,___ Min.

Zieleinlauf

Pl. Fahrer	Punkte
1.	10
2.	6
3.	4
4.	3
5.	2
6.	1
7.	
8.	
9.	
10.	
11.	
12.	
13.	
14.	
15.	

Ausfälle und Notizen

Wetter

Training ☐ ☐ ☐ ☐

Rennen ☐ ☐ ☐ ☐

Fahrer-WM nach 14 Läufen

Pl. Fahrer	Punkte
1.	
2.	
3.	
4.	
5.	
6.	
7.	
8.	
9.	
10.	
11.	
12.	
13.	
14.	
15.	
16.	
17.	
18.	
19.	
20.	

Konstrukteurs-WM nach 14 Läufen

Pl. Team	Punkte
1.	
2.	
3.	
4.	
5.	
6.	
7.	
8.	
9.	
10.	

15. Lauf 24. September 2000

GROSSER PREIS DER USA

1 : 600.000 (1cm ≈ 6 km)

INDIANAPOLIS MOTOR SPEEDWAY

Distanz: 73 Runden à 4,195 km (306,235 km)

Die Rennstrecke wurde im Infield des legendären Ovals neu erbaut und ist erstmals Austragungsort eines Formel-1-Rennens. Da bei Redaktionsschluss die Bauarbeiten noch nicht abgeschlossen waren, kann die endgültige Streckenlänge von den hier gemachten Angaben leicht abweichen.

15. Lauf

24. September 2000

GROSSER PREIS DER USA

Indianapolis

Tony George, Besitzer des Indianapolis Motor Speedway, verkündete 1998, dass die Formel 1 in die USA – auf seine Rennstrecke – zurückkehrt.

Wiedersehen macht Freude. Erstmals seit 1991 tritt die Formel 1 wieder in den Vereinigten Staaten an. Die achtjährige GP-Abstinenz erweckt den Eindruck, dass die Szene Neuland betritt. Tatsächlich (siehe Seite 94) mangelt es nicht an einer beachtlichen Tradition. Und mit Indianapolis hat Formel-1-Chefdenker Bernie Ecclestone einen Super-Coup gelandet: Die Fahrer-WM kehrt an einen Schauplatz zurück, der unbestritten zu den globalen Hauptstädten des Motorsports zählt. Völlig unabhängig vom Zwischenstand des WM-Klassements wird dieses Rennen weltweit im Blickpunkt des Interesses stehen.

Rechtzeitig vor dem Trip über den großen Teich werden die Ingenieure ihre Computer mit Daten füttern, um pünktlich zum Trainingsbeginn mit einem tauglichen Set-up antreten zu können. Auf Erfahrungswerte kann ja ausnahmsweise nicht zurückgegriffen werden. Speziell auf dem Reifensektor kann es deshalb Überraschungen geben, obwohl die Gummi-Experten der Firma Bridgestone den Asphalt frühzeitig unter die Lupe nehmen. Sicherlich wird die Balance von großer Bedeutung sein, wie ein Blick auf den kurvenreichen Infield-Sektor verrät. Was die Aerodynamik betrifft, werden die Teams einige Alternativen in den Containern mitführen, um Spielraum für kleinere Experimente zu haben. Notfalls wird per Luftfracht nachgeordert.

Was auf die Piloten unterm Strich zukommt, steht ebenso in den Sternen. Scheinbar ist die überholte Zieleingangskurve – „Turn 1" der Oval-Piste – die größte Herausforderung. Indy-Kenner Jacques Villeneuve winkte allerdings bereits ab: Weil der Anlauf nicht lang genug sei, werde der Rechtsbogen aus der Cockpit-Perspektive vermutlich kaum als richtige Kurve wahrgenommen. Im Infield

RTL

SENDEZEITEN

SAMSTAG, 23. SEPTEMBER
19.45 Uhr Zeittraining

SONNTAG, 24. SEPTEMBER
16.15 Uhr Warm Up
20.15 Uhr Countdown
21.00 Uhr Das Rennen
22.40 Uhr Highlights

An der Rennstrecke gibt es ein Museum mit automobilen Schätzen aus dem 20. Jahrhundert.

Die Gasoline Alley führt durch das Infield.

könnte die große Stunde der Stilisten schlagen. Noch erwarten die Verantwortlichen, dass in der Bremszone am Ende der Start- und-Ziel-Geraden überholt werden kann. Hoffentlich behalten sie Recht. Ein Pluspunkt: Chancengleichheit – alle Piloten fangen bei Null an. Heidfeld, Button und Mazzacane dürfen sich freuen.

Tipps für Fans

Jeder Fan darf sicher sein: Die Amerikaner bieten Tribünen an, die den Ticketpreis wert sind. Theoretisch müssten die besten Plätze am Anfang und am Ende der Start-Geraden liegen. Wie bei den anderen Übersee-GP empfiehlt es sich, den Grand Prix-Besuch mit einem längeren Aufenthalt im Gastgeberland zu verbinden. Seit Saisonbeginn spricht es sich herum, dass die Hotels der Region während des Rennwochenendes gewaltig hinlangen. Wer ein Motorhome mietet, kann den Hoteliers ein Schnippchen schlagen.

Vorbehaltlich der Feuertaufe, werden das „Canterbury" (123 South Illinois), das „Crown Plaza" (123 North Louisiana), das „Radisson" (31 West Ohio) und das „Hyatt Regency" (1 South Capitol) als empfehlenswerte Hotels gehandelt. Was Restaurants betrifft – Europäer tun sich in diesem Punkt in den USA erfahrungsgemäß recht schwer – stehen das „Buca" (35 North Illinois), das „St. Elmo's" (127 South Illinois) und das „Palomino" (49 West Maryland) weit oben auf den Listen der F1-Scouts.

Kartenverkauf

United States Grand Prix
P.O. Box 24915
Speedway, IN 46224
USA
Tel. 001-317-484-6700
Internet: www.usgpindy.com
e-mail: tickets@brickyard.com

Preise

ca. 60,- bis 100,- DM
1 US $ = ca. 2,- DM

Rennreport zum Ausfüllen

Startaufstellung Top sechs

Pole ____ 2. ____
3. ____ 4. ____
5. ____ 6. ____

Pole-Zeit _.__,___ Min.

Zieleinlauf

Pl.	Fahrer	Punkte
1.		10
2.		6
3.		4
4.		3
5.		2
6.		1
7.		
8.		
9.		
10.		
11.		
12.		
13.		
14.		
15.		

Ausfälle und Notizen

Wetter

Training ☐ ☐ ☐ ☐

Rennen ☐ ☐ ☐ ☐

Fahrer-WM nach 15 Läufen

Pl.	Fahrer	Punkte
1.		
2.		
3.		
4.		
5.		
6.		
7.		
8.		
9.		
10.		
11.		
12.		
13.		
14.		
15.		
16.		
17.		
18.		
19.		
20.		

Konstrukteurs-WM nach 15 Läufen

Pl.	Team	Punkte
1.		
2.		
3.		
4.		
5.		
6.		
7.		
8.		
9.		
10.		

16. Lauf **8. Oktober 2000**

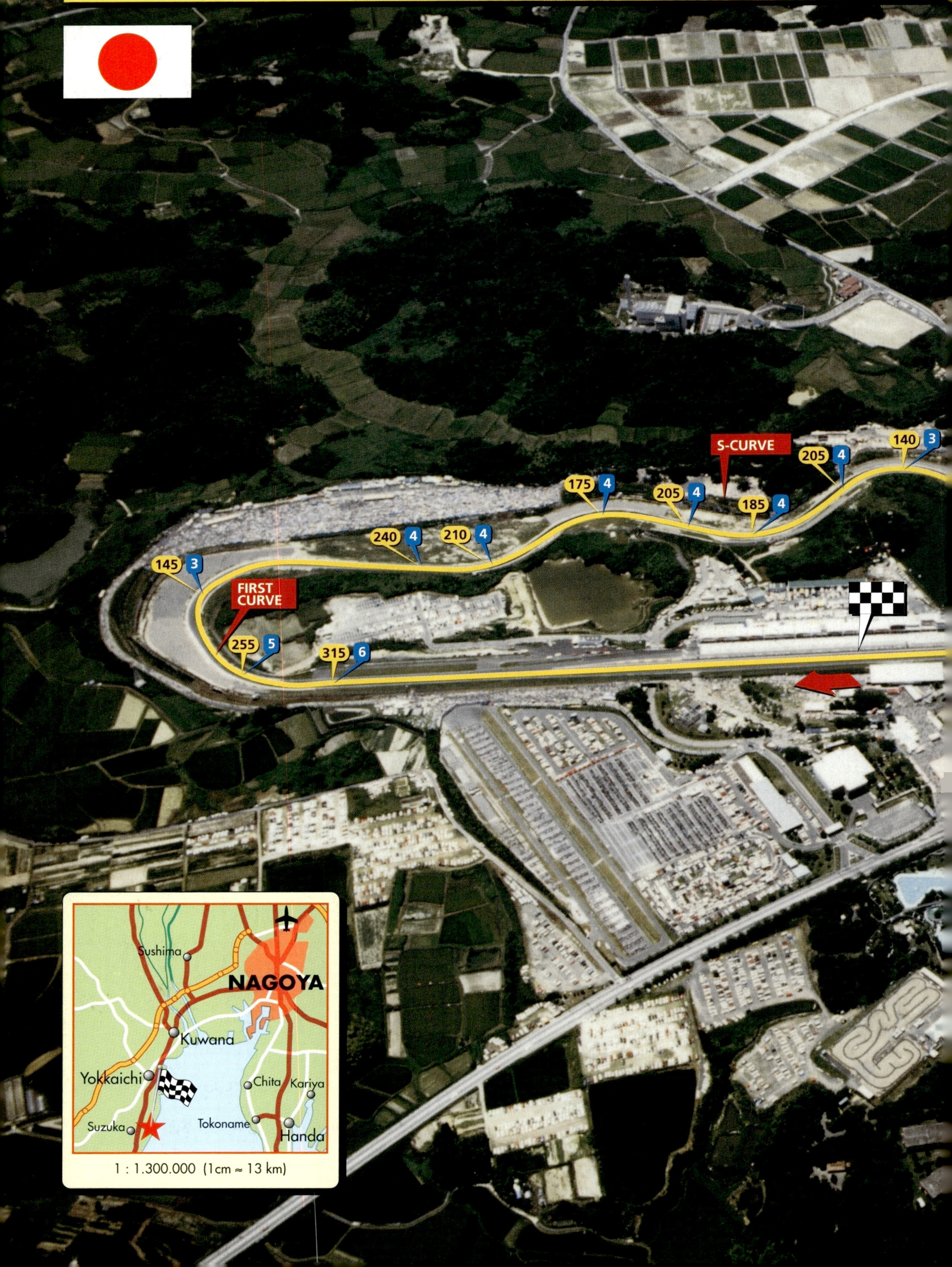

GROSSER PREIS VON JAPAN

SUZUKA INTERNATIONAL RACING COURSE

Distanz: 53 Runden à 5,864 km (310,792 km)
Rundenrekord (1997): Heinz-Harald Frentzen (D), Williams-Renault, in 1.38,942 Min. (213,361 km/h)
Schnellste Runde 1999: Michael Schumacher (D), Ferrari, in 1.41,319 Min. (208,355 km/h)
Schnitt des Siegers 1999: 204,086 km/h

16. Lauf

8. Oktober 2000

GROSSER PREIS VON JAPAN

Suzuka

1999 entschied sich die WM in Suzuka – im letzten GP des Jahres. Mit seinem Sieg befreite sich McLaren-Pilot Mika Häkkinen vom zentnerschweren Druck, der seit Monaten auf ihm lastete. Mit diesem Erfolg sicherte sich der Finne den zweiten Titel in Folge. Sein größter Rivale, Ferrari-Mann Eddie Irvine hatte in Suzuka keine Chance, Häkkinen zu gefährden.

RTL

SENDEZEITEN

SAMSTAG, 7. OKTOBER

5.45 Uhr Zeittraining

SONNTAG, 8. OKTOBER

2.55 Uhr Warm Up

6.30 Uhr Countdown

7.30 Uhr Das Rennen

9.10 Uhr Highlights

Rückblick 1999

16. Lauf – 31. Oktober 1999
Wetter: heiter, kühl. 150.000 Zuschauer
1. Startreihe: Michael Schumacher (Pole), Mika Häkkinen

Pl. Fahrer	Team	Zeit/Rückstand
1. Mika Häkkinen (FIN)	McLaren-Mercedes	1:31.18,785 h
2. Michael Schumacher (D)	Ferrari	5,015 s
3. Eddie Irvine (GB)	Ferrari	1.35,688 m
4. Heinz-Harald Frentzen (D)	Jordan-Mugen-Honda	1.38,635 m
5. Ralf Schumacher (D)	Williams-Supertec	1.39,494 m
6. Jean Alesi (F)	Sauber-Petronas	1 Runde

Die letzten fünf Sieger

1999 Mika Häkkinen (FIN)	McLaren-Mercedes
1998 Mika Häkkinen (FIN)	McLaren-Mercedes
1997 Michael Schumacher (D)	Ferrari
1996 Damon Hill (GB)	Williams-Renault
1995 Michael Schumacher (D)	Benetton-Renault

Suzuka, seit 1996 der Schauplatz des Saisonfinales, rückt in diesem Jahr auf das vorletzte Datum des GP-Kalenders. Die von dem Niederländer John Hugenholtz in den sechziger Jahren gebaute Rennstrecke gilt als eine der anspruchsvollsten der WM. Um die letzten Tricks zu lernen, müssen viele Runden abgespult werden. Die F1-Rookies werden es hier besonders schwer haben. Ungewöhnlich ist die Atmosphäre vor ausverkauften Rängen. Während die Fans in Europa und Südamerika ihre F1-Helden euphorisch feiern, verfolgen die japanischen Zuschauer die Aktivitäten der Stars mit geradezu andächtiger Faszination.

Trotz der recht langen Vollgas-Passagen – von der „Spoon Curve" zur Schikane und anschließend bis zur „First Curve" – legen die Techniker viel Wert auf Abtrieb. Balance ist hingegen in dem schnellen Bergaufgeschlängel gegenüber der Startgeraden gefragt. Hier macht sich auch oft das typische Suzuka-Problem, „Understeering", negativ bemerkbar. Um dieses zeitraubende Untersteuern in den Griff zu bekommen, wird beim Abstimmen im Zweifel auf das letzte Quentchen Traktion verzichtet. Entsprechend müssen Nachteile ausgangs der „Hairpin" und der Schikane in Kauf genommen werden.

Obwohl die Auslaufzonen keineswegs in allen Streckenabschnitten perfekt sind, steht der Suzuka Circuit bei den meisten Piloten sehr hoch im Kurs. Speziell die Rennfahrer mit langjähriger Japan-Erfahrung sind alljährlich erneut begeistert. Zu den Schlüsselstellen zählt die Kurvenkombination „S Curve" hinter dem Fahrerlager. Wer den Eingang nicht optimal trifft, kommt aus dem Rhythmus. Und da die Piste in diesem Bereich ansteigt, dauert es lange, bis man wieder auf Tempo ist. Auch an Mutkurven mangelt es nicht: Vor der langsamen Haarnadelkurve müssen in letzter Sekunde 200 km/h weggebremst werden. Und der lange Linksbogen „130R" verlangt nach einem gesunden Nervenkostüm...

Tipps für Fans

Gute Zuschauerplätze werden im Bereich der „Hairpin" und an der Außenseite der „First Corner" angeboten. Vorteil: An diesen Stellen spielen sich oft entscheidende Überholmanöver ab. Für Japan-Besucher gilt: Eine organisierte Tour erspart Stress. Wer das Land der aufgehenden Sonne auf eigene Faust erobern möchte, sollte sorgfältig planen. Ticket und Hotel müssen rechtzeitig gebucht werden. Die Städte Suzuka, Shirokko oder Tsu bieten sich zur Übernachtung an. Als Flughäfen kommen Nagoya (erste Priorität) und Osaka infrage. Von dort geht es mit dem Zug, Kintetsu-Linie, weiter. Vom weit entfernten Tokio aus erreicht man die Region lediglich mit dem teuren Shinkansen-Express.

Autogrammjäger müssen sich im Nahkampf gegen ihre japanischen Kollegen durchsetzen können – beim Anblick eines F1-Stars verlieren die Nihon-Jins alle Contenance. Beste Chancen bestehen im Umfeld des Suzuka Circuit Hotels, wo die Piloten untergebracht sind. Auch wer die japanische Küche liebt, ist im Circuit Hotel an der richtigen Adresse: Die Sushi Bar „Hamakaze" bietet rohe Fische in jeder Geschmacksrichtung. Wer einen Bogen um Seafood macht, findet im „Ajisai" eine Portion Kobe-Rind oder ähnliche Gerichte.

Kartenverkauf
Suzuka Circuit
Ticket Office
7992, Ino-Cho, Suzuka
Mie-ken 510-0295
Japan
Fax: 0081-593-702408
Internet: www.suzukacircuit.co.jp

Preise
ca. 170,– bis 1.140,– DM
100 Yen = ca. 1,90 DM

Rennreport zum Ausfüllen

Startaufstellung Top sechs

Pole ______ 2. ______
3. ______ 4. ______
5. ______ 6. ______

Pole-Zeit _.__,___ Min.

Zieleinlauf

Pl.	Fahrer	Punkte
1.		10
2.		6
3.		4
4.		3
5.		2
6.		1
7.		
8.		
9.		
10.		
11.		
12.		
13.		
14.		
15.		

Ausfälle und Notizen

Wetter

Training ☐ ☐ ☐ ☐

Rennen ☐ ☐ ☐ ☐

Fahrer-WM nach 16 Läufen

Pl.	Fahrer	Punkte
1.		
2.		
3.		
4.		
5.		
6.		
7.		
8.		
9.		
10.		
11.		
12.		
13.		
14.		
15.		
16.		
17.		
18.		
19.		
20.		

Konstrukteurs-WM nach 16 Läufen

Pl.	Team	Punkte
1.		
2.		
3.		
4.		
5.		
6.		
7.		
8.		
9.		
10.		

17. Lauf **22. Oktober 2000**

GROSSER PREIS VON MALAYSIA

SEPANG COURSE

Distanz: 56 Runden à 5,543 km (310,408 km)
Rundenrekord und schnellste Runde 1999:
Heinz-Harald Frentzen (D), Jordan-Mugen-Honda, in 1.40,631 Min. (191,530 km/h)
Schnitt des Siegers 1999: 192,359 km/h

17. Lauf

22. Oktober 2000

GROSSER PREIS VON MALAYSIA

Sepang

Damon Hill erlebte in Sepang ein kurzes Rennen. Nach wenigen Metern war der Ex-Champ out.

In Malaysia feierte Michael Schumacher nach seiner Verletzungspause ein grandioses Comeback. Das Ferrari-Ass war der überragende Fahrer des Wochenendes und schenkte seinem Teamkollegen Eddie Irvine den Sieg. Damit blieb der Ire beim Titelkampf im Rennen.

Der 17. und letzte WM-Lauf der Saison wird auf der Piste von Sepang nahe der malaysischen Hauptstadt Kuala Lumpur ausgetragen. Ein Blick in die Vergangenheit zeigt: Der asiatische Staat ist das elfte Land, dem diese Ehre zuteil wird. Das Schlusslicht des Terminkalenders zu sein, ist für die Veranstalter aber immer auch ein Risiko. Sollte der Titelkampf vorzeitig entschieden sein, fehlt es an Spannung. Falls die WM-Krone allerdings erst hier vergeben wird, blickt die Welt auf Malaysia und Sepang. Das wäre ideal, denn die großzügig errichtete Anlage kann sich sehen lassen. Sieht man davon ab, dass eine wirklich schnelle „Mutkurve" fehlt, ist der Circuit perfekt.

Die hochmoderne Piste, erst während des Vorjahres eingeweiht, stellte die Techniker 1999 vor große Probleme. Mit allen mechanischen und aerodynamischen Tricks wurde – meist vergeblich – versucht, Grip aufzubauen. Die Kurven unterschiedlichster Radien verlangen außerdem nach sehr gut ausbalancierten Rennwagen. Und schließlich sind die Bremsen gefordert: am Ende der Startgeraden und vor der Haarnadelkurve.

RTL

SENDEZEITEN

SAMSTAG, 21. OKTOBER
5.45 Uhr Zeittraining

SONNTAG, 22. OKTOBER
2.55 Uhr Warm Up
6.30 Uhr Countdown
7.30 Uhr Das Rennen
9.10 Uhr Highlights

Rückblick 1999

15. Lauf – 17. Oktober 1999
Wetter: bewölkt. 80.000 Zuschauer
1. Startreihe: Michael Schumacher (Pole), Eddie Irvine

Pl. Fahrer	Team	Zeit/Rückstand
1. Eddie Irvine (GB)	Ferrari	1:36.38,494 h
2. Michael Schumacher (D)	Ferrari	1,040 s
3. Mika Häkkinen (FIN)	McLaren-Mercedes	9,743 s
4. Johnny Herbert (GB)	Stewart-Ford	17,538 s
5. Rubens Barrichello (BR)	Stewart-Ford	32,296 s
6. Heinz-Harald Frentzen (D)	Jordan-Mugen-Honda	34,884 s

Wenn Ihnen Ergebnisse zur Saison 2000 fehlen:
Wir schicken Ihnen gerne **am Saisonende** kostenlos eine Ergebnisliste aller Rennen des Jahres. Bitte adressierten und **frankierten Rückumschlag** an:

ZEITGEIST VERLAG
Düsseldorfer Straße 60
40545 Düsseldorf

Die Formel-1-Fahrer hatten bei der GP-Premiere ihre liebe Not. Aufgrund der enormen Pistenbreite fiel es ihnen nicht leicht, die Ideallinie zu finden. Auf ein zweites Problem haben die Piloten keinen Einfluss: Tropischer Regen oder nahezu unerträgliche Hitze mit extremer Luftfeuchtigkeit gehören in dieser Jahreszeit zum Alltag. Jeder bereitete sich psychisch und physisch intensiv auf eine „Seeschlacht" beziehungsweise körperliche Strapazen vor. Mit europäischem Hochsommerwetter waren die Bedingungen am Renntag dann jedoch absolut erträglich.

Tipps für Fans

Die Herausforderung für allein reisende Fans ist ähnlich wie in Suzuka. Doch es gibt einen entscheidenden Vorteil: Die meisten Malaysier sprechen Englisch, was den Überlebenskampf erleichtert. Wie in Japan wird von Deutschen bei der Einreise nur ein gültiger Reisepass, kein Visum, verlangt. Tabletten gegen Malaria einzunehmen, ist kein Luxus. Impfungen gegen diverse Tropenkrankheiten sind nur bei Ausflügen ins Hinterland von Kuala Lumpur ratsam. Nach der Ankunft auf dem internationalen Flughafen sind die F1-Interessierten schon fast am Ziel. Nur wenige Kilometer entfernt liegt die GP-Piste.

Die Tribünen rings um die Strecke sind von bester Qualität. Höchstnoten verdienen die Sitzplätze am Ende der Start-und-Ziel-Geraden und im Bereich der Bremszone vor der Haarnadelkurve. Wer kein Ticket für einen überdachten Sitzplatz kauft, muss eine Kappe im Gepäck haben.

Hotels sollten in jedem Fall rechtzeitig von Europa aus reserviert werden. An großen Häusern fehlt es in KL nicht. Es gibt wahre Paläste im 1001-Nacht-Stil – natürlich sind die Kosten ebenfalls märchenhaft. Als erste Orientierungshilfe kann im „Regent Jalan Bukat Bentang" (Kulala Lumpur) oder im „Holiday Villa" (Nr. 9 Jalan, SS12/1, Subang) nachgefragt werden. Fahrer und Teamchefs treten massiert im „The Pan Pacific" (direkt am Airport) auf. Szene-Restaurants müssen sich noch herauskristallisieren. 1999 war als Notlösung das „Hard Rock Café" von Kuala Lumpur in.

Kartenverkauf
Sepang International Circuit Sdn Bhd
(457149-T)
Circuit Management Centre
Jln Pekeliling
64100 KLIA
Tel. 00603-85262000
Fax 00603-85261000
Internet: www.malaysiangp.com.my

Preise
es gibt nur Tickets für 2 oder 3 Tage
ca. 400,– bis 800,– DM
gängigste Währung: US $

Rennreport zum Ausfüllen

Startaufstellung Top sechs

Pole ____________ 2. ____________
3. ____________ 4. ____________
5. ____________ 6. ____________

Pole-Zeit _.__,___ Min.

Zieleinlauf

Pl.	Fahrer	Punkte
1.		10
2.		6
3.		4
4.		3
5.		2
6.		1
7.		
8.		
9.		
10.		
11.		
12.		
13.		
14.		
15.		

Ausfälle und Notizen

Wetter

Training ☐ ☐ ☐ ☐
Rennen ☐ ☐ ☐ ☐

Endstand nach 17 Läufen

Pl.	Fahrer	Punkte
1.		
2.		
3.		
4.		
5.		
6.		
7.		
8.		
9.		
10.		
11.		
12.		
13.		
14.		
15.		
16.		
17.		
18.		
19.		
20.		

Konstrukteurs-WM nach 17 Läufen

Pl.	Team	Punkte
1.		
2.		
3.		
4.		
5.		
6.		
7.		
8.		
9.		
10.		

CHAMPION-CHARTS

Jahr	Punkte
1950	
1. Giuseppe Farina (I), Alfa Romeo	30
2. Juan Manuel Fangio (ARG), Alfa Romeo	27
3. Luigi Fagioli (I), Alfa Romeo	24
1951	
1. Juan Manuel Fangio (ARG), Alfa Romeo	31
2. Alberto Ascari (I) Ferrari	25
3. José Froilan González (ARG), Ferrari	24
1952	
1. Alberto Ascari (I), Ferrari	36
2. Giuseppe Farina (I), Ferrari	25
3. Piero Taruffi (I), Ferrari	22
1953	
1. Alberto Ascari (I), Ferrari	34,5
2. Juan Manuel Fangio (ARG), Maserati	28
3. Giuseppe Farina (I), Ferrari	26
1954	
1. Juan M. Fangio(ARG),Maserati/Mercedes	42
2. José Froilan González (ARG), Ferrari	25
3. Mike Hawthorn (GB), Ferrari	24,5
1955	
1. Juan Manuel Fangio (ARG), Mercedes	40
2. Stirling Moss (GB), Mercedes	23
3. Eugenio Castellotti (I), Lancia/Ferrari	12
1956	
1. Juan Manuel Fangio (ARG), Ferrari	30
2. Stirling Moss (GB), Maserati	27
3. Peter Collins (GB), Ferrari	25
1957	
1. Juan Manuel Fangio (ARG), Maserati	40
2. Stirling Moss (GB), Vanwall	25
3. Luigi Musso (I), Ferrari	16
1958	
1. Mike Hawthorn (GB), Ferrari	42
2. Stirling Moss (GB), Cooper/Vanwall	41
3. Tony Brooks (GB), Vanwall	24
1959	
1. Jack Brabham (AUS), Cooper-Climax	31
2. Tony Brooks (GB), Ferrari	27
3. Stirling Moss (GB), Cooper-Climax	25,5
1960	
1. Jack Brabham (AUS), Cooper-Climax	43
2. Bruce McLaren (NZ), Cooper-Climax	34
3. Stirling Moss (GB), Lotus-Climax	19
1961	
1. Phil Hill (USA), Ferrari	34
2. Wolfgang Graf Berghe v. Trips (D), Ferrari	33
3. Stirling Moss (GB), Lotus-Climax	21
1962	
1. Graham Hill (GB), BRM	42
2. Jim Clark (GB), Lotus-Climax	30
3. Bruce McLaren (NZ), Cooper-Climax	27
1963	
1. Jim Clark (GB), Lotus-Climax	54
2. Graham Hill (GB), BRM	29
3. Richie Ginther (USA), BRM	29
1964	
1. John Surtees (GB), Ferrari	40
2. Graham Hill (GB), BRM	39
3. Jim Clark (GB), Lotus-Climax	32
1965	
1. Jim Clark (GB), Lotus-Climax	54
2. Graham Hill (GB), BRM	40
3. Jackie Stewart (GB), BRM	33
1966	
1. Jack Brabham (AUS), Brabham-Repco	42
2. John Surtees (GB), Ferrari/Cooper	28
3. Jochen Rindt (A), Cooper-Maserati	22
1967	
1. Denis Hulme (NZ), Brabham-Repco	51
2. Jack Brabham (AUS), Brabham-Repco	46
3. Jim Clark (GB), Lotus-Ford	41
1968	
1. Graham Hill (GB), Lotus-Ford	48
2. Jackie Stewart (GB), Matra-Ford	36
3. Denis Hulme (NZ), McLaren-Ford	33
1969	
1. Jackie Stewart (GB), Matra-Ford	63
2. Jacky Ickx (B), Brabham-Ford	37
3. Bruce McLaren (NZ), McLaren-Ford	26
1970	
1. Jochen Rindt (A), Lotus-Ford	45
2. Jacky Ickx (B), Ferrari	40
3. Clay Regazzoni (CH), Ferrari	33
1971	
1. Jackie Stewart (GB), Tyrrell-Ford	62
2. Ronnie Peterson (S), March-Ford	33
3. François Cevert (F), Tyrrell-Ford	26
1972	
1. Emerson Fittipaldi (BR), Lotus-Ford	61
2. Jackie Stewart (GB), Tyrrell-Ford	45
3. Denis Hulme (NZ), McLaren-Ford	39
1973	
1. Jackie Stewart (GB), Tyrrell-Ford	71
2. Emerson Fittipaldi (BR), Lotus-Ford	55
3. Ronnie Peterson (S), Lotus-Ford	52
1974	
1. Emerson Fittipaldi (BR), McLaren-Ford	55
2. Clay Regazzoni (CH), Ferrari	52
3. Jody Scheckter (ZA), Tyrrell-Ford	45
1975	
1. Niki Lauda (A), Ferrari	64,5
2. Emerson Fittipaldi (BR), McLaren-Ford	45
3. Carlos Reutemann (ARG), Brabham-Ford	37
1976	
1. James Hunt (GB), McLaren-Ford	69
2. Niki Lauda (A), Ferrari	68
3. Jody Scheckter (ZA), Tyrrell-Ford	49
1977	
1. Niki Lauda (A), Ferrari	72
2. Jody Scheckter (ZA), Wolf-Ford	55
3. Mario Andretti (USA), Lotus-Ford	47
1978	
1. Mario Andretti (USA), Lotus-Ford	64
2. Ronnie Peterson (S), Lotus-Ford	51
3. Carlos Reutemann (ARG), Ferrari	48
1979	
1. Jody Scheckter (ZA), Ferrari	51
2. Gilles Villeneuve (CDN), Ferrari	47
3. Alan Jones (AUS), Williams-Ford	40
1980	
1. Alan Jones (AUS), Williams-Ford	67
2. Nelson Piquet (BR), Brabham-Ford	54
3. Carlos Reutemann (ARG), Williams-Ford	42
1981	
1. Nelson Piquet (BR), Brabham-Ford	50
2. Carlos Reutemann (ARG), Williams-Ford	49
3. Alan Jones (AUS), Williams-Ford	46
1982	
1. Keke Rosberg (FIN), Williams-Ford	44
2. Didier Pironi (F), Ferrari Turbo	39
3. John Watson (GB), McLaren-Ford	39
1983	
1. Nelson Piquet (BR), Brabham-BMW T.	59
2. Alain Prost (F), Renault Turbo	57
3. René Arnoux (F), Ferrari Turbo	49
1984	
1. Niki Lauda (A), McLaren TAG-Porsche T.	72
2. Alain Prost (F), McLaren TAG-Porsche T.	71,5
3. Elio de Angelis (I), Lotus-Renault Turbo	34
1985	
1. Alain Prost (F), McLaren TAG-Porsche T.	73
2. Michele Alboreto (I), Ferrari Turbo	53
3. Keke Rosberg (FIN), Williams-Honda T.	40
1986'	
1. Alain Prost (F), McLaren-TAG-Porsche T.	72
2. Nigel Mansell (GB), Williams-Honda T.	70
3. Nelson Piquet (BR), Williams-Honda T.	69
1987	
1. Nelson Piquet (BR), Williams-Honda T.	73
2. Nigel Mansell (GB), Williams-Honda T.	61
3. Ayrton Senna (BR), Lotus-Honda Turbo	57
1988	
1. Ayrton Senna (BR), McLaren-Honda T.	90
2. Alain Prost (F), McLaren-Honda Turbo	87
3. Gerhard Berger (A), Ferrari Turbo	41
1989	
1. Alain Prost (F), McLaren-Honda	76
2. Ayrton Senna (BR), McLaren-Honda	60
3. Riccardo Patrese (I), Williams-Renault	40
1990	
1. Ayrton Senna (BR), McLaren-Honda	78
2. Alain Prost (F), Ferrari	71
3. Nelson Piquet (BR), Benetton-Ford	43
1991	
1. Ayrton Senna (BR), McLaren-Honda	96
2. Nigel Mansell (GB), Williams-Renault	72
3. Riccardo Patrese (I), Williams-Renault	53
1992	
1. Nigel Mansell (GB), Williams-Renault	108
2. Riccardo Patrese (I), Williams-Renault	56
3. Michael Schumacher (D), Benetton-Ford	53
1993	
1. Alain Prost (F), Williams-Renault	99
2. Ayrton Senna (BR), McLaren-Ford	73
3. Damon Hill (GB), Williams-Renault	69
1994	
1. Michael Schumacher (D), Benetton-Ford	92
2. Damon Hill (GB), Williams-Renault	91
3. Gerhard Berger (A), Ferrari	41
1995	
1. Michael Schumacher (D), Benetton-Renault	102
2. Damon Hill (GB), Williams-Renault	69
3. David Coulthard (GB), Williams-Renault	49
1996	
1. Damon Hill (GB), Williams-Renault	97
2. Jacques Villeneuve (CDN), Williams-Renault	78
3. Michael Schumacher (D), Ferrari	59
1997	
1. Jacques Villeneuve (CDN), Williams-Renault	81
2. Heinz-Harald Frentzen (D), Williams-Renault	42
3. David Coulthard (GB), McLaren-Mercedes	36
Jean Alesi (F), Benetton-Renault	36
1998	
1. Mika Häkkinen (FIN), McLaren-Mercedes	100
2. Michael Schumacher (D), Ferrari	86
3. David Coulthard (GB), McLaren-Mercedes	56
1999	
1. Mika Häkkinen (FIN), McLaren-Mercedes	76
2. Eddie Irvine (GB), Ferrari	74
3. Heinz-Harald Frentzen (D), Jordan-Mugen-H.	54

Multiweltmeister

5 Titel

Juan Manuel Fangio (ARG): 1951, 54, 55, 56, 57

4 Titel

Alain Prost (F): 1985, 86, 89, 93

3 Titel

Ayrton Senna (BR): 1988, 90, 91
Nelson Piquet (BR): 1981, 83, 87
Niki Lauda (A): 1975, 77, 84
Jackie Stewart (GB): 1969, 71, 73
Jack Brabham (AUS): 1959, 60, 66

Die jüngsten Grand-Prix-Sieger

Name	Jahre	Tage
Troy Ruttman (USA)	22	80
Bruce McLaren (NZ)	22	104
Jacky Ickx (B)	22	188
Michael Schumacher (D)	23	240
Emerson Fittipaldi (BR)	23	296
Mike Hawthorn (GB)	24	86
Jody Scheckter (SA)	24	131
Elio de Angelis (I)	24	148
David Coulthard (GB)	24	181
Peter Collins (GB)	24	208
Jacques Villeneuve (CDN)	25	19
Ayrton Senna (BR)	25	31
Niki Lauda (A)	25	65
Tony Brooks (GB)	25	145
Michele Alboreto (I)	25	276

Die meisten Pole Positions

1.	Ayrton Senna (BR)	65
2.	Jim Clark (GB)	33
	Alain Prost (F)	33
4.	Nigel Mansell (GB)	32
5.	Juan Manuel Fangio (ARG)	28
6.	Niki Lauda (A)	24
	Nelson Piquet (BR)	24
8.	Michael Schumacher (D)	23
9.	Mika Häkkinen (FIN)	21
10.	Damon Hill (GB)	20
11.	Mario Andretti (USA)	18
	René Arnoux (F)	18
13.	Jackie Stewart (GB)	17
14.	Stirling Moss (GB)	16
15.	Alberto Ascari (I)	14
	James Hunt (GB)	14
	Ronnie Peterson (S)	14
18.	Jack Brabham (AUS)	13
	Graham Hill (GB)	13
	Jacky Ickx (B)	13
	Jacques Villeneuve (CDN)	13
22.	Gerhard Berger (A)	12
23.	Jochen Rindt (D)	10
24.	David Coulthard (GB)	8
	Riccardo Patrese (I)	8
	John Surtees (GB)	8

Die meisten Grand-Prix-Siege

1.	Alain Prost (F)	51
2.	Ayrton Senna (BR)	41
3.	Michael Schumacher (D)	35
4.	Nigel Mansell (GB)	31
5.	Jackie Stewart (GB)	27
6.	Jim Clark (GB)	25
	Niki Lauda (A)	25
8.	Juan Manuel Fangio (ARG)	24
9.	Nelson Piquet (BR)	23
10.	Damon Hill (GB)	22
	Stirling Moss (GB)	16
12.	Jack Brabham (AUS)	14
	Emerson Fittipaldi (BR)	14
	Mika Häkkinen (FIN)	14
	Graham Hill (GB)	14
16.	Alberto Ascari (I)	13
17.	Mario Andretti (USA)	12
	Alan Jones (AUS)	12
	Carlos Reutemann (ARG)	12

Die meisten Siege

1.	Ferrari	125
2.	McLaren	123
3.	Williams	103
4.	Lotus	79
5.	Brabham	35
6.	Benetton	27
7.	Tyrrell	23
8.	BRM	17
9.	Cooper	16
10.	Renault	15
11.	Alfa Romeo	10
12.	Ligier	9
	Maserati	9
	Matra	9
	Mercedes	9
	Vanwall	9
17.	Jordan	3
	March	3
	Wolf	3

Die meisten Punkte

1.	Alain Prost (F)	798,5
2.	Ayrton Senna (BR)	614
3.	Michael Schumacher (D)	568
4.	Nelson Piquet (BR)	485,5
5.	Nigel Mansell (GB)	482
6.	Niki Lauda (A)	420,5
7.	Gerhard Berger (A)	385
8.	Damon Hill (GB)	360
	Jackie Stewart (GB)	360
10.	Carlos Reutemann (ARG)	310
11.	Mika Häkkinen (FIN)	294
12.	Graham Hill (GB)	289
13.	Emerson Fittipaldi (BR)	281
	Riccardo Patrese (I)	281
15.	Juan Manuel Fangio (ARG)	277,5
16.	Jim Clark (GB)	274
17.	Jack Brabham (AUS)	261

Konstrukteurs-Weltmeister

9 Titel

Ferrari: 1961, 64, 75, 76, 77, 79, 82, 83, 99
Williams: 1980, 81, 86, 87, 92, 93, 94, 96, 97

8 Titel

McLaren: 1974, 84, 85, 88, 89, 90, 91, 98

7 Titel

Lotus: 1963, 65, 68, 70, 72, 73, 78

2 Titel

Cooper: 1959, 60
Brabham: 1966, 67

1 Titel

Vanwall: 1958
BRM: 1962
Matra: 1969
Tyrrell: 1971
Benetton: 1995

Die Fleißigsten

1.	Riccardo Patrese (I)	256
2.	Gerhard Berger (A)	210
3.	Andrea de Cesaris (I)	208
4.	Nelson Piquet (BR)	204
5.	Alain Prost (F)	199
6.	Michele Alboreto (I)	194
7.	Nigel Mansell (GB)	187
8.	Graham Hill (GB)	176
	Jacques Laffite (F)	176
10.	Niki Lauda (A)	171
11.	Jean Alesi (F)	167
12.	Thierry Boutsen (B)	163
13.	Ayrton Senna (BR)	161
14.	Martin Brundle (GB)	158
15.	John Watson (GB)	152
16.	René Arnoux (F)	149
17.	Derek Warwick (GB)	147

Siege der Motoren

1.	Ford-Cosworth	175
2.	Ferrari	125
3.	Renault	95
4.	Honda	71
5.	Climax	40
6.	Mercedes	28
7.	Porsche	26
8.	BRM	18
9.	Alfa Romeo	12
10.	Maserati	11
11.	BMW	9
	Vanwall	9
13.	Repco	8
14.	Mugen-Honda	4
15.	Matra	3
16.	Weslake	1

Doppelweltmeister Mika Häkkinen – der McLaren-Pilot ist neben Michael Schumacher der Topfavorit auf den Titel. Es wäre sein Dritter in Folge.

Bildnachweis

A1-Ring Pressestelle: 156/157
ASA Fotoagentur: Rücktitel o.r., 7 M., u., 9 M., u., 13, 88, 89 o., 90 M., u.l., u.r., 97, 122 o.r., 126, 130, 134/135 (3), 138, 142 (2), 146/147 (2), 148/149, 150/151, 158/159, 160 u., 177, 184, 188 o.
ATP: 96, 96/97, 98 u.l., 102 o.
Automobil Club Milano: 174/175
Domenjoz: 128/129, 136/137
dpa: 180 o.
Ferrari: 30 u., 69 u.
Formula One Pictures: 124/125
Lukas T. Gorys: Titel, Rücktitel (4), Vorsatz, Hintersatz, 2 (11), 4/5, 6, 6/7, 10/11, 13 (3), 14/15, 16/17, 18/19 (4), 20/21 (5), 22 o., u., 24/25, 26/27 (4), 28/29 (4), 30 o., 32/33, 34/35 (4), 36/37 (4), 38/39, 40/41 (4), 42/43 (5), 44/45, 46/47 (4), 48/49 (4), 50 (2), 52/53, 54/55 (4), 56/57 (4), 58/59, 60/61 (4), 62/63, 63 o.l., o.r., 64/65, 66/67 (4), 68/69, 69 o.l., o.r., 70/71, 72/73 (4), 74/75 (4), 76/77, 78/79 (4), 80/81 (4), 82/83, 84/85 (4), 86/87, 89 u., 90 o., 91, 92, 93, 98 o., 99, 100/101, 103 o., 104/105 (4), 106/107 (4), 108/109, 109 o.l., M., u., 110 (3), 111 o., 113 (2), 114, 115 (2), 117, 118/119, 121, 122 o.l., u., 140/141, 161
Hockenheimring GmbH: 162/163
Institut Géographique National de Monaco: 144/145
Bernard Lorquet: 170/171
Thomas Melzer: 109 o.r., 111 u., 112, 123, 131, 152/153, 154, 160 o., 164/165, 168/169 (3), 172, 176/177, 188 u.
Mercedes-Benz: 22 M.
Prost Grand Prix: 63 u.
Silverstone Circuit Pressestelle: 132/133
Sutton Motorsport Images: 95, 98 u.M., u.r., 102 u., 103 u., 120/121, 166/167, 178/179, 180 u., 181
Suzuka Circuit Pressestelle: 182/183
Tilke GmbH: 186/187
Ullstein Bilderdienst: 94/95
Dieter Wiechmann: 7 o., 8, 9 o.

Shell
Marlboro
tic tac